国家社会科学基金项目成果
"环保类虚假广告的危害及其监管有效性研究"
（项目编号 11BXW039）

漂 绿 广 告 研 究

A Study on Greenwashing Advertisements

■ 刘传红 著

厦门大学出版社 国家一级出版社
XIAMEN UNIVERSITY PRESS 全国百佳图书出版单位

图书在版编目(CIP)数据

漂绿广告研究/刘传红著. —厦门:厦门大学出版社,2020.12
ISBN 978-7-5615-7845-2

Ⅰ.①漂… Ⅱ.①刘… Ⅲ.①商业广告—研究 Ⅳ.①F713.8

中国版本图书馆 CIP 数据核字(2020)第 252890 号

出 版 人	郑文礼
责任编辑	王鹭鹏
封面设计	蔡炜荣
技术编辑	朱 楷

出版发行　

社　　址　厦门市软件园二期望海路 39 号
邮政编码　361008
总　　机　0592-2181111　0592-2181406(传真)
营销中心　0592-2184458　0592-2181365
网　　址　http://www.xmupress.com
邮　　箱　xmup@xmupress.com
印　　刷　厦门市金凯龙印刷有限公司

开本　720 mm×1 000 mm　1/16
印张　14.75
插页　2
字数　250 千字
版次　2020 年 12 月第 1 版
印次　2020 年 12 月第 1 次印刷
定价　60.00 元

本书如有印装质量问题请直接寄承印厂调换

厦门大学出版社
微信二维码

厦门大学出版社
微博二维码

目　　录

导　论 ··· 1

第一章　"漂绿广告"的一般概说 ······································ 29
一、"漂绿广告"的产生背景 ·· 29
二、"漂绿广告"的主要特征 ·· 33
三、"漂绿广告"的认定标准 ·· 37

第二章　"漂绿广告"的三种机制 ······································ 40
一、"漂绿广告"的发生机制 ·· 40
二、"漂绿广告"的运作机制 ·· 47
三、"漂绿广告"的引爆机制 ·· 54

第三章　"漂绿广告"的实证调查 ······································ 64
一、问卷调查与数据处理 ·· 66
二、实地走访与深度访谈 ·· 80
三、初步发现与理论疑惑 ·· 84

第四章　"漂绿广告"的危害剖析 ······································ 86
一、"漂绿广告"为何是危害行为 ···································· 86
二、"漂绿广告"危害的考察维度 ···································· 88
三、"漂绿广告"危害的个案分析 ···································· 99

第五章 "漂绿广告"监管的理论分析 ······ 106
一、监管理论的简短梳理 ······ 106
二、"漂绿广告"监管必要性的理论分析 ······ 111
三、"漂绿广告"监管有效性的理论分析 ······ 121

第六章 "漂绿广告"监管的域外经验 ······ 126
一、代表性国家或地区的广告监管 ······ 126
二、"漂绿广告"监管的相关规定 ······ 136

第七章 "漂绿广告"监管有效性的分析框架 ······ 142
一、"漂绿广告"监管目标的三重维度 ······ 142
二、"漂绿广告"监管有效性的构成要素 ······ 144
三、"漂绿广告"监管有效性的指标体系 ······ 144

第八章 政府监管创新与"漂绿广告"有效监管 ······ 148
一、广告监管理念的转换与创新 ······ 148
二、广告法律法规的生态化改造 ······ 151
三、广告监管体制与机制的完善 ······ 159
四、广告监管能力的强化与提高 ······ 163
五、广告监管工具的整合与优化 ······ 165

第九章 行业自律创新与"漂绿广告"有效监管 ······ 168
一、践行行业自律的"脱钩"改革 ······ 168
二、明确广告行业组织的功能定位 ······ 171
三、走向广告行业自律的崭新时代 ······ 173

第十章　社会监督创新与"漂绿广告"有效监管 …… 179
一、社会监督创新的氛围营造 …… 179
二、社会监督创新的制度保障 …… 187
三、社会监督创新的协同机制 …… 190
四、社会监督创新的技术支持 …… 192

第十一章　企业绿色创新与"漂绿广告"有效监管 …… 195
一、推进绿色创新，践行绿色生产 …… 195
二、开展绿色营销，打造绿色品牌 …… 198
三、加强绿色管理，规避环保风险 …… 202

结语　累积环保优势，实现永续发展 …… 204

附录一 …… 209

附录二 …… 221

主要参考文献 …… 224

后记 …… 230

导　　论

一、研究缘起

党的十九大报告明确指出,"建设生态文明是中华民族永续发展的千年大计。必须树立和践行绿水青山就是金山银山的理念,坚持节约资源和保护环境的基本国策,像对待生命一样对待生态环境","实行严格的生态环境保护制度,形成绿色发展方式和生活方式,坚定走生产发展、生活富裕、生态良好的文明发展道路,建设美丽中国,为人类创造良好生产生活环境,为全球生态安全做出贡献"。

从以上论述可以看出,无论是建设美丽中国,还是建设生态文明,都涵盖经济、政治、文化和社会多个层面,跨越微观、中观和宏观多个层次,涉及政府、企业、社会公众多个主体,涵盖生产、分配、流通、消费多种环节,包含人口、资源、环境等多种要素。正因为如此,需要社会全方位转型,从人们的思想观念、生产生活方式到政治经济体制等,都需要彻底改变。

本书将生态文明建设与广告监管有机勾连,专注于环保类虚假广告①的监管研究,自然就有合理性和必要性。这是因为,"广告是一种社会力量","是商业活动中最抛头露面的活动","为自由经济社会提供了丰富的物质机会、社会机会和文化机会"②。虽然我们是在2011年春季申报的国家社会科学基金项

---

① 申报课题时的名称是"漂绿广告"。为了表述方便,加上"漂绿广告"(greenwashed advertising)一词已经出现在西方媒体和学者的论著中并逐渐成为约定俗成的专有词汇,我们还是使用这一说法。此外,按照经典的分类方法,广告可以分为商业广告和公益广告。所谓商业广告,我国现行《广告法》的界定是:"商品经营者或者服务提供者通过一定媒介和形式直接或者间接地介绍自己所推销的商品或者服务。"尽管我们会在相关章节涉及公益广告,但本书在商业广告范围内讨论"漂绿广告"。

② [美]威廉·阿伦斯:《当代广告学》(上册),丁俊杰等译,人民邮电出版社2006年版,第43,52页。

目并获得资助,但是其研究动因与十八大报告精神和习近平生态文明思想完全契合。这至少表明,包括本课题组在内的中国广告学者十分关注生态文明建设这一时代命题,将其纳入本学科的研究视野。

(一)包括"漂绿广告"在内的各种漂绿行为日渐引起社会关注

2012年2月16日,著名平面媒体《南方周末》第三次推出"年度漂绿榜",在当天"绿版"的最显眼位置,刊出一篇署名为"南方周末绿色新闻部"的评论文章,题目是"将中国式'漂绿'监督到底",该文这样写道:

> 过去的一年,回顾国内各种以"绿色""环保"抑或"可持续发展"名义进行的企业营销和公众传播的企业,较之两年前,数目增长呈喷薄之势。所谓的"漂绿"行径,也随之五花八门起来,从赤裸裸地欺骗到"模糊视线"或"适得其反",方式不同,程度也不尽相同,但目的只有一个——通过"绿色营销"行为,营造负责、友好或可持续的公众形象,从而在产品的环境效益或公司的绿色实践方面误导、欺骗消费者。
>
> 我们希望通过制定一系列的标准,将这些"漂绿"行为进行分类和界定,在填补国内"漂绿标准"空白的同时,呼吁言行合一的诚信意识,推动学界、媒体以及公众对于"漂绿"这一违反企业商业道德的行为有清醒认识,从而进行更严格的监督。
>
> ……
>
> 与二十年前的西方市场一样,如今国内本土企业以及在华跨国企业的绿色营销中,存在大量模糊、误导甚至是恶意欺骗的行为,从长远看,这对于社会造成的潜在影响在于,一方面可能会削弱消费者对于真正绿色友好的产品和企业的信心;与此同时,由于误导和隐瞒,导致真实存在的环境问题没有得到及时解决。
>
> 经过二十多年的努力,包括美国、加拿大在内的西方国家逐渐建立起针对绿色营销的消费者保护法和广告法,对于违背商业伦理的绿色营销行径进行了严厉监督。在这一过程中,公众对于"漂绿"的认知也在日益成熟。而如今的中国,一切才刚刚开始。
>
> ……
>
> 我们将长期监控企业的漂绿行为,定期发榜,希望这份"漂绿标准"能

够抛砖引玉,引起公众对于企业"漂绿"行径的关注和警惕,引发学界、商界以及监管机构的思考,从而在不远的未来,逐步推动国内相关法律法规的制定并形成对于"漂绿"行为的有效有力的监管,还我们一个真正干净的绿色"天空"。

同样是这一期的报纸,《南方周末》公布了"2011年中国漂绿榜单"上的企业名单及其"荣登"理由。上榜企业分别是:哈药集团、江森自控、阿迪达斯、耐克、康菲中国、苹果、中石化、双汇、深圳发展银行、归真堂、晶科能源。

明眼人一看便知,《南方周末》所列举的漂绿行为主体仅仅是企业(多数属于有较强代表性的企业)。事实上,放眼全球,不难发现,政府、政党、社会组织,甚至个人,也都存在漂绿行为。这也难怪,2012年6月联合国第20次可持续发展大会召开前夕,荷兰政治学家萨尔维亚·卡尔森-维克惠森就尖锐地指出:"政府出于自身利益考虑,也在漂绿。"①这说明,漂绿并不仅仅限于企业,出于利益,企业、政府、社会组织还会合谋,组成"漂绿行为联合体"。

企业实施漂绿的形式多种多样,比如,通过赞助环保公益行为,制造环境新闻事件以吸引媒体关注,都属于漂绿范畴。本书探讨的"漂绿广告",仅仅是企业众多漂绿行为中的一种,也是表现最活跃和最普遍的形式。

(二)"漂绿广告"对当下生态文明建设造成极为负面的影响

现代广告是工业文明的产物。工业革命兴起于18世纪中叶的英国。到19世纪早期,工业革命已波及北美洲。美国广告学者威廉·阿伦斯这样评价:"工业革命带来的技术进步使广告业发生了自15世纪以来最大的变化。"②美国另两位广告学者也认为:"19世纪最后30年发生了一系列重大的社会和工业变革,正是这些变革使得现代广告的出现成为可能。其中,对于广告发展最重要的三个因素是:交通、人口增长和工业化。"③

人类在工业文明中取得的辉煌成就有目共睹,广告产业在其中所发挥的推波助澜作用,当然不可忽视。但是,到了20世纪下半叶,工业文明向自然吹响的进军号角,变成向人类文明敲响的警钟,"当资本的逻辑和自我建构的逻辑都

---

① 王琳:《"绿色经济"不能沦为商业"漂绿"》,《中国社会科学报》2012年6月18日。
② [美]威廉·阿伦斯:《当代广告学》,丁俊杰等译,人民邮电出版社2006年版,第30页。
③ [美]莱恩、拉塞尔:《广告学》,宋学宝、翟艳玲译,清华大学出版社2003年版,第3页。

以无限制的消费为基础时,环境的恶化就不可避免"①。在沉重的生态危机面前,工业文明的生态转向成为必然。南京师范大学教授曹孟勤指出,人类文明的生态转向不是局部的而是全方位的②。如果单从消费需要的对象看,人们从传统的物质需要与精神文化需要转向生态需要,原因在于,生态需要不仅是最基本、最重要的生存需要,而且是很重要的享受与发展需要。生态需要的满足程度不仅成为反映消费层次、消费质量的标志,而且成为反映社会进步和社会文明的尺度③。

广告历来是指向消费的。广告话语作为经济话语的一部分,也是意识形态话语的重要载体,不断建构或解构社会生活的形象图谱。在工业主义主导下,广告侧重于刺激受众不断消费,鼓励过度消费、奢靡消费,致使消费远离满足人类基本需要这一基本原理,也远离可持续发展的基本原则。与生态消费需要的勃兴相适应,工业主义话语主导下的广告业悄然发生变化,逐步转向环保主义的广告话语,在环保认知教育和绿色消费等方面发挥引导作用。于是,绿色诉求广告不断走进人们的视线,不少富有社会责任感的公司积极履行环保责任,大力开展绿色营销。早在20世纪90年代初期,当丰田计划设计21世纪的汽车时,就把环保作为重大主题,将其看得比汽车制造商一贯重视的所有卖点,诸如车的大小、速度、性能,甚至吸引靓女帅哥的能力等,更为重要④。

在绿色诉求广告大行其道的时候⑤,广告市场上有许多隐蔽的、不和谐的声音与图景,这其中,"漂绿广告"最为典型,它是构建"放心消费环境"的不利因素⑥,

---

① [法]罗兰·巴尔特等:《形象的修辞:广告与当代社会理论》,吴琼等译,中国人民大学出版社2005年版,第203页。
② 曹孟勤、徐海红:《生态社会的来临》,南京师范大学出版社2010年版,第225~264页。
③ 尹世杰:《消费经济学》,高等教育出版社2003年版,第20页。
④ [美]丹尼尔·埃斯蒂、安德鲁·温斯顿:《点绿成金》,张天鸽等译,中信出版社2009年版,第6页。
⑤ 我们将在后面辟专章对国内外"漂绿广告"的现状展开分析。
⑥ 放心消费环境主要体现在:消费者的基本权利能最大限度地得到保障而不被随意侵犯;消费者不会因担心经营者的欺诈行为而降低消费意愿;消费者的弱势地位不再被漠视而能得到逐步改善;消费者在消费过程中能享受物质和精神上的满足而提高消费层次和质量。尹世杰把营销消费环境的主要问题概括为六大方面:一是伪劣产品问题;二是价格欺诈;三是格式条款;四是以虚假广告为代表的虚假宣传;五是强制交易;六是消费纠纷解决不及时。由此判定,"漂绿广告"及其所宣传的产品至少与上述的二、三条关联密切。参见尹世杰主编:《消费经济学》,高等教育出版社2003年版,第48,49页。

也是生态文明建设的负能量传播。或许有人会说,"不和谐""不利因素"和"负能量"未免夸大其词,但是,的的确确的事实就摆在人们的面前。任何科学研究总是要有一定的提前量,只有这样才能未雨绸缪。作为一种社会现象或社会问题,"漂绿广告"今天不被广泛认知,不等于它不存在;今天不显著,不等于明天不显著;在国外不显著,不等于在中国不显著;今天不实施监管,不等于可以放任自流,更不等于明天也不会监管。"漂绿广告"的危害,尽管很少被人们认知或者认知的程度比较低,但是其造成的危害是多方面的:

在消费者层面,其危害甚大:知情权受到侵害,安全权构成威胁,使得绿色消费和绿色购买的热情成为泡影。

在企业层面,其危害甚大:诚信危机加剧,企业声誉受损,阻碍了绿色企业发展。

在产业层面,其危害甚大:信息污染效应发酵,造成全产业危机,比如前几年我国出现的乳业危机就是最好的例子。

在社会层面,其危害甚大:动摇全社会正在增进的环保意识水平,消解生态文明已有成果,阻碍"两型社会"(资源节约型社会和环境友好型社会)发展进程。

"漂绿广告"造成的危害,与紫金矿业污染汀江、英国BP公司污染墨西哥湾等"硬"环境事件显著不同,其危害是渐进性和弥漫性的,它先作用于人的思想、消费观念,然后再作用于人的生产与消费行为,一般不会造成爆发性的瞬时杀伤,但是它对当下生态文明建设造成的危害极其广泛和严重[①]。

绿色消费是当代消费发展的大趋势。党的十八大报告指出,要"形成节约资源和保护环境的空间格局、产业结构、生产方式、生活方式,从源头上扭转生态环境恶化趋势,为人民创造良好生产生活环境,为全球生态安全做出贡献",要"加强生态文明宣传教育,增强全民节约意识、环保意识、生态意识,形成合理消费的社会风尚,营造爱护生态环境的良好风气"。我们认为,只有摒弃工业主义话语并从根本上避免"漂绿广告",广告才能在引导绿色消费时尚,促进生态文明建设方面发挥应有的作用。

(三)"漂绿广告"对广告产业自身发展构成新威胁

广告产业是文化创意产业的重要组成部分,是提供创意设计和营销服务的

---

① 探讨"漂绿广告"的危害,是本课题核心内容,后面将辟专门章节详析。

高端服务业。广告产业的发展水平和质量,历来被视为现代社会经济发达程度的重要标志。广告产业可持续发展离不开五大支撑系统——需求支持系统、信息承载系统、金融服务系统、媒介技术系统和监督控制系统。遗憾的是,工业主义主导下的全球广告产业,长期以来一直有意无意地奉行"广告GDP主义",无论政府部门、广告业界、传媒业界和企业界,还是广告学界,都津津乐道于每年全国广告经营额的两位数增长,但是,需求支持系统的不健康和监督控制系统的不完善这两方面的严重问题普遍未引起关注。

我们可以分别从广告主和消费者两个方面来分析需求支持系统的不健康问题。广告主方面,即企业,片面追求销量和产值,凭借广告的传播力量,把产品尽力推向市场。作为广告受众的消费者方面,消费者是产品的最终购买者、使用者,也是广告主着力打动的对象。广告主希望越卖越多,消费者希望越买越多,这是许多国家典型的消费图景。广告传播极尽促销之能事,以快销多销为目的,只顾消费的量,忽视消费的质,无视消费对环境的负面影响。难怪施里达斯·拉夫尔在《我们的家园——地球》一书中说:"消费问题是环境问题的核心,人类对生物圈的影响正在产生着对于环境的压力,并威胁着地球支持生命的能力。"①

监督控制系统的不完善,主要表现在三方面:监管法律法规不健全不完善;监管不到位或监管出现盲点;监管缺少长效机制。

从本质上说,"漂绿广告"是新型虚假广告,是虚假广告的特殊表现形态。由于需求支持系统不健康,监督控制系统不完善,导致广告产业的信任危机不断加深,广告产业发展跟不上绿色经济发展的形势和潮流。这两点,对广告产业自身发展而言,都是致命的。

(四)"漂绿广告"的社会认知、监管实践与理论研究均严重滞后

这种现状的存在,是我们当初选择以该主题申报国家社科基金的重要理由。在申报课题时,我们着重开展了五方面的工作。

一是社会认知的随机调查。我们询问身边的消费者,其职业身份包括:大学教师、公司职员、大学生、家庭主妇。发现90%以上的人对"漂绿广告"感到陌生。该词出现在美国等国家已有30年,且"漂绿""漂绿广告""漂绿行为"等

---

① [美]施里达斯·拉夫尔:《我们的家园——地球》,张坤民译,中国环境科学出版社1993年版,第152页。

词汇频频出现在大众媒体、政府报告、学术论文之中。

二是工商行政部门监管实践的追踪。长期以来,我国的广告监管,无论是常规监管还是运动式的专项整治,集中在虚假违法广告的传统重灾区——医疗、药品、保健食品、化妆品及美容服务类等行业领域。中国广告监管网上,那些不定期公布的"国家工商行政管理总局违法广告公告"所列的虚假违法广告案件都涉及这一方面内容。对其他行业领域的广告(特别是新形态广告)的监管缺失,反映当前广告监管理念、模式、手段等方面存在明显不足。这也是"漂绿广告"还未纳入常规监管和专项整治的重要原因。

三是搜索学术文献,看国内有哪些相关论著。经过检索,专著只有一本——《绿色广告传播策略与管理》,作者戴鑫论述绿色广告现状及监管;期刊论文只有区区几篇,其中,发表在权威刊物《新闻与传播研究》上的《"绿色"广告的"灰色"地带》一文最具学术水准,作者周培勤等人对样本杂志上刊登的绿色诉求广告进行了实证分析。

表0-1 近年来中国消费者协会年度主题

年份	工作主题
1997	讲诚信,反欺诈
1998	为了农村消费者
1999	安全健康消费
2000	明明白白消费
2001	绿色消费
2002	科学消费
2003	营造放心消费环境
2004	诚信·维权
2005	健康·维权
2006	消费与环境
2007	消费和谐
2008	消费与责任
2009	消费与发展
2010	消费与服务

续表

年份	工作主题
2011	消费与民生
2012	消费与安全
2013	让消费者更有力量

四是从消费维权状况,特别是年度主题来审视这一现象。我们把中国消费者协会年度工作主题作为一个分析参照。中国消费者协会的宗旨是:对商品和服务进行社会监督,保护消费者的合法权益,引导广大消费者合理、科学消费,促进社会主义市场经济健康发展。从1997年以来,中国消费者协会每年推出一个年度主题,全国联动,全方位、深层次地开展维权活动。我们可以从每年主题管窥哪些年份的主题与绿色消费、绿色广告有关联。

以上是中国消费者协会十七年间的年度主题。2001年明确提出"绿色消费"的主题,什么是"绿色消费"？该协会网站上刊发的题为"'绿色消费'对经营者意味着什么"的文章这样解释：

> "绿色消费"对不同经营者会带来不同的后果。对那些严重污染、破坏生态环境的经营者,特别是对那些乱砍、乱伐、恣意捕杀受保护的野生动物的违法经营者来说,是一种抵制,一种打击,也是一种惩罚。对那些一贯炒作概念,想打虚假绿色牌的经营者来说是一个警告。因为今年在安排年主题活动中,对推介的绿色产品和绿色食品基地将加强监督和防伪,下半年还专门安排了揭谎月,专门揭露那些虚假绿色产品和虚假绿色广告宣传。而对那些经营理念先进,从事生态农业和绿色产品的经营者来说,将是一个难得的机遇。比如,今年将提倡绿色家装。一些在涂料行业中的先行者,已经投产了环保涂料,我们相信,这些经营者在加强环境保护和确保消费者安全健康的同时,也会得到丰厚的经济回报。

稍留心就会发现,这段文字使用"虚假绿色广告"一词而非"漂绿广告"。这说明,尽管表述不一样,但至少早在2001年,"漂绿广告"就已经引起中国消费者协会的关注。应该说,从中消协这一角度,我国对绿色消费及其相关问题给予了应有的重视。但"漂绿广告"越来越盛行,而投诉与处理的个案很少被曝光,从这点看,到如今也只能说仅仅停留在宣传、倡导与呼吁的阶段,监管还无从谈起。

五是从媒体监督角度查找线索。2011年元月搜索中国重要报纸权威数据库发现,只有两篇涉及"漂绿"。一篇是《石家庄日报》2006年10月8日刊载的《井陉循环工业经济"漂绿"GDP》,一篇是《21世纪经济报道》2010年11月16日刊载的《双登"漂绿"成本调查》。遗憾的是,这仅有的两篇报道,把"漂绿"当作褒义词来使用,意在肯定这两家企业绿色经济做得好。为了跟踪媒体对各种漂绿行为的报道动态,我们经常在该数据库中进行搜索,只是到了2011年8月16日才在《新华每日电讯》《评论·声音》版看到本书所定义的"漂绿"内容的文章,标题是"曲靖污染事件与'漂绿'行为",出自《长江日报》著名评论员刘洪波之手。他开篇就说:"我们需要警惕,一些污染事件悄然不报,一些地方对'漂绿'的重视,甚至超过了绿色行动。"刘洪波还指出:"一座巍峨的办公楼就地倒下,要建成一栋'绿色建筑',而那座倒下的建筑自然是不绿色的,办公楼的换代就很正确了。而新建筑节省的排放是否足以抵销另起楼灶所产生的排放(整栋建筑及其内部设施全部新换,是要增加不少碳排放的),那是不必计算的,一个浪费行为、一个豪华办公建筑,不仅不会被抨击,而且被'漂绿'成了环保表率。"另一篇署名叶梓的文章《"漂绿"之罪与罚》发表在《消费日报》2012年2月23日论坛版,其内容是报道《南方周末》"2012年度中国企业漂绿榜"这件事。此外,该数据库再没有有关漂绿行为的报道和评论文章。

从电视媒体监督看,在我国,最具代表性的电视媒体无疑是中央电视台。既然"漂绿广告"是问题广告,其指涉的产品就是虚假或误导人的"绿色"产品。央视《每周质量报告》栏目无疑是管窥电视媒体监督漂绿行为和"漂绿广告"的最好窗口。理由是:该节目是央视新闻频道唯一以消费者为收视目标对象的新闻专题栏目。该栏目中的"记者调查"主要调查造假过程、探寻造假真相、揭露造假黑幕、昭示造假危害等;央视的公正性和权威性;央视关注问题的广泛性和指向性;等等。

表 0-2　中央电视台《每周质量报告》关涉漂绿行为的曝光情况

时间	披露内容	行业	所涉区域	存在的主要问题
2005年12月4日	"绿色蔬菜"真相	食品	辽宁	包装好,价格高,绿色蔬菜真假难辨
2005年8月7日	节能家电物有所值	家电	全国	节能家电宣传中以偏概全,虚张声势,无效对比
2005年4月3日	揭开"绿色"装修材料的黑幕	建筑	全国	国家工商总局对北京、洛阳、郑州七个建材市场销售的细工木板产品进行检测,合格率仅为32.3%,不合格产品中,多半有隐形杀手甲醛超标的问题
2004年7月18日	无公害茶叶肮脏出炉	饮料	安徽	用高毒高残留农药胺磷、甲基1605驱虫,在制作过程中添加米粉、米浆造型增重
2004年6月13日	"无菌"医卫材料藏污纳垢	医药用品	河南	卫生材料未经过消毒灭菌,但在包装上印有"无菌"字样,并称通过ISO 9001—2000质量管理体系认证
2003年8月25日	"无公害蔬菜"令人心惊	食品	河北	甲胺磷、氧化乐果、1605等高毒高残留农药等用于无公害蔬菜生产
2003年5月11日	早产的"鲜"奶	食品	安徽	生产日期标示延后多天

由于该栏目开设时间较长,逐一核查每一期节目的内容,工作量无疑十分巨大。我们选取深圳大学法学院教授应飞虎对该栏目从2003年5月到2007年7月间的174期节目所披露的内容进行了分析。"漂绿广告"问题不在其中,漂绿行为也只有7条,占4.02%,具体如表1-2。这说明,我国媒体对"漂绿广告"的舆论监督还未提上议事日程。

二、研究意义

"漂绿广告"日渐盛行,是不争的事实。无论从实践看,还是从理论看,对"漂绿广告"施行监管,都是广告监管领域的新课题和新任务。因此,迫切需要理论回应与制度应对。

(一)现实意义

把"漂绿广告"作为专门问题展开研究,其现实意义体现在"四个促进":促进生态文明建设和绿色消费发展;促进企业切实履行环保社会责任;促进广告监管资源合理配置;促进相关立法和广告监管措施的出台与完善。

1. 促进生态文明建设和绿色消费发展

清华大学教授万俊人认为:"一种社会发展观念的改变必然要求社会发展方式的相应调整,因而要求社会行动方式的相应改变和调整。观念是行动的先导,然而,仅仅是观念的改变尚不足以驱动行动,更难以确保行动的持续活力,后者不仅需要观念的引导,还需要——长远地说,更需要——必要的社会条件、制度轨导、激励机制和活动环境等'资源供应'。"① 生态文明建设是迈向或实现生态文明的操作途径和实践过程,是理念与行为、现象与本质、过程与效果的有机统一体。实践证明,仅有生态和绿色的理念,没有绿色的行为;或者表面上践行生态文明,实质只有说辞或口号;或者片面强调生态文明建设的投入(比如政府花了数百亿元资金治理湖泊,或者花了巨额资金植树多少万棵,等等),而忽视切实行动的每一个细小过程,这样的生态文明建设是带引号的生态文明,终究不可能建成。生态文明建设呼唤积极的、琐细的、持久的和常态化的社会行动。

就广告传播而言,只有真正具备生态文明理念,才会有与之相适应的绿色诉求广告,只有切实开展生态文明的实践,才不会仅仅停留在表面上或文本上的"绿色"与"好看"。把"漂绿广告"监管放在更为宽阔的视野中观察,甚至可以说,"漂绿广告"的监管水平,不仅反映国家对经济社会的监管能力,还反映国家对其机构及工作人员的统领能力。

学者们预言,21世纪是生态社会来临的世纪,也是绿色经济和绿色消费的世纪。发展绿色消费与绿色产业,将是今后长期的任务。绿色诉求广告在人们的绿色消费选择中具有不可替代的重要作用,遗憾的是,越来越多的绿色诉求广告误导人们的消费行为。当前,绿色节能产品遭遇诚信危机,"漂绿广告"是难脱干系的。"节能""环保""可降解""纯天然"是当下消费者理性选择的重要利益诉求,在各式各样的广告中,诉求这些理念本身并没有错,但要以真实客观

---

① 万俊人:《美丽中国的哲学智慧与行动意义》,《中国社会科学》2013年第5期。

为前提。通过本书的研究,可以强化社会各界对企业绿色诉求广告的关注和警惕,认识"漂绿广告"的危害,提高辨别"漂绿广告"的意识和能力,发挥广告在绿色发展、可持续发展方面的正能量,促进绿色消费风尚和生态文明建设。

2. 促进企业切实履行环保社会责任

辽宁大学教授宋玉书指出:"具有巨大传播力的现代商业广告,无时无处不在影响着受众的价值观、道德观和实践行为,俨然成为教化育人的生活导师,所以应与新闻传播、教育传播、文艺传播等一样,承担起辨是非、厚人伦、美教化、易风俗的义务。虽然这不是广告的行业分工,却是社会对商业广告的责任要求,是国家和人民对商业广告的道德期许。当然,这并不是要求商业广告像公益广告一样直接展示生态危机,发出环境保护的呼求,更不是规定每一个广告都要传播生态保护意识,而是希望广告活动主体为自己的思想意识、道德伦理和创意思维增加生态向度,关心生态问题,在营销传播活动中自觉地维护生态利益,面对商业利益与生态利益的冲突,能够坚守生态理性,最起码做到不为商业利益而弃掷应有的道德原则和社会责任,保证广告不会对生态系统、生态文化产生消极的影响。"[①]很显然,广告中生态维度的缺失,固然反映企业社会责任的缺失,但是,如果生态维度仅表现为广告诉求,而不落实为企业具体的经营行为,其生态责任照样缺失,而且是更可怕的缺失,尽管人们还很少关注到这一点。

企业履行环保社会责任是生态文明建设的重要内容,是社会发展到一定阶段后的必然产物。其基本意涵是,企业根据法律规定应当承担的环境保护义务,且这种义务不因企业的终止而立即消失。履行环保社会责任不是赶时髦或装点门面,而是切切实实的行动,它涵盖企业生产经营的全过程和所有方面。广告是企业重要的营销手段,绿色诉求广告既可以反映、昭示企业的环保理念和行为,也可以遮蔽、粉饰企业的反环保行为。戴鑫认为:"在广告客观真实的前提下,企业披露的绿色信息越多,则说明其在消费者健康保护、动植物关爱、节约环保等方面承担的社会责任越多。"[②]把"漂绿广告"纳入监管视野,就是提醒和约束企业要"绿化"生产经营行动,为市场提供源源不断的、值得消费者信

---

① 宋玉书:《商业广告的生态伦理批评》,《中国地质大学学报》(社会科学版)2011年第3期。
② 戴鑫:《绿色广告传播策略与管理》,科学出版社2010年版,第8页。

赖的节能环保产品,而不是假借"漂绿广告"这一手段欺骗或误导消费者。实践将证明,如果企业依靠实施包括"漂绿广告"在内的各种漂绿行为装点自己,当下大力倡导的低碳经济、循环经济与绿色经济终将难以实现。

3. 促进广告监管资源合理配置

长期以来,广告监管领域面临的窘境是,要执行的法律法规(特别是以各类红头文件形式发布的广告禁令)太多,要处理的违法案件太多,而监管资源又远远不够。相比食品安全、市场不正当竞争等领域而言,广告的重要性或者占有的监管资源明显逊色,加上广告监管惯性思维使然,广告市场上出现的许多新情况和新问题,往往难以纳入监管者的视野。"漂绿广告"是生态文明背景下,广告市场上出现的新情况和新问题,对其实施有效监管的前提是对存量广告监管资源进行合理分配,对增量广告监管资源进行必要倾斜。目前看来,无论监管部门还是社会公众,对"漂绿广告"及其危害的认识都还比较薄弱,希望通过本书的出版,能够加快这一现象的"问题化"或"议题化"进程,促使监管部门和社会公众重视其监管,促进广告监管资源动态调整和结构优化。无论是对加快国家经济发展方式转变则言,还是对广告产业转型升级而言,都十分重要。"并不是每一个议题都会带来问题的解决,但从政治过程上来说,一个问题变成一个热门议题,这本身就是一个胜利。"① 我们有理由相信,该议题得以国家社科基金立项,已经开启"漂绿广告"监管的希望之门。

4. 促进相关立法和广告监管措施的出台与完善

实践是检验立法质量和执法效果的根本标准。在我国现阶段,虽然社会主义法律体系尚未最终建成,但是有关广告的基本法律法规都已经颁行。问题在于弄清法律法规到底产生什么样的效果,法律法规在多大程度上改变企业的广告传播行为,有多少消费者(广告受众)了解或理解难以统计的广告法律法规与行政规章。特别是,出现违法广告时,又有多少消费者诉求法律来解决,人们对广告监管部门的依赖程度如何,有多少裁决得到有效执行,这些都是当下广告监管领域面临的突出问题。

目前,我们业已生效的广告法律法规和不断出现的政府部门有关广告监管的红头文件,总体来看,效果并不太理想,原因固然是多方面的,但有两点可以

---

① 刘瑜:《民主的细节》,上海三联书店2009年版,第75页。

肯定,一是包括《广告法》在内的相关法律法规已经滞后于现实生活,亟待修订和完善;二是有关广告法律法规的法律评估、法律解释工作要纳入议事日程。真正的良法或高质量的法是在实践中检验出来的,英国学者奥格斯更是直截了当地说:"规制的许多领域都经历了一场改革的过程,法条被不断地修正以填补一个个日益明显的漏洞。"① 研究"漂绿广告"监管问题,为我们梳理与广告有关的法律法规并适时加以完善找到切入口,这既是机遇又是挑战,必将为全社会营造资源节约、环境友好的良好氛围,提供更为完善的制度保障。

(二)理论意义

本书的理论意义体现在广告理论范式转向、广告监管视域拓宽、绿色广告研究深化等三方面。

1. 广告理论范式的转向意义

广告从工业主义话语转向环保主义话语,是广告传播理念与实践的重大变革。研究绿色诉求广告,阐发广告理论的生态意蕴,拓宽了广告研究的理论空间,彰显了广告理论的当代性和现实关怀。工业主义话语主导的广告研究的立足点是利销,强调用广告创造一个又一个的商业奇迹;在环保主义话语全方位浸润社会生产、生活空间的当下,广告研究的"利销范式"必然要让位于"环保范式",至少要与"环保范式"兼容。本书在生态文明大背景下对广告传播展开的系统深入研究,是广告产业自身发展的需要,也是广告理论研究与理论创新的需要。

2. 广告监管视域的拓宽意义

现有研究监管有效性的文献不多,研究广告监管有效性评价及标准的文献则更少。把"漂绿广告"监管单独拿出来研究,在国内,目前几乎是空白。事实上,一般意义上的广告监管有效性研究很少进入学者的研究视域,讨论"漂绿广告"监管有效性就更加突显超前性和探索性。作为新的广告传播形态,如果按照已有的研究思路,"漂绿广告"监管问题很可能被忽略掉,或者监管理念陈旧、监管方式老套,徒有监管的形式意味,监管效果无从谈起。本书是对广告监管理论研究的深化,也为环境传播、生态传播、企业环保责任等领域注入新的理论资源。

---

① [英]安东尼·奥格斯:《规制:法律形式与经济学理论》,骆海英译,中国人民大学出版社2008年版,第7页。

3. 绿色广告研究的深化意义

稍稍查阅相关学术文献就知道,长期以来,绿色广告研究几乎囿于市场营销学的学科界限之内,其他学科的学者忽略这一领域。绿色广告与"漂绿广告"监管绝非营销学家可以包揽的,它涉及经济、社会、政治、法律等很多领域。既然"漂绿广告"盛行是不争的事实,它与建立在客观真实前提下的绿色广告有本质区别,不能仅仅把它限定在绿色广告的研究地界,要放在法学、经济学、社会学、政治学等学科的视线下。"漂绿广告"监管的水平不仅反映国家对经济、社会的监管能力,还反映出我国生态文明建设及其学术研究的整体进程及水平的高低。

三、概念厘定

"漂绿广告"监管是一个很新的现实问题和理论问题,为了更好地展开研究与对话,形成"漂绿广告"危害及监管方面的共识,在开始探讨前,对相关概念进行梳理和辨析。

(一)广　告

随着社会、经济、政治及科技的发展,广告始终处于语义变化之中。基于立场、角度和语境的差异,人们对广告所下的定义也不尽相同。《辞海》(1999年版)中这样定义广告:

> 通过媒体向公众介绍商品、劳务和企业信息等的一种宣传方式,一般指商业广告。从广义来说,凡是向公众传播社会人事动态、文化娱乐宣传观念的都属于广告范畴。

本书采用2015年9月1日起施行的《广告法》对广告所作的界定:

> 广告是商品经营者或者服务提供者通过一定媒介和形式直接或间接地介绍自己所推销的商品或者服务的信息传播行为[①]。

为了便于研究,我们将广告进行如下分类:

---

① 新《广告法》不再把付费作为广告的要件,其范围虽然在商业广告,但附则中对公益广告有原则性规范,本书以商业广告为对象,必要时讨论公益广告中的漂绿行为。

$$\text{广告} \begin{cases} \text{绿色诉求广告} \begin{cases} \text{绿色广告} \\ \text{"漂绿广告"} \end{cases} \\ \text{非以诉求广告} \end{cases}$$

(二)绿色产品①

绿色产品一般指在不牺牲产品质量、功能、成本的条件下,在其生命周期全过程中符合特定的环境保护要求,对生态环境危害小、资源利用率高、能源消耗低的产品②。

这一界定似乎不难理解,但把注意力转向现实生活,对绿色产品进行界定,则没那么轻松,而是众说纷纭。理论研究和经验事实都告诉我们,产品是否绿色,总是涉及特定社会背景下该产品的基本属性、环境属性、资源属性、能源属性等因素,总是具有一系列特定、客观的指标体系,而且,在不同时期和不同区域,人们对于产品的"灰色"与"绿色"、"浅绿"和"深绿"会有不同的评价和认同。其"绿"与"灰"、"深绿"和"浅绿",并不是自身就能自足显现的,而是消费者根据自己的日常生活经验,在自己的视域内进行的最初的"绿色表达"③。国际贸易中,不同国家使用不同的绿色产品指标体系,加上绿色壁垒的客观存在,使得绿色产品评价标准带有时空动态特性,这无可争议地说明消费者的理解和认同是绿色产品的意义得以彰显和形成的必要前提。正因为如此,基姆·卡尔森认为,"目前还没有称得上100%绿色的人造产品、服务和工序","绿色指的是制

---

① 绿色广告的定义,重点参考樊宏法和邹成效的《生态文明建设中消费者的"绿色表达"》一文,该文刊发于《生态经济》2009年第11期。

② 广告总是针对特定的产品或服务而投放。企业形象广告、品牌广告等不直接涉及具体的产品或服务,但其最终目的还是推广产品或服务。因此,我们把产品与服务统称为"产品"。

③ 纳尔逊在《信息和消费者行为》一文首次区分搜寻型商品和经验型商品。按照纳尔逊的定义,人们在选购之前可通过检验而了解的商品的质量,这叫搜寻型商品,纯粹经验型商品只能在人们使用后才可度量出品质。冰岛制度经济学家思拉恩·埃格特森也指出:"在现实中,一位顾客能通过搜寻或经验而度量出绝大多数商品的品质属性,但了解品质的较好方法取决于不同度量手段的比较成本。"参见[美]拉恩·埃格特森:《经济行为与制度》,商务印书馆2004年版,第172页。绿色产品既可能是搜寻型产品,又可能是经验型产品,这加大了消费选择的难度。

造、操作产品或提供服务的方式是目前能够实现的对自然环境危害最小的方式"①。

在本书中,绿色产品也只能是某种程度上的"绿",或者说是目前对自然环境危害最小意义上的"绿"。事实上,只有将绿色产品界定清楚了,绿色广告的含义才会明晰起来。

(三)绿色广告

绿色广告又叫环保广告,指以环保诉求来宣传产品或服务的广告。在这里,"环保诉求"指,把产品或服务的属性中那些有利于环境保护的属性或环境友好属性作为产品或服务的促销卖点。绿色广告通过传播生态诉求信息,说服人们改变消费习惯,来减少对生态环境的破坏。但如果广告主传播虚假的生态信息,广告将失去力量②。界定绿色广告与界定绿色产品一样,并不容易。班纳吉等人认为,任何符合下列标准之一的广告都是绿色广告:(1)明确或含蓄地陈述产品/服务与生物物理环境之间的关系;(2)在突出或不突出产品/服务的条件下提倡绿色生活方式;(3)展示公司对环境负责任的形象。

本书中的绿色广告并不仅限于产品绿色广告(比如格力空调诉求"省电"),还包括有绿色诉求的服务类广告、品牌形象广告、公益广告。

(四)虚假广告

按照《现代汉语词典》的解释,"虚假"指与实际不符合。本书在吸收国内外相关法规和学者观点的基础上,对虚假广告的界定突出以下三点。

一是主要事实虚假,包括三种情形:(1)"无"中生"有";(2)"有"说成"无";(3)"小"说成"大"(或者"大"说成"小")。广告信息有事实性信息、承诺性信息和艺术性信息。事实性信息涉及产品最本质最具体的信息,比如"乐百氏纯净水,二十七层净化"(乐百氏集团)。承诺性信息包括实义性承诺和虚拟性承诺,前者如"每天一斤奶,强壮中国人"(蒙牛集团),后者如"鹤舞白沙,我心飞翔"(白沙集团公司)。所谓艺术性信息,指对广告内容进行艺术演绎,不无夸大的

---

① [美]基姆·卡尔森:《绿色战略:超越红海竞争,实现持续经营》,王华译,电子工业出版社2009年版,第17页。

② 费斯克等人发现广告传播虚假绿色信息的现象,但未提出"绿色诉求广告"概念。从研究角度,绿色诉求广告能很好地概括现实中出现的各类绿色广告信息,凡是真实的绿色诉求广告,我们就认定为绿色广告,徒有绿色诉求,就是"漂绿广告"。

痕迹,只要不引起误解,依然合法,比如"今年二十,明年十八"(百丽香皂)。事实性信息和实义性承诺构成广告的事实性诉求。广告事实性诉求中的主要事实虚假,就属于虚假广告。主要事实的认定取决于广告中最想诉求的信息,或者说广告最想告诉消费者的信息。很显然,我们只能从具体的广告文本出发来判断,而且,在一则广告中是主要事实的,在其他广告中可能只是一般性事实,这取决于该事实的重要性和差异性,如果该事实重要而且唯一,多半作为主要事实出现在广告中,这些主要事实有可能是产地(比如,蒙牛的"纯天然,鲜牛奶,来自内蒙古大草原"),有可能是成分(比如,娃哈哈茶饮料的"天堂水,龙井茶"),有可能是功效(比如,汇仁肾宝的"治肾虚,请用汇仁肾宝"),还有可能是制造工艺、使用方法、产品价格,等等。

二是形式虚假,包括广告代言虚假、情景虚假、数据虚假、认证虚假,等等。

三是广告内容真实性无法判断,但容易引人误导。包括:语义误导(比如"买一送一",前面的"一"和后面的"一"代表的产品种类、质量、价格、品牌、规格等往往完全不一样,但是消费者极易被误导)、视听觉误导(欢乐的场面、湛蓝的天空、绿色的原野等,给人感觉:只要购买或拥有该产品,就会给人带来如画面所示的消费享受)等等。

(五)漂绿广告

之所以说"漂绿广告"是崭新形式,是因为我们无论在理论研究还是实际监管中,从来不把它纳入虚假广告的范畴。

"漂绿"的英文表述是"greenwashing",最早提出这一概念的是美国环境学家韦斯特维尔德。在现实生活中,漂绿行为有多种类型,遍布经济、社会、文化活动的方方面面,漂绿行为的主体也十分广泛。2012年联合国第二十次可持续发展大会前夕,荷兰瓦格宁根大学政治学家萨尔维亚·卡尔森-维克惠森就尖锐指出,在过去的二十年里,大会对全球可持续发展的影响几乎为零。她认为,监督体系缺失是大会理念难以贯彻、可持续发展建设停滞不前的直接原因。她批评"绿色经济"是商业"漂绿"行为,宣传"绿色"的投入要远大于实际用于环保的资金。卡尔森-维克惠森语出惊人,揭示不仅企业有漂绿的动机和行为,出于自身利益或其他考虑,政府或国际组织也有漂绿的动机。

本书结合对上述相关概念的界定和辨析,认为"漂绿广告"是企业绿色诉求与企业经营行为或事实不一致的广告传播活动,它因为虚假或误导人,正逐渐走进公众视野,成为广告监管的对象。

(六)广告监管

监管有狭义和广义之分。狭义的监管,仅指政府部门的监管,即监管主体只有政府;广义的监管,既包括政府部门,也包括诸如非政府组织、社会网络等其他治理主体。本书针对的"漂绿广告"监管,就是其广义意义①。具体到广告监管,本课题包括以下三方面内容。

一是广告行政监管。指政府行政管理部门(主要是各级工商行政管理机关)根据法律授权,采用相应的行政手段对广告活动进行的监管、控制、管理、处罚等履行行政职能的行政行为。

二是广告行业自律。指广告活动主体或者广告从业者成立的行业团体组织,比如各级广告协会、广告主协会、广告媒体协会,通过协商制定组织章程和成员行为规范和准则、实施内部惩罚等方式进行的自我监督、自我约束和自我管理。

三是广告社会监督。包括消费者、消费者团体和社会各界以及新闻媒体对广告活动的监督、举报、批评和建议。由于全球性生态危机日渐严重,各种环境 NGO 相继诞生,比如 1971 年在加拿大温哥华成立的世界著名环保组织"绿色和平"。我国的环境 NGO 诞生于 20 世纪 90 年代中后期,比如"自然之友""北京地球村""绿家园",在公众环保教育,影响政府决策制定,推动公民知情权意识的提高等方面发挥重要作用。毫无疑问,日益壮大的民间环保力量也是"漂绿广告"监管不可或缺的力量。

四、研究起点

研究"漂绿广告"的危害及其监管有效性,离不开对国内外学界关于这一问题的各角度、各层面研究成果的梳理和借鉴,这些成果是本书的研究起点。

(一)国外相关研究综述

在已搜集到的英文文献中,只见"绿色广告"一词,而无"绿色诉求广告"这一概念。"绿色诉求广告"是一个事实描述与价值中立的概念,强调绿色诉求信息的存在,并不对其真实性加以判断,因此更接近广告传播现实。"绿色广告"并非价值中立,将有绿色诉求信息的广告都视作绿色广告,这显然与广告传播

---

① 从这个意义上说,广义的广告监管很接近广告治理或广告规制的含义,但在我国的政界、学界和业界,更习惯于使用"广告监管"一词。

的现实形态不相符。因此,英文文献中广泛使用的"green advertising"一词,只能对应于中文语境中的"绿色诉求广告"。

对绿色诉求广告的研究,始于20世纪70年代。面对日益严重的能源短缺,广告学界和市场营销学界开始反思和研究市场营销与环境保护之间的关系。1974年,费斯克出版《市场营销与生态危机》一书,这标志着绿色营销和绿色广告研究的兴起。到了90年代,有关市场营销与环境保护关系问题的研究和讨论迅猛增加。概括起来,世界各国学者对绿色广告的研究主要围绕以下五个方面进行。

1. 绿色广告的定义和判定标准

主要有:一是基于产品或服务属性的绿色广告定义;二是基于组织行为或活动的绿色广告定义。耶尔和班纳吉提出绿色广告的判定标准:该广告必须强调星球保护、个人健康或者动物生命保护三个主题之一(或者全部)[1]。之后,班纳吉等又提出扩展的绿色广告标准:广告中明确或暗示产品或服务与环境的关系;广告宣传绿色生活方式;广告展示企业的环保责任形象。只要满足其中一条,都可以称为绿色广告[2]。基尔伯恩则提出:只要广告主题是以生态为中心或者以人类健康为中心的就可以判定为绿色广告[3]。

2. 绿色广告的分类和测量

绿色广告可以分为三种类型:推广绿色产品的广告——能表达产品或服务与环境之间的积极关系;塑造绿色公司形象的广告——能展示有环保责任感的公司形象;绿色生活方式广告——能推广绿色生活方式。从程度上看,这些学者认为,绿色广告的"绿色"有大小和深浅之分。耶尔认为,根据环境信息在广告中被提及的程度,广告的"绿色"可以分为浅绿、中绿和深绿。广告中的环境信息越明确,越具体,越丰富,广告的绿色就越深。瓦格纳用四组衡量指标将广告的"绿色"划分为五个层次——非常绿、绿、浅绿、棕绿和棕色。还有学者进行

---

[1] Iyer E, Banerjee B. Anatomy of green advertising. Advertising in Consumer Research,1992,20(3):494-501.

[2] Iyer E,The three faces of green advertising.Journal of Advertising,1995,24(2):3-5.

[3] Kilbourn E W E.Green Advertising:Salvation or Oxymoron.Journal of Advertising,1995,24(2):7-22.

了其他分类,比较典型的有绿色梯度模型和生态关怀模型。

3. 消费者对绿色广告的反应与企业或其他组织的绿色广告战略

该策略主要有三种:一是从环境诉求的基本原则、诉求类型的选择、诉求强度的把握、广告主题的选择等角度展开研究。二是探讨消费者对广告主的绿色广告动机的推断及与其广告反应之间的关系,探讨人口统计特征角度。三是基于其他环境变量的研究。

4. 对"漂绿广告"的研究

由于难以鉴别绿色诉求广告的真假,随着著名公司环保事件的纷纷曝光,人们对绿色诉求广告有更深刻的认识,催生"漂绿广告"概念。劳费尔提出判定"三要素""混淆""掩饰""故作姿态"。加拿大环境标志组织提出"漂绿广告"的六种具体手段。学者们认为,"漂绿"的动因大致有四种:骗取政府的环境补贴,获得消费者好感等,存在信息不对称——消费者缺乏与环保相关的知识,企业通过操纵等方式进行"漂绿";监督机制缺乏。漂绿行为引发一系列后果,包括:消费者对绿色声明或公司的绿色行为产生不信任感;消费者、NGO 和政府对企业进行处罚;环境披露的信号作用失灵;环境标志的可信度下降并致使旨在生产环境友好产品的企业难以生存。比较而言,治理"漂绿广告"的对策主要是强化制度设计的基础作用,比如加大处罚额度、确立外部标签系统。

5. 对广告监管的研究

一是对监管主体的研究。黛布拉·哈克分析了澳大利亚、加拿大、新西兰、英国和美国的广告监管,结论是政府监管和行业自律的适当组合会提高广告的可接受度[1]。二是关于行业自律相关问题的研究。洛德·伯里对比研究了英国的自律和法律对广告监管的影响力,研究结论是,自律是更加快捷、省钱和有效的方式[2]。让·博迪温以社会监督、政府监管、市场因素和行业自律为研究对象,运用对比分析方法对缺点进行分析,研究结论是,政府和社会监督应该各

---

[1] Debra, Harker. Achieving acceptable advertising: An analysis of advertising regulation in five countries [J].International Marketing Review,1998,(4):133-146.

[2] Lord, Borrie. CSR and advertising self-regulation [J]. Consumer Policy Review, 2005,(8):137-156.

司其职,行业自律和市场应作为监管的有效补充手段①。三是关于广告内容相关问题的研究,主要关注虚假广告、网络广告等的监管措施。劳伦斯·M.赫兹介绍网络监管的不同法律并指出,法律应随着技术、社会环境的改变而不断进化②。

(二)国内相关研究综述

与国外研究现状大抵类似,国内学者也并未明确意识到"绿色诉求广告"的存在,而把"漂绿广告"作为绿色广告看待,主要研究进展表现表现在五个方面。

1. 对绿色广告的界定

郭熙煌认为,绿色广告就是与环境保护相关的广告③。孔德新等认为,绿色广告指绿色广告媒介通过代言绿色产品,推进绿色生产,传播绿色文化,倡导绿色消费,实现广告市场中多角关系整体利益最大化的广告方式④。国家工商行政管理总局原副局长刘凡提出,绿色广告有四个必备条件⑤,但与本书所讨论的绿色广告或者绿色诉求广告有差异,刘凡把所有合乎规范的广告都纳进绿色广告,这实质上是绿色广告泛化。戴鑫认为绿色广告是:企业真实客观地披露其在生态环保、消费者健康保护、社会公益等方面所承担的社会责任信息的广告。其判断标准如下:(1)广告主是企业或商业组织;(2)广告一般不是纯粹的公益广告,而是以促进产品销售和改善企业形象为主要目的;(3)广告信息与企业有直接联系;(4)广告信息包括企业在绿色产品制造、物资回收、能源有效使用、保护物种生存环境、关爱消费者健康、履行企业公民义务、参与社会公益活动等的具体做法或理念认识;(5)广告信息必须客观真实、合法合规,不对公

---

① Jean Boddewyn.Advertising Self-regulation:Ture Purpose and Limitied [J].Journal of Advertising,1989,(6):776-796.

② Lawrence,M Hertz. Advertising regulation on the Internet [J]. Computer and Internet Lawyer,2002,(3):125-139.

③ 郭熙煌:《绿色广告的隐喻思维》,《湖北大学成人教育学院学报》2008年第2期。

④ 孔德新、黎泽潮:《绿色广告的内涵、特征及功能》,《消费经济》2008年第4期。

⑤ 这四条标准分别是:第一,应该是和谐的广告,要有利于安定团结的大好局面和建设小康社会的时代氛围;第二,应该是合法的广告,不能破坏以《中华人民共和国广告》为核心的广告法律体系;第三,应该是真实的广告,不能以欺骗和误导消费者作为谋取利益的手段;第四,应该是健康的广告,要向广大受众传递高尚的道德情操和先进的文化理念。参见《广告大观(综合版)》2006年第9期。

众进行误导和虚假宣传;(6)广告具有良好的正面社会影响,宣传的价值理念符合主流的社会价值观,能够带动其他企业履行社会责任,推动建立健康积极的社会消费伦理文化①。很显然,戴鑫强调绿色广告的真实性与合法性问题。与一般的绿色诉求广告有区别,也为"漂绿广告"提供了语义空间,遗憾的是,在该书的后边论述中,戴鑫放弃了对真实性这一绿色广告的本质特征的坚持,不经意间又将绿色广告与绿色诉求广告划等号。

2. 绿色广告产生背景及意义

丁俊杰等认为,绿色广告兴起是市场营销同质化加剧和消费者对传统广告方式反应日趋平淡的结果②。李景东认为,广告主用绿色广告说明产品或服务与生态环境的关系,推荐绿色生活方式,树立企业环保责任形象③。戴鑫从五个方面论述了绿色广告的作用:(1)促进各类企业承担社会责任;(2)提高企业市场竞争能力;(3)增强社会公众绿色消费意识;(4)净化社会文化环境;(5)促进和谐社会建设④。

3. 绿色广告设计与可信度

解春风从广告设计角度讨论绿色广告设计问题,认为:"传统广告设计由于多以纸质为媒介,且印刷油墨中多含有毒物质,对环境构成了潜在的污染,并造成了大量的资源浪费。网络广告与之相比对环境的污染要小得多,并且提高了使用者的安全性。"⑤王皓和哈彦峰研究绿色广告的效果,认为绿色广告的可信度低下是普遍存在的现象,他们从信息经济角度进行分析并提出若干对策⑥。

4. "漂绿广告"的实证分析

周培勤、薛飞采用内容分析法,对 2008 年 1 月至 2009 年 6 月 30 日所有《瞭望新闻周刊》《中国新闻周刊》总共 149 期刊物中所有半版(及以上)的广告广告进行分析,发现有 269 则广告采用绿色诉求,其中有两则是公益环保广告,

---

① 戴鑫:《绿色广告传播策略与管理》,科学出版社 2010 年版,第 7 页。
② 丁俊杰、王昕:《中国广告观念三十年变迁与国际化》,《国际新闻界》2009 年第 5 期。
③ 李景东:《绿色消费、绿色营销和绿色广告》,《广播电视大学学报》(哲学社会科学版)2000 年第 1 期。
④ 戴鑫:《绿色广告的传播策略与管理》,科学出版社 2010 年版,第 8 页。
⑤ 解春风:《谈绿色广告传播设计——网络广告》,《晋中师范高等专科学校学报》2004 年第 6 期。
⑥ 王皓、哈彦峰:《绿色广告效果研究》,《新闻界》2007 年第 4 期。

其余均为商业广告。从广告文案看,所有广告都采用文字表达的方式来传递绿色信息,同时,有 115 则广告采用图像或者色彩,致力于在视觉上形成冲击,有 20 则广告采用环保标志。研究发现,广告主善于在商品和环境保护之间建立联系,耗能产品最热心于将自己定位为绿色商品。周培勤、薛飞建议要加强对"绿色广告"的管理,这样可以减少商家的漂绿行为,使得真正环保的产品脱颖而出,避免"劣币驱逐良币"。可借鉴欧美经验,比如美国 1992 年出台《环保营销指南》,新西兰 1994 年公布《环保诉求条例》,挪威 2007 年颁布《汽车营销中的环境诉求要求》,澳大利亚 2008 年发布《绿色营销和贸易实践准则》①。

戴鑫选取 12 种平面媒体上 2000 年 1 月到 2009 年 6 月期间刊发的绿色诉求广告为分析样本②。这期间累计有绿色诉求广告 3 006 则,剔除重复刊发,累计有 1 388 则不同广告文本。按照他制定的"漂绿广告"(戴鑫的措词是"绿色广告刷绿情况")标准,512 则广告被视为"漂绿广告",占 36.9%。戴鑫进一步分析认为,国内企业有 46%的广告漂绿,中外合资企业有 38%的广告漂绿,外商独资企业仅有 25%的广告漂绿。此外,他还列出"漂绿广告"矩阵分析表。戴鑫还专门研究了汽车产业"漂绿广告"。

在我国,广告监管长期是广告学界研究的热点和焦点。从 CNKI 中搜索到的文献可以看出,主要从为何监管、如何监管、监管什么来展开,涉及网络广告、烟草广告、化妆品广告、药品食品广告、房地产广告、植入式广告、虚假广告等,其中研究虚假广告的文献数量最多。虚假广告是广告监管的重要任务,也是广告监管研究的重要领域,CNKI 以"虚假广告"为题名的文章达 623 篇③,研究角度有原因及危害分析(比如吴易菲④)、中外监管政策比较(比如陈熙⑤)、虚假广

---

① 周培勤、薛飞:《"绿色"广告的"灰色"地带》,《新闻与传播研究》2010 年第 1 期。
② 这十二种平面媒体包括四报八刊,分别是《参考消息》《南方周末》《环球时报》《中国经营报》;《世界时装之苑》《财经》《中国国家地理》《环球企业家》《三联生活周刊》《销售与市场》《新周刊》《中国企业家》。
③ 搜索日期为 2012 年 7 月 31 日。
④ 吴易菲:《虚假广告泛滥的原因、危害及其治理对策》,《长白学刊》2011 年第 6 期。
⑤ 陈熙:《中外虚假广告监管政策比较》,《新闻爱好者》2011 年第 19 期。

告的法律责任(比如王飞①、韩晓丽②、金涛③)、媒体责任(比如刘敏④),但有关"漂绿广告"监管的研究很少。

5. 国内广告监管有效性研究的进展与不足

广告市场监管缺乏长效机制,监管效果有效性明显不足,但仅看广告监管文献,很难发现讨论广告监管有效性的研究成果,国家工商行政管理总局原副局长刘凡对广告监管绩效管理的论述,与本书的研究意图最为切近。他指出,"事倍功半"还是"事半功倍",重"治标"还是重"治本",重行政处罚还是重执法效能,应该成为广告监管时不断思考、不断解决的问题。他运用GR模型对全国8个省市2005年的广告监管绩效进行排序比较评定,计算结果说明:

其一,虚假违法广告处理数量对广告监管绩效的影响最为重要。

其二,监管公告发布数、广告监管培训次数、非法经营广告处理数和上报监管信息次数对于监管绩效也有重要的影响作用。

其三,在监管绩效的表现中,其余指标贡献度依次为虚假违法广告平均处理周期、媒体广告发布抽查合格率、特殊商品广告发布抽查合格率和广告综合整治联席会议次数等。

其四,虚假违法广告处理数、上报监管信息次数、非法经营广告处理数、广告监管培训次数和监管公告发布数等五项指标,对各地改进广告监管绩效最为关键。

在此基础上,刘凡尝试建立四种基于GR模型的改善模式⑤。

一,以提高虚假违法广告和非法经营广告处理数量为基础。其改善监管绩效的方式有:增强各地的广告监测能力,提高对虚假违法广告的敏感度;加大对工商部门广告监管工作的财政和人事编制投入,从人力物力上提高执法能力,投入的增加将带来处理案件数量上的增长;建立责任追究制,对处理虚假违法广告数量较少但违法现象比较突出的地方工商部门,责令其改善工作,提高执法力度;强化行业协会的自律和处罚功能等。

---

① 王飞:《论虚假广告的民事责任》,《佳木斯教育学院学报》2012年第4期。
② 韩晓丽:《明星代言虚假广告的制度分析》,《法制与经济》(中旬)2012年第2期。
③ 金涛:《虚假广告行为刑事追诉的程序问题之争》,《人民检察》2010年第13期。
④ 刘敏:《强化媒体治理虚假广告的责任意识》,《新闻爱好者》2010年第5期。
⑤ 刘凡:《基于公共利益的中国广告监管》,中国工商出版社2007年版,第110~111页。

二,以增强广告监管过程影响力为手段。改善监管绩效的方式有:强化上报和信息查询制度;完善联合公告制度;建立广告行业信用评价体系,对广告主、广告经营者进行分类管理(A、B、C、D四级。A级为守信企业,用绿牌表示;B级为警示企业,用蓝牌表示;C级为失信企业,用黄牌表示;D级为严重失信企业,用黑牌表示),奖优罚劣,典型案件要公开曝光;广告媒体负责人追究制度;联合消费者协会等社会力量,在各级广告监管机关设置消费者投诉处理机制和广告主争议处理机制等。

三,以提高广告监管执行效率为保证。其改善监管绩效的方式有设置"停止发布广告"的相关措施;增强行政机关的执法强制手段,包括对违法当事人拒不提供相关经营票据的强制查账;改变现行广告法中对虚假违法广告以广告费用作为计算标准的方法,实现对虚假违法广告可选择性的处罚方法;明确有关行政主管部门的法定出证责任;建立虚假违法广告量化跟踪及处理制度等。

四,以综合整治大案要案为突破口。其改善监管绩效的方式有:进一步发挥广告监管相关各部门的职能作用,落实部门联席会议制度;工商、广电、新闻出版等各部门围绕联席会议制度,积极落实各自的监管责任,做到"齐抓共管""守土有责";宣传部门要抓好媒体广告的导向管理,使通报虚假违法广告工作规范化、制度化;对涉嫌利用广告进行违法诈骗的,可通过相关金融机构冻结其银行账号,防止转移资产,使受害者尽可能减少经济损失等。总之,学术界在"漂绿广告"研究方面取得一些有价值的研究成果,但有些问题未得到足够重视,或者未形成共识,主要表现在:(1)把"漂绿广告"仅仅置于绿色广告的研究框架下,应该纳入广告监管(虚假广告)的研究框架。"漂绿广告"偏离绿色广告的宗旨和内涵,已经变为虚假绿色广告(或是虚假广告的特定表现与类型),但国内学者对此回应很少,不利于凸显"漂绿广告"的危害性,也不利于制订科学合理的监管对策。以"虚假广告"为题名,在CNKI总共找到701篇文章,都不涉及广告中普遍存在的漂绿现象。(2)对"漂绿广告"的危害或后果还缺少系统研究,实证分析更显薄弱。(3)强调对策研究固然重要,但监管有效性才最重要。国家工商行政管理总局原副局长刘凡倡导广告监管绩效管理[①],对本书研究最具启发性。

---

① 刘凡:《基于公共利益的中国广告监管》,中国工商出版社2007年版,第105～116页。

五、研究思路

本书把"漂绿广告"监管作为研究对象,重点探讨"漂绿广告"的危害及更有效的监管。

(一)研究思路与方法

基本思路是:以我国建设生态文明、转变经济发展方式以及构建"两型社会"(资源节约型社会和环境友好型社会)为背景,立足于当代企业营销管理(特别是广告传播)的实际情况,以规制经济学、公共行政学、行政法学、信息经济学、广告学为理论基础,研究我国广告市场上普遍存在的"漂绿广告"现象及其监管问题。

其一,实地调研与深度访谈的方法。通过对消费者、媒体从业人员、政府相关部门、广告公司、行业协会、NGO组织等的问卷调查和深度访谈,比较直观地认识"漂绿广告"的社会认知状况、现实监管状况等,设定研究框架并提出对策建议。

其二,定量与定性相结合的方法。设计出衡量"漂绿广告"监管有效性的指标体系。

其三,纵横结合、比较研究的方法。这将从历史(纵)和中外企业之间(横)相结合的角度来分析"漂绿广告"的基本特征及走向,总结出有效监管的理论和方法。

其四,案例研究的方法。通过深入分析企业广告传播实践中发生的典型漂绿现象或漂绿行为,从中得出启示和经验教训,提炼出"漂绿广告"监管的有效办法,总结出卓越企业开展绿色广告的成功经验。这种方法的重要特点是以点带面,具有很强的实践性,从经典案例中获得的认知具有普遍意义,对预测未来有一定帮助。

(二)研究内容

从理论上探讨监管问题,无非是为何监管(监管的原因)、由谁监管(监管的主体)、监管什么(监管的客体)、如何监管(监管的方法)等内容。就本书而言,特别对以下问题进行深入分析:"漂绿广告"的社会危害是什么;"漂绿广告"如此盛行,为何社会认知度又如此低;如何解决"漂绿广告"难以分辨的问题(难以分辨,就难以分析其危害,更谈不上监管);"漂绿广告"监管如何走出以往广告监管业已存在的窠臼,如何回应社会对监管有效性的诉求。对这些基本问题的解答构成本书的核心内容。本书总共分十一章,外加导论和结语。

"导论"重点谈论研究缘起、研究意义、概念厘定、研究起点、研究思路。

第一章是"漂绿广告"的一般概说,主要讨论三方面问题:"漂绿广告"的产生背景,"漂绿广告"的主要特征,"漂绿广告"的认定标准。

第二章讨论"漂绿广告"的三种机制,具体指"漂绿广告"的发生机制、运作机制和引爆机制。

第三章是"漂绿广告"的实证调查,分三部分内容:问卷调查与数据处理;实地走访与深度访谈;初步发现与理论疑惑。

第四章是"漂绿广告"的危害剖析,重点讨论"漂绿广告"为何是危害行为,"漂绿广告"危害的分析维度,"漂绿广告"危害的个案分析。

第五章是"漂绿广告"监管有效性的基础理论,主要内容包括:监管理论的简短回顾,"漂绿广告"监管必要性的理论分析,"漂绿广告"监管有效性的理论分析。

第六章是"漂绿广告"监管的域外经验,包括:代表性国家或地区的广告监管,"漂绿广告"监管的相关政策与措施。

第七章是"漂绿广告"监管有效性的分析框架,包括三方面内容:"漂绿广告"监管目标的三重维度,"漂绿广告"监管有效性的构成要素,"漂绿广告"监管有效性的指标体系。

第八章讨论政府监管创新与"漂绿广告"有效监管,内容包括:广告监管理念的转换与创新,广告法律法规的生态化改造,广告监管体制与机制的完善,广告监管能力的强化与提高,广告监管工具的整合与优化。

第九章是行业自律创新与"漂绿广告"有效监管,分三方面展开:践行行业自律的"脱钩"改革,明确广告行业组织的功能定位,迈向广告行业自律的崭新时代。

第十章是社会监督创新与"漂绿广告"有效监管,主要内容包括:社会监督的氛围营造,社会监督的制度保障,社会监督的协同机制,社会监督的技术支持。

第十一章是本书的落脚点,即企业绿色创新与"漂绿广告"有效监管。包括:推进绿色创新,践行绿色生产;开展绿色营销,打造绿色品牌;加强绿色管理,规避环保风险。

第一章 "漂绿广告"的一般概说[①]

一、"漂绿广告"的产生背景

(一)环保诉求极度扩大和泛化

20世纪60年代中后期,在生态危机的严峻现实面前,西方国家中兴起环保运动,社会各界甚至不同国家之间较以往任何时候都更容易就环境保护达成共识,"环保话语"开始形成并逐渐成为社会的主流话语[②]。

澳大利亚学者约翰·德赖泽克指出:"话语是重要的,而且制约着我们界定、解释和应对环境事务的方式。"[③]在环保话语成为主流话语的同时,我们不难发现,在一次次的环保抗争中,"环保话语"不断显示出强大的道德感召力和情感说服力,加上立法推动力和行政干预力,"环保话语"的法律约束力和政治威慑力会进一步增强。

暨南大学教授刘涛指出,当"可持续发展"这一话语被生产出来,它便客观上获得了对现有生态秩序的规划权力和改造权力。一方面,"绿色投资""绿色产品""绿色职业""绿色技术"等工业图景随之合法化;另一方面,社会转型时期

[①] 本章主要内容以"'漂绿广告'的产生背景、主要特征与认定标准"为题,发表在《宜宾学院学报》2015年第9期,《新华文摘》2016年第3期以"'漂绿广告'的主要特征与认定标准"为题全文转载。成书时有改动。

[②] 环保话语既有生产与消费方面的,也有政治的、法律的、哲学的、技术的,不仅议题数量众多,而且不断增加。澳大利亚学者约翰·德赖泽克在《地球政治学:环境话语》一书中说:"早期的环境关切集中于污染、荒野保护、人口增长和自然资源耗尽。随着时间的推移,这些关切之外又添加能源供应、动物权利、物种灭绝、全球气候变化、大气臭氧层损耗、有毒废弃物、生态系统整体保护、环境正义、食品安全和转基因组织。所有这些议题都与人类生存、公共态度以及我们与这个行星(有时候甚至在它之外的)上其他存在之间正确关系的道德与美学问题交织在一起。"

[③] [澳]约翰·德赖泽克:《地球政治学:环境话语》,蔺雪春等译,山东大学出版社2008年版,第12页。

许多备受争议的生态科技行为在这一话语的"保护"和"转移"下合法化①。事实上,只要冠以"绿色""环保"的名义,任何生产或生活行为都可贴上文明甚至高尚的标签,并且所向披靡,无往不胜。基于此,有学者指出,在环保至上的年代,新的环保话语被不断创造出来,几乎无需论证就获得合法性、正当性与公信力。

"环保话语"的流行,对于约束政府、企业和公民的生产生活实践,彰显社会环保意识,维护公民环保权益,促进生态环境保护等,起着非常重要的作用。与此同时,人们也看到,高调的"环保话语"之下,隐藏着严重的环保实践危机。以绿色诉求为特征的环保广告,成为环保话语的重要力量,但其投放也可能遭受严重的环保实践危机。

苏立等人对"日本公共广告机构"1971年至2004年间的所有公益广告诉求主题进行统计分析,33年间共有433个诉求主题,按照次数排名分别是社会福祉(260次)、公共道德(197次)、环境问题(186次)、交通安全(70次)、资源问题(65次)、教育问题(185次)、国际交流(55次)、社会病理(45次)、地方振兴(12次),共9个方面,环境问题和资源问题累计有251次,占比57.9%。可见,环保诉求在公益广告中相当普遍②。公益广告如此,各种商业广告更是"绿"意盎然!

环保诉求的极度扩大和泛化,导致包括发布"漂绿广告"在内的各种"漂绿"行为大量涌现。一些公司大肆发布虚假环保广告,成为广告市场上别样的"风景"。

"漂绿"一词,本用以描述那些本意是提高利润而宣称环保的行为③,以后,逐渐被用于那些将资金用于环保广告而非环保实践的行为。

《简明牛津英语词典》(第10版)认为"漂绿广告"为组织为增强环境责任的公众印象而散布虚假信息,韦伯斯特《新千年英语词典》认为其是组织将促进环

---

① 刘涛:《结合实践:环境传播的修辞理论探析》,《中国地质大学学报》(社会科学版)2015年第1期。

② 苏立、施战军:《日本公益广告诉求主题的历史变迁及其特点》,《新闻与传播研究》2008年第3期。

③ 韦斯特维尔德发现,酒店业在每个房间放一张环保宣传卡,鼓励房客自带牙具和毛巾,尽量少用酒店提供的一次性毛巾,以"拯救环境"。他指出,很多酒店业主的根本动机不在于促进环保,而是为了降低成本,增加利润,因为他们并不实施真正的环保措施。

境友好的计划转向为非环保或者不合意行动的实践。这两个定义都强调公众对于公司环保表现的了解有限,公司才得以操纵虚假环保信息误导公众。维基百科认为"漂绿"是仿照"漂白"(whitewash)而构造的复合词语,是企业欺骗性的绿色公关和绿色营销方式,其目的是提高公众对于企业政策或产品是环保的认知。维基强调"漂绿"的环保欺骗性。加拿大环境标志组织企业观察组织进行大量调查之后认为,"漂绿"是"公司误导消费者的行为",因为这些企业的环保行为、产品或服务并不带来真正的环保效益。美国将"漂绿"定义为企业冒充环境友好,实际意图保持和扩大市场份额或影响力的损害社会和环境的现象。这个定义当时只用于描述企业的虚假环保广告行为,事实上,政府部门、政治候选人、贸易协会以及非政府组织都会有"漂绿"行为。

(二)环保诉求呈功利化特征

在环保话语盛行的当代社会,环保事件并未减少,反而不断增多,普通民众的环境权益并未得到较好的维护,而是屡遭侵犯。我们认为,这与企业环保诉求的功利化有直接关系。

以广告传播为例,"由于受到环境保护运动以及这样一种意识——即过度消费会加剧环境破坏——的推动,大量的批评直指广告。广告则通过提出所谓的'绿色'广告或环境广告予以回应。通过从自然中挪用能指,并将它们转化成商品符号,广告把'深思熟虑'的消费重新设定为解决环境恶化的方式之一"①。于是,"商品被定位为'环境的朋友',公司被定位为积极参加环保的、具有爱心的公民,是拯救环境的领导者"②。

绿色广告传播对于推动环保运动、绿色消费的积极意义不言而喻,但其商业宣传的本质并未发生改变。绿色广告作为企业的绿色营销宣言,开启绿色市场通道的重要传播工具,依然坚持商业广告的工具理性,以产品推销为传播出发点,目标明确指向商业利益或者商业利益与生态利益的统一③,宣扬"绿色"

---

① [法]罗兰·巴尔特等:《形象的修辞——广告与当代社会理论》,吴琼等译,中国人民大学出版社2005年版,第199页。
② [法]罗兰·巴尔特等:《形象的修辞——广告与当代社会理论》,吴琼等译,中国人民大学出版社2005年版,第205页。
③ 宋玉书:《商业广告的生态伦理批评》,《中国地质大学学报》(社会科学版)2011年第3期。

不过是营销策略、广告策略。美国学者一针见血地指出绿色广告的商业功利性:"广告人之所以想要指谓环境的相关性,是因为他们在环境保护中看到了美元的符号。"①知名公共关系杂志《奥德威尔公关服务》甚至说,环境是"20世纪90年代关系生死存亡的公共关系战役"。惠好公司(Weyerhauser)以促进"树木生长"为自己做广告。不可否认,惠好公司的确栽种并培育很多树木,但种植的这些树木都是单一品种植物,他们还使用除草剂和杀虫剂,而他们砍伐的很多树是古树,类型丰富,这些树要花几百年的时间才能长成。

20世纪80年代,媒体对有关香烟有害健康的报道,使得社会对香烟的认知十分一致,这一信息出现在广告最下方的强制性公告框内——"吸烟有害健康"。作为对这一强制性要求的回应,万宝路香烟广告中的主要元素明显改变——万宝路广告中牛仔们的形象变小,以致在沙漠和天空画面中显得渺小起来;万宝路牛仔们不再居于画面的中央,代之以洁净、清纯和卫生的自然景象,仿佛香烟是健康的"天然产品",是良性和健康的信息。美国学者道格拉斯·凯尔纳深刻分析了这一现象:"广告通过换喻(metonomy)或连绵不断的联想过程等极力使香烟与'明亮''自然',有益于身心的沙漠、洁净的白雪、马群、牛仔、树林和天空等联系在一起,仿佛它们都是相互关联的'天然'产物,有着共同的自然特征,由此就掩盖了这样的事实:香烟是人工合成的产品,尽是些不安全的杀虫剂、防腐剂和其他的化学成分等。"②

国内乳业巨头蒙牛公司一直标榜自己是"致力于人类健康的牛奶制造商"。据《新京报》2012年3月28日报道,蒙牛公司2011年的广告和宣传支出达到28.4亿元人民币,占当年总收入的7.6%。相比这笔巨额广告支出,蒙牛公司真正用在环保事业上的支出是多少呢?我们不得而知。更主要的是,近几年来蒙牛已经发生几起产品安全问题。首先是特仑苏碱性牛奶蛋白中的(OMP)违规使用问题。早在2007年三四月间,方舟子曾在博客中称:"特仑苏OMP致癌。"虽然2009年卫生部组织专家经过研讨后认为这一产品没有健康危害,但OMP不是现行国家卫生标准允许使用的食品原料,蒙牛公司进口并使用OMP未事先申请批准。三鹿奶粉事件发生后,蒙牛液态奶也被检出含有三聚

---

① [法]罗兰·巴尔特等:《形象的修辞——广告与当代社会理论》,吴琼等译,中国人民大学出版社2005年版,第206页。
② [美]道格拉斯·凯尔纳:《媒介文化》,丁宁译,商务印书馆2004年版,第423页。

氰胺。随后,2010—2011年,陕西周至县及榆林市发生众多学生喝蒙牛牛奶后中毒的事件。蒙牛媒体关系总监在榆林事件后将绝大多数学生的中毒症状归因于癔症。2011年蒙牛雪糕被检测出"菌落总数""大肠菌群"两个重要微生物指标超标,蒙牛纯牛奶被检测出黄曲霉毒素M1项目不符合标准,这可是强致癌物质!

  环境保护是世界性难题,对于任何企业来说,是庞大的系统工程,完成好绝非一日之功。这决定了企业从事有利于环境保护的生产经营活动需要大量投入,否则就是纸上谈兵、无济于事。但是,多数企业不是将资金运用到环保实践上,而用广告提供虚假环保信息误导消费者,塑造企业的环保形象。英国石油公司(BP)将"漂绿"推进到新高度,运用到极致,该公司耗资两亿美元重塑品牌,公司缩写BP修改成口号"超越石油"(Beyond Petroleum),试图将公司包装为能源行业中的环保先驱,商标也由以往的古板形式换成洒满阳光的绿色和黄色标志。他们用大规模的广告战略试图让公众相信BP公司是绿色的,但其环保行动却难觅踪迹。BP公司的"漂绿"行为自然遭致有识之士的强烈批评,肯尼·布鲁诺在CorpWatch网站上发文称BP是"Beyond Preposterous"(超越荒谬的),《财富》杂志专栏作家肯特·墨菲揶揄道:"如果世界第二大石油公司能够超越石油,那么其财富将难以计数。"2002年,在约翰内斯堡举行的可持续发展世界峰会上,由社会各界环保人士组成的"漂绿学会"向BP公司颁发"最佳漂绿奖",埃克森美孚国际公司的CEO雷蒙德获"最佳导演奖",壳牌石油公司获"终生成就奖",美国政府获"最佳支持奖"。美国政府之所以"获奖",是因为他们在进行环保条约谈判时代表公司利益而不是站在环境保护立场上。我国是发展中国家,全社会的环保意识远远落后于发达国家,真正熟悉或了解"漂绿"术语及其意义的消费者很少。目前,只有《南方周末》等少数媒体报道我国的"漂绿"现象。国内学术界对"漂绿"行为和"漂绿广告"的研究与现实存在严重反差[①]。

二、"漂绿广告"的主要特征

(一)存在的普遍性

有广告的地方,就可能有"漂绿广告"。以前我们常说,广告无时不在,无孔

[①] 我们从分析每期的报纸刊发内容以及找相关知情人士求证,《南方周末》"绿版"由于多种原因变得不再纯粹,健康、医药等选题混杂其中。

不入,这主要是从时间和空间的维度来说的,从理念维度考察,不难发现,"环保""生态"可以植入所有广告创意,正成为一切产品或服务的卖点。

实际上,近年来,"漂绿"行为遍及各个行业,演变成世界性的问题。庆祝地球日二十周年时发生消费品广告大战,参与者都把自己说成环境问题的关心者。《今日美国》上出现"今年,麦当劳要购买一亿美元的可回收废料""对美国的牧场主而言,每天都是地球日"这样的广告语。杰德·格瑞尔和肯尼·布鲁诺的《漂绿:公司环境主义背后的现实》一书把壳牌、美孚、杜邦、通用等企业巨头都列进漂绿榜单。在现实生活中,除了大型公司,小企业(包括种植户)也普遍打绿色环保牌,自称生态酒店、有机蔬菜,满城皆是"绿马甲"。他们或发布绿色诉求广告,或贴上生态标签,俨然是环保卫士的形象。加拿大环境标志组织TerraChoice 调查 2007 年至 2009 年美国和加拿大市场中 2 000 多种产品近 5 000 例环保诉求广告后发现,号称绿色的产品超过 98% 至少犯有一种"漂绿之罪"。

(二)起因的复杂性

"漂绿广告"盛行,原因有很多,主要包括以下五方面:(1)通过诉求环保信息,使广告自身合法化。传统广告观念遭受责难,绿色诉求广告是对经济和社会心理危机的积极回应。营造"消费是为了保护环境"的文化氛围,是取得创造性的有效手段,更容易得到消费者认同。(2)法律法规滞后。对虚假广告和误导广告的监管比较有力,绿色诉求广告暂时逍遥法外。(3)媒体经营对广告收入过度依赖。广告在媒体经营收入中的比例畸高,媒体之间的竞争愈演愈烈,为了揽到更多的广告,完成广告经营目标,大多数媒体都是广告创收至上,从上到下不重视广告审查,即便发现虚假违法广告,也睁一只眼闭一只眼,因为通知客户修改或不予发布,极有可能得罪广告客户而失去获利机会。(4)监管力量不匹配。疲于奔命的工商管理部门与职责界定不明晰的相关部门,拥有的监管资源有限,无法及时阻止广告市场上的违法行为。(5)环保知识与环保技术本身复杂,有争议,使得"漂绿广告"界定难,识别难。

(三)诉求的伪善性

伪善是道德作假,现代人把"所有不是出自本能,而只是刻意地为了使自己在别人眼中甚或自己眼中显得善而做出的善举(包括善行、善言和善意)"称为伪善。伪善者不仅能够通过自私的行为获得实际利益,也能够通过被他人视作道德正直者而获得心理奖励并躲避责罚。在生态环境破坏、资源日益短缺的当下,"环保""节能""无污染"无疑是最美丽动听的词汇,也是企业实施伪环保的最佳符号。比如,高调诉求"要金山银山,更要绿水青山"的紫金矿业公司,俨然把履行环保社会责任放在企业经营最优先的位置,事实上,该公司 2010 年 7 月引发的汀江污染事件就足以说明一切。"当麦当劳公开宣称要对环境负责时,麦当劳自愿花一亿美元购买可回收的废品,仅 1989 年,它就花了 7.744 亿美元在美国做广告,在美国企业广告支出中排第七位。其在世界范围内的销售超过 60 亿,系统销售超过 170 亿。"①

(四)手法的巧妙性

"广告通过图像、修辞、标语以及这些因素在广告中的并置来销售自己的产品和世界观,在其中投入惊人的艺术资源、心理学的研究和市场策划。"②《南方周末》2012 年 2 月 16 日"绿色"专版中,把"漂绿"的表现手段概括为十个方面:(1)公然欺骗。企业的行为完全违背环境友好或可持续发展的口号,或主观故意赋予产品虚假的"环境友好""低碳绿色"类标签③,睁眼说瞎话。(2)故意隐瞒。一方面宣称环境友好或可持续发展,另一方面却拒绝公开或故意隐瞒违反其口号的行径。(3)双重标准。在本地或者本国宣称是环境友好或可持续发展的,却在其他地区或者国家做出不符合其口号的行径。(4)空头支票。做出违背绿色和可持续理念的行径,造成环境危害后果,仅用口头道歉而非采取实际行动来为企业树立"环境友好"的形象。(5)前紧后松。企业宣称环境友好或可持续发展,但其供应链缺乏有效管理,不能贯彻如一,造成违反其口号的行径。(6)政策干扰。凭借业内的垄断地位和强大的游说能力,干扰或者阻碍关于环境保护或可持续发展法律法规的出台或产品的推出。(7)本末倒置。在不相关或次要的产品或业务方面树立环境友好形象,但企业的主要业务或产品却违背环境保护或可持续发展承诺。(8)声东击西。片面强调某一方面环保绿色,其

---

① [法]罗兰·巴尔特等:《形象的修辞——广告与当代社会理论》,吴琼等译,中国人民大学出版社 2005 年版,第 224 页。
② [美]道格拉斯·凯尔纳:《媒介文化》,丁宁译,商务印书馆 2004 年版,第 426,427 页。
③ 戴鑫统计了 1 388 则广告,有 146 则使用绿色证明,具体是:欧洲排放标准 55 则;ISO 中 18 则;中国节能产品认证 11 则;绿色食品标志 7 则;中国绿色食品 5 则;绿色清洁生产 5 则;通过政府检测 10 则;协会会员或推荐 8 则;获奖 5 则;中国绿色环保认证 3 则;中国环境标志产品认证 18 则;TC 4 则;能源之星 4 级 2 则;其他 14 则。

他方面却违背环境保护或可持续发展的承诺。(9)模糊视线。利用公众陌生或模糊的概念和字眼误导消费者相信产品的环境效益或公司的环保实践。(10)适得其反。企业旨在保护环境或者可持续发展的实践却造成相反的负面影响。

(五)消费的诱导性

广告以促进销售为己任,"广告和销售的关系,就如同铁路和运输的关系一样"①。绿色消费被认为是当代消费发展的大趋势,在绿色消费者看来,购买绿色产品就是践行生态公民之责,分享企业在环保努力中的创造性成果。但是,由于存在信息不对称,绿色消费者纵然有购买绿色商品的热情和责任心,也无法保证自己买到的商品是绿色商品。广告公司与广告主合谋推出的绿色诉求广告,自然成为煽动消费者购买欲望的利器。

罗伯特·古德曼和史蒂芬·帕普森考察了美国绿色广告的传播之后认为:"绿色产品路线服务于两个议程:通过把对绿色的尊敬作为吸引关心环境的消费者的符号来扩大市场份额,以及将公司定位在对社会与环境负责的位置上。"②为了连接这两个议程,做到既扩大市场份额又树立企业环保形象,广告承诺要将部分利润赠予环保组织,鼓励消费者更多地购买,比如"每购一瓶××,就会有一分钱捐给环保组织",把扩大消费纳入有利于环保的逻辑中,"在道德的旗帜下将企业的社会责任悄然转给消费者,使企业并不需要更多的付出,却可以更多地收获扩大消费的市场利好和资助环保组织的道德美誉"。③

(六)披露的滞后性

"要识破一个骗局,你就必须在被吹捧为宏伟的表象与其寻常的实质之间保持一大段距离。一个幻灭的消费者买了夸大宣传的商品之后或许会发现这一距离,但绝不可能提前察觉"④,这是美国学者保罗·福塞尔《恶俗》一书中的论断,我们认为,用这一论断解释"漂绿广告"信息披露的滞后,非常贴切。

---

① [美]杰克逊·李尔斯:《丰裕的寓言:美国广告文化史》,任海龙译,上海人民出版社2005年版,第145页。

② [法]罗兰·巴尔特等:《形象的修辞》,吴琼等译,中国人民大学出版社2005年版,第211页。

③ 宋玉书:《商业广告的生态伦理批评》,《中国地质大学学报》(社会科学版)2011年第5期。

④ [美]保罗·福塞尔:《恶俗》,何纵译,世界图书出版公司2012年版,第99页。

"漂绿广告"披露滞后,主要有以下原因:(1)环境破坏的后果往往是潜在的、深刻的和长期的。(2)环境保护和资源节约涉及的知识十分复杂,加上信息不对称,再精于计算的消费者也不能准确快捷地识别出"漂绿广告"和真实的绿色广告。因此,企业的"漂绿广告"被曝光会滞后。(3)"漂绿广告"对人的影响是渐进的和间接的,加上引爆机制不健全,被披露一般很偶然。通常是,由于偶发事件吸引社会公众的广泛关注,通过消费者投诉、同行揭发和媒体跟踪,逐渐进入社会大众视线。这其中,有许多被认定为"漂绿广告"的,伴随着那些引起重大环境破坏、危及人们身体健康的事件的发生,人们顺藤摸瓜地对该企业以往经营行为进行追根究底。(4)由于大企业在消费者心目中存在光环效应,他们自身应对消费者已有系统成熟的办法,要想发现他们在市场营销方面的不光彩行为并不容易,这也使得消费者需要花费较长的时间。

(七)危害的广泛性

"漂绿广告"的危害涉及多个主体和多个方面,揭示其危害及其广泛性,是本书主要研究目标之一,我们将在第四章辟专章进行分析。概言之,有五个方面:(1)损害媒体公信力,降低了受众对媒体的信任;(2)侵蚀社会诚信,污染社会风气;(3)损害消费者利益;(4)造成信息污染效应,对企业形象乃至整个行业形象形成重创;(5)进一步恶化广告产业发展环境。

三、"漂绿广告"的认定标准

凡事皆有标准。中国社会科学院哲学所研究员赵汀阳指出:"标准不仅决定了我们对一个事物的批评,而且决定了我们对这个事物的理解,甚至决定了这个事物的存在,或者说,标准使我们有理由确定一个事物的存在情况。"①英国学者安东尼·奥格斯曾说:"对于消极信息规制体系而言,最难的部分在于决定受监管之信息的范围。信息究竟是真实的还是虚假的,是符合事实的(即来源于实证)还是主观臆断的,是明显的还是隐含的,并不容易做出区分。"②

就广告监管而言,监管过宽,会遭致监管对象的埋怨或敌视,束缚产业发展,通过连带效应影响其他产业发展;监管过窄,会出现漏洞,新出现的广告现象或行为就可能逃避监管。如前所述,"漂绿广告"是虚假广告的崭新形态和特

---

① 赵汀阳:《赵汀阳自选集》,广西师范大学出版社2000年版,第227页。
② [英]安东尼·奥格斯:《规制:法律形式与经济学理论》,骆海英译,中国人民大学出版社2008年版,第150页。

殊形式,要对其进行监管,首先就要制定标准,且标准本身就是一种政策工具。当前,"漂绿广告"监管面临的第一个难题就是标准。只有清晰(至少是相对清晰)地界定"漂绿广告",明确立法,准确司法,规制政府行为和保护公民合法权益等才有可能。

(一)"漂绿广告"的陈述或表示必须含有"绿色"信息

在色谱学中,不同程度的绿色含义不同,并对应于相应的行为。

深绿色:深绿消费者是地球上最具有绿色意识的人,他们理解绿化的必要性,且购买行为符合自己的价值观。

浅绿色:这类消费者正处于绿色跑道的初始阶段,正在寻求绿色生活的征途中。他们的某些购买行为已属于环保型,且随着对环保知识的进一步了解,他们会有更多的环保行为,代表他们的颜色也会更绿。

卡其绿色:这类消费者有时候会考虑一下绿色问题,开始将购物习惯和日常生活习惯与环保联系起来,促使他们采取绿色行为的最大原因是节省能源和金钱。

浅棕色:这类人还没有绿色意识,即将受到或者潜意识地接受选择环保行为普遍文化的影响。

"漂绿广告"中必定含有"节能""可降解""纯天然"等信息。信息的形式可以是文字(表现为广告语、产品或品牌名),也可以是画面(比如森林、绿洲、田野),还可以是音乐(比如伊利集团前些年改编《敕勒歌》制作的广告歌"天苍苍,野茫茫,伊利奶粉美名扬"),以及上述几种形式的组合。这是"漂绿广告"最显而易见的识别要素。

(二)"漂绿广告"的陈述或表示必须有欺骗、误导消费者的可能

即使绿色信息是真实的,只要接受广告的消费者对于广告的理解不同于广告所宣称的,这样的广告就可以说是"漂绿广告"。一般来说,是否被欺骗或误导,消费者事前多半不知道,往往事后才知晓。在消费者心目中,"漂绿广告"先被视为绿色广告,然后由于其他途径的揭露、曝光,从而经历认知转化过程。这也说明,"漂绿广告"存在事后追溯和确认的问题。使用绝对化语言或过于空泛表述的广告尤其要当心和警惕。

(三)被误导的消费者应当是一般理性消费者

"漂绿广告"的认定以消费者的认知为标准。这里,首先要界定谁是消费者。《消费者权益保护法》未定义消费者,但是理论界不乏探讨,大致有四条标准:一是消费类型,是生产消费还是生活消费;二是消费主体,是个人(家庭)消费还是单位消费;三是消费客体,经营者向消费者提供的商品或服务;四是消费动机。由于个体差异,不同的广告对于不同的消费者来说理解上也会不一致。学者们认为,应当以广告所针对的消费者所具有的一般理解力作为广告是否为"漂绿广告"的判断标准。

(四)"漂绿广告"的陈述或表示必须可能欺骗、误导相当数量的消费者

广告是面向广大消费者的。由于受到管理成本等多种因素的制约,政府部门对广告所造成的影响或错误理解,不太可能逐一核实。绿色诉求广告只引发有限少数人的怀疑,或者只有少数人的利益受到损害,则可预见不会影响公共利益,因此,也没有必要用认定"漂绿广告"的形式进行保护。如果一则广告对于相当数量的消费者产生误导,就可以认定其为"漂绿广告"。对于"相当数量"这一问题,广告主管机关可以根据广告个案灵活处理。

(五)"漂绿广告"的陈述或表示必须具有实质重要性

所谓实质重要性,指广告陈述或表示能促成消费者购买的动机,这显然比较严格。现实中有大量并非针对商品或服务的品质而做出的陈述或表示的广告,比如企业形象广告、品牌形象广告,这些广告在产地、原料、工艺、荣誉认证、环境营造等方面进行诱导与误导。针对这种情况,我们认为,只要广告内容间接与商品或服务有关,即具有实质重要性。从国外对虚假广告监管实践看,这种界定可以更周全地保护消费者利益。

第二章 "漂绿广告"的三种机制

"漂绿广告"是商业谎言,是主观故意的有组织的行为,它是如何产生的,如何运作的,又是如何引爆从而以虚假广告或误导广告的真面目进入人们视线的,回答这些问题,是对其进行有效监管的重要前提。

本章探讨"漂绿广告"的各种机制:(1)发生机制,主要探讨"漂绿广告"行为为什么会实施;(2)运作机制,主要探讨如何漂绿,包括实施策略与具体措施;(3)引爆机制,主要探讨作为商业谎言的"漂绿广告"在哪种情形下被最终戳穿。"漂绿广告"被戳穿,往往会演变成企业危机或行业危机事件,从而为政府和相关组织对"漂绿广告"进行监管提供契机,也催生新的制度和法律。

一、"漂绿广告"的发生机制

发生机制,通常也表述为动力机制。在汉语中,机制原指"机器的构造和工作原理",后用来"借指有机体各部分的构造、功能、特性及其相互联系和相互作用",其英文表述是"mechanism"。机制实质上揭示机制构成主体之间的相互联系、相互作用的规律性过程。其内在逻辑关系是:机制构成主体之间的相互关系可看成机制的静态关系结构;各主体之间的相互作用可看成机制的动态表现形式;这种相互联系和相互作用具有稳定性和规律性,发挥相应作用。讨论"漂绿广告"的发生机制,就要回答"漂绿广告"作为广告传播现象为什么会出现。

"漂绿广告"盛行是值得关注的社会现象,这种现象本身折射出当今社会的深层次问题。研究"漂绿广告"的发生机制,是了解"漂绿广告"真实图景的关键环节,也是对其进行有效监管的前提。

(一)点"绿"成金的巨大利益诱惑

客观地说,绿色诉求广告(包括绿色广告、"漂绿广告")在倡导环保理念,普及环保知识,促进绿色消费教育等方面发挥重大作用,这不言而喻,但其商业宣传的本质并未改变。绿色消费市场十分庞大,这一方面是因为人们的环保道义感与自我保护意识日益增强,另一方面是因为人们消费观念改变了,消费能力提高了。绿色产品有多方面优势,这导致两种情形:一是那些富有环保社会责任感的公司,积极开展绿色生产和绿色营销,为市场提供品种繁多的绿色产品,从环保环节挖掘出来的"黄金",包括更高的收入、更低的运作成本,甚至可以从银行获得更低利率的贷款,因为这些银行认为,认真打造环保管理系统的企业面临的风险相对较低。这些企业同时也收获软性效益,包括更富创新的企业文化,更高的"无形"价值,企业诚信度和品牌信任度的提高等[①]。二是那些不具有相应条件和主观意愿的公司,会进行"漂绿",在营销上通过"漂绿广告"来蒙骗或误导消费者。在"漂绿者"看来,"绿色"只不过是营销策略口号,美国学者一针见血地指出"漂绿广告"的功利性——"广告之所以想要指谓环境的相关性,是因为他们在环境保护中看到了美元的符号"[②]。

(二)监管资源稀缺使得监管主体无暇顾及

监管资源稀缺,是相对于广告监管承受的压力和广告监管需求庞大而言的。哈佛大学教授斯帕罗在《监管的艺术》一书中说"要执行的法律太多,要处理的违法者太多,而资源却远远不够"[③],这是政府监管的常态,在我国,基层广告监管的现实窘境往往是人员少、装备差、水平低,执法办案和监管基础能力、建设经费投入明显不足。面对线上线下、各行各业、四面八方、五花八门的广告,广告监管人员只能疲于应付。根据笔者多年的观察,工商部门一般采取常规执法与特定执法相结合的模式,其中,专项整顿或运动式监管从我国广告产业恢复之初就未间断过。遗憾的是,广告监管的长效机制一直难以有效建立。中央电视台曾在专题节目《食品安全在行动:中国政策论坛(下)》中援引一组数据:"各级工商行政机关和基层工商所承担着103部法律、201部法规、124部行政规章,总共428部法律法规和规章的监管执法任务。"[④]需要特别说明的是,

---

① [美]丹尼尔·埃斯蒂、安德鲁·温斯顿:《点绿成金》,张天鸽等译,中信出版社2009年版,第7页。
② [法]罗兰·巴尔特等:《形象的修辞》,吴琼等译,中国人民大学出版社2005年版,第206页。
③ [美]马尔科姆·K.斯帕罗:《监管的艺术》,周道许译,中国金融出版社2006年版,第22页。
④ 吴元元:《信息基础、声誉机制与执法优化》,《中国社会科学》2012年第6期。

广告监管还只是工商部门众多监管任务中的一部分,甚至不是最重要的部分。有限的广告监管资源与层出不穷的违法广告(包括"漂绿广告")之间形成巨大反差,监管主体要么意识不到,要么意识到了而心有余而力不足,只能听之任之。

(三)现行法律法规的缺失与无为

现行法律法规效力难以发挥主要表现在:

(1)立法缺陷。现行《广告法》是1995年2月1日正式实施的,已经远远不适应广告监管的要求,广告学界、业界以及法学界多论述过这一问题。比如《广告法》第三十八条规定:"发布虚假广告、欺骗和误导消费者,使购买商品或者接受服务的消费者的合法权益受到损害的,由广告主依法承担民事责任;广告经营者、发布者不能明知或者应知广告虚假仍设计、制作、发布的,应当依法承担连带责任。广告经营者、发布者不能提供广告主的真实名称、地址的,应当承担全部民事责任。"施行二十年,人们发现,广告经营者、发布者拒绝索赔的理由很充分:申明自己不明知或者不应知广告是虚假的。广告经营者、发布者是否真的知道广告是虚假的,往往难以查证,致使法律规定的广告经营者、发布者对消费者应承担的连带责任形同虚设,不利于保护消费者的合法权益。2015年9月1日起,新《广告法》生效施行。新《广告法》致力于"着重解决广大人民群众关注的虚假违法广告治理问题,加大对虚假广告的惩治力度",第二十八条将虚假广告分为两类:内容虚假的广告和内容引人误解的广告。其中,内容虚假的广告关注的是广告内容的真实性,界定的标准相对清晰,而引人误解的广告,其界定标准就明显偏于主观,根据列出的五款情形很难做出客观判断。目前,"漂绿广告"依然未纳入现有法律法规。另外,法律处罚偏轻、广告违法成本偏低等,都难以有效打击广告违法行为。

(2)政出多门。无论旧《广告法》还是新《广告法》,都存在部门间职责不明的问题。国家工商管理部门是广告监管任务的主要承担者,但不能,也不可能包揽一切。"漂绿广告"监管是庞大的社会系统工程,单单工商部门不可能完成这一任务,要建立从预防到事后处理的反应链,需要全社会各方面力量参与,必须建立开放的系统和多元的平台。

(3)文本法与实践法分离。"写归写,做归做"或"说归说,做归做",是我国社会生活中普遍存在的现象,河海大学教授陈阿江把这种现象概括为文本法与实践法的分离。所谓文本法(或称文本规则),指正式颁布的法律、政策、文件、领导讲话或指示等,是常态下必须遵守的规则。所谓实践法,指当事人在处理实际事务时所遵守的规则,虽然不一定印在纸上,或者由正式的、权威机构颁布,但实践者心照不宣。应该说,这种分离现象不仅仅在广告行业存在,但这对广告监管的伤害却是致命的,同样的广告案件,实际处理或者未处理,处理的结果到底怎么样,不仅不同的人、不同的时间不一样,不同的区域也不一样。

(4)"漂绿广告"认定难。首先,执法部门并非"漂绿广告"传播行为的亲历者,不是"案件真实情况的先知",同时基于"不告不理"的原则,执法部门对事实的认定以双方当事人提供的证据为前提,但消费者往往选择沉默。其次,事实认定这一规定决定了执法部门对事实的认定不可能是纯粹的真理求索。事实认定是具有鲜明社会历史属性的认识活动,追求的是被特定历史时期的特定文化群体认可的具有可接受性的事实。换句话说,在美国被认定为"漂绿广告"的,在中国或许会当作家常便饭而不被注意。我国广告监管四十年的实践证明,对虚假广告的认定,人们凭借的是头脑中储备的社会化经验及其个人经历、可资借助的陈规范例、社会传承而来的信念结构以及其他类型的具有文化意义的相关因素。再次,认定成本过高导致认定难。美国学者波斯纳认为,事实发现主要有四维的制约因素——事实发现能力的有限性、发现客观真实的主观路径、追求客观真实与其他价值目标之间的平衡、事实发现的成本[①]。认定成本高昂,人们会选择放弃。"在整个认识活动领域,成本效应一直按照标准的经济程序运行。经济原动力就是以最小付出获得最大成果,理性探索总要受到它的强有力的制约。"[②]对"漂绿广告"进行认定不是终极目的,政府广告监管的目的是禁止,至少是减少"漂绿广告"。

(四)广告公司的顺从地位

美国学者托马斯·弗兰克曾经口无遮拦地说:"广告从业者是一些无望的

---

① [日]棚濑孝雄:《纠纷的解决与审判制度》,王亚新译,中国政法大学出版社1994年版,第66页。
② [美]尼考拉斯·莱斯切尔:《认识经济论——知识理论的经济问题》,王晓秦译,江西教育出版社1999年版,第12页。

应声虫,对他们的客户马首是瞻。"①在我国,由广告主、广告媒体和广告公司构建的三角关系中,广告公司同样处于顺从地位。"广告人尽管声称自己掌握了专业技能知识,但不管客户多么不专业,最终还得向他低头。"②地位决定话语权,在广告主题或者广告核心诉求上,广告主的优势地位体现为:广告主想"说什么",要"说什么"和必须"说什么"成为广告公司"跳舞的镣铐"。聪明的广告公司一般在广告主"说什么"的问题上充当响应者、讨好者,只是在"怎么说"上体现其专业水准和存在价值,其直接目的是取悦广告主,实现自己的商业利益。道理很简单,不取悦广告主,不把广告主的想法说出来,使它清晰化、形象化,就很难满足广告主的欲求,其直接结果是广告业务旁落别家。在绿色诉求广告中,只要绿色是卖点,广告主就会争先恐后地诉说绿色的好处,广告公司则助纣为虐,在创意上推波助澜,至于产品是真绿还是假绿,是浅绿还是深绿,另当别论。

(五)广告审查无力

在我国,媒体是矛盾的混合体。在更多的时候,媒体高唱公信力,用以树立媒体品牌和价值,却又大量刊登虚假新闻和虚假广告;媒体呼吁大家不要上电视购物的当,但电视购物节目充斥耳目。低碳经济时代,媒体大谈低碳的好处,可报纸却越出越厚,越出越多。电视媒体也如出一辙,几个频道同时播一部电视剧,造成频道资源大量浪费。一部电视剧引发的首播大战,甚至惊动中央高层领导。因为,谁都明白,抢播的背后是收视率,收视率的背后是广告收入。

2010年1月19日,全国低碳经济媒体联盟启动仪式在京举行。大会宣读了《全国低碳经济媒体宣言》。各成员面对联盟会徽庄严宣誓,承诺将以宣传低碳经济为己任,积极响应国家关于低碳经济的各项方针、政策,配合国家总体部署。据了解,全国低碳经济媒体联盟每年定期召开年度大会,举办中国低碳经济沙龙、俱乐部酒会、中国低碳经济专家研讨会、低碳行业领袖圆桌会议、中国低碳城市发展论坛、中国低碳经济优秀新闻评选、记者团走进低碳城市(企业)、低碳经济研究报告、搭建"全国低碳经济媒体联盟官网"等多种形式的活动。在

---

① [美]托马斯·弗兰克:《酷的征服:商业文化、反潮流文化与嬉皮消费主义的兴起》,胡传胜、孙冬译,南京大学出版社2007年版,第36页。

② [美]杰克逊·李尔斯:《丰裕的寓言:美国广告文化史》,任海龙译,上海人民出版社2005年版,第154页。

这一系列精心策划的"宏大设想"中,媒体是否推出一个《媒体低碳自律公约》?是否拿出一部分媒体资源来免费刊播低碳公益广告,来真心扶持成长中的低碳企业?

(六)环保节能标准的非权威性与非统一性

绿色产品认定遵循的标准,必须是国际公认的、权威的标准。目前,国际上最权威的标准是 ISO 标准。该标准化组织提出认证、验证、检测产品并授予三种不同形式环境标志。ISO 认证的意义在于[①]:第一,强化品质管理,提高企业效益,增强客户信心,扩大市场份额;第二,获得国际贸易的通行证,消除国际贸易壁垒;第三,提高产品竞争力;第四,节省第二方审核的精力和费用,能有效避免产品责任。承担绿色产品认证的机构必须有绝对的权力和威信,必须是独立于第一方和第二方之外的第三者,一般由政府机关直接担任这角色,或者由国家或政府认可的组织担任这个角色,这样的机关或组织就叫作"认证机构"。

绿色认证的过程有严格的程序,包括申请的提出,样本的提交,认证机构对样本的检验,对该样本生产地的自然环境、土壤、水、气候等各种条件的考察,最后才对产品进行确认。绿色食品的认证尤其严格,而且不是"终身制"的,一种食品即使获得绿色产品标志,其许可证额有效期也只有三年,三年内每年都进行年检,三年后必须重新申报,发现一次不合格,其绿色标志便会被取消。

实际上,主持环保节能认证的机构五花八门,闹得沸沸扬扬的美的空调"一晚只需一度电"广告引发巨大争议。2012 年 12 月 6 日,美的召开新闻发布会,宣布由中国轻工业联合会组织权威专家鉴定组,对该广告所指称的空调产品进行技术鉴定。中国轻工业联合会的出席人是广东省轻工业协会会长杨大行,权威专家鉴定组组长是中国科学院院士、西安交通大学教授陶文铨,组员包括西安交通大学、江南大学、清华大学、华南理工大学、中国家用电器研究院、中国电器科学研究院的七位专家教授,鉴定的项目为美的"全直流变频空调 ECO 节能关键技术的研究与应用",结果认为美的"全直流变频空调 ECO 节能关键技术"具有"国际领先"水平。陶文铨回忆,鉴定过程很简单,一是听取项目汇报,审阅美的提供的实验报告;二是组织专家去美的工厂,现场查看空调压缩机低频运转的情况,之后在发布会上进行评定,颁发荣誉证书。陶文铨解释,"一晚一度

---

① 尹世杰:《消费经济学》,高等教育出版社 2003 年版,第 169 页。

电"主要依靠使用变频技术来实现,以前空调压缩机无法变频,每分钟可达3 000转。空调制冷,室内温度降下来之后,没必要让压缩机转那么快,这时候可以把转动频率降低,降低消耗。变频技术可以让压缩机转速低到1HZ,一秒钟转一圈,这时候空调仍然制冷,但耗电量大幅度降低。陶文铨承认,实际使用当中,空调转速不会一直这么低(1HZ)。美的公司的"漂绿广告"得以投放,因为几位权威专家代表独立第三方机构给予认证。

(七)节能环保技术易获得人们的信任

技术是环境危机发展的祸水,还是拯救环境危机的工具,这是西方学界一直争论的热点问题。美国著名环保主义者巴里·康芒纳一直在研究科学技术是环境危机的始作俑者还是拯救之道,他认为,第二次世界大战以来的技术变迁是现代环境灾难的罪魁祸首,其后果占全部污染物产出的80%以上[1]。在当今社会,人们普遍认为,由技术造成的任何问题都可经由进一步应用技术而得到解决。现实生活中,很多新技术新材料问世,都以节能减排和环境保护为宗旨。这些新技术新材料经过产业化变成节能环保产品,通过专业人士把纯技术话语"翻译"为便于接受和传播的广告话语(绿色广告诉求),以赢取消费者的认同。这类技术是否具有节能环保的效果,普通消费者无从知晓。

(八)绿色消费群体难以形成合力

《消费者权益保护法》经第八届全国人大常委会第四次会议于1993年10月31日通过,自1994年1月1日起施行。该法对形成保护消费者权益的社会理念,规范经营者的经营行为,维护社会经济秩序,发挥重要作用。消费者的维权路径仍然充满艰辛,其重要原因在于:一方是原子化的消费者、孤独的维权个案,另一方是组织化程度越来越高、经济实力更强且掌控资本和社会资源更广泛的大企业或企业集团。原子化的消费者弱不禁风,使得这种日常化的侵害或受害事件反复重演,消费者的受害意识慢慢地湮灭了,消费者成为"沉默的大多数"。绿色消费者的原子化构成,说明绿色消费者以及各种环保公益组织至今还没有真正成为社会力量,这有赖于我国公民社会建设的步伐和成就。美国等西方国家近年涌现集团诉讼制度,其设置初衷是以最经济和最有效的方法,为众多具有共同利益的当事人提供最有效的诉讼保护。针对单个散在的消费

---

[1] [美]科尔曼:《生态政治》,梅俊杰译,上海世纪出版社2006年版,第17页。

者而言,集团诉讼可以帮助消费者获得与强势生产者对等博弈的机会。但在中国的诉讼法律体系中,集团诉讼一直无法有效实现。2013年通过的《消费者权益保护法(修改草案)》中明确赋予消费者协会代表消费者提起集体诉讼的权利,这使中国的消费者权益保护进入崭新的时代。

二、"漂绿广告"的运作机制

(一)"漂绿广告"的生产过程

1. 广告调研

广告调研是任何广告活动开展的前提和基础。其内容包括:(1)广告市场调查,具体包括营销环境调查、产品或服务调查、价格测试、品牌研究、消费者调查、竞争状况调查等方面。(2)广告传播调查,具体包括广告主题调查、广告刊播前的测试、广告媒体调查、广告事中测试等。

2. 广告策划

这是广告活动的核心环节。其主要内容包括:(1)确定广告目标。目前大致有四种广告目标——创牌广告目标、保牌广告目标、竞争广告目标和广告效果目标。广告目标必须围绕企业发展目标展开,要具体实在,要有可操作性和可衡量性。(2)确定广告目标受众。广告目标受众是广告信息的传播对象,即广告信息的接收者。企业不可能满足消费者的全部需要,因此要在细分市场的基础上进行,其目的是在细分市场上尽可能地赢得份额。(3)广告信息策略谋划。它统率广告作品的创意、文案、形象等要素,其最根本的要求就是与众不同,使广告主题与消费者发生心理共鸣。(4)广告表现策略。简单地说,就是把广告主题创造性地变成可见可闻可触的广告文本。

3. 广告的信息处理

即广告创意与表现,这是以艺术创作为主要内容的广告活动。其中,广告创意是表现广告主题的、能有效与受众沟通的艺术构想,广告表现的首要任务是为实现广告创意寻找最具有表现力和感染力的视听觉符号。

4. 广告媒体的选择

广告媒体是所有能够传播广告信息的介质。广告媒体的选择与运用要着重把握两点:一是媒体和消费者调查数据;二是进行媒体组合运用以促进与消费者沟通。影响媒体选择的因素有很多,要在掌握各媒体特点基础上,选择最适合传达广告目标信息的媒体及其组合。

5. 广告效果的测定

实践证明,消费行为的发生与延续,是多因一果的关系,其中必有一因是广告。广告效果测定指广告活动对广告目标的实现程度,包括认知、态度和行为三个层次的改变,体现在事中测定与事后评估两方面。

以上环节如此复杂,表明广告代理商(广告公司)在广告主的要求下,其运作如此精密,如此专业!因此,有理由相信,其向受众发布各类广告信息是高度组织化的理性行为,根本目的是影响消费,实现企业自身利益。

与普遍意义上的广告生产与传播过程不同,"漂绿广告"在抵达消费者的感官后,产生的反应具有特殊性。如前所述,"漂绿广告"具有伪善性、隐秘性等特征,消费者接触到"漂绿广告"后会出现分化和反转两种情形。所谓分化,指一部分消费者不能识别或很难识别,另一部分消费者能够识别。所谓反转,指由先前的不能识别、盲信到幡然醒悟。不能识别或很难识别"漂绿广告"的那部分消费者,对其危害自然无从感知,这部分消费者直接遭受的危害是"漂绿广告"危害的重要内容。另一部分消费者借助生活经验、社会角色、知识水准等可以识别"漂绿广告",在这种情况下,"漂绿广告"还是有危害,只是危害的对象变化了:一是由"私害"变成"公害",二是由"害他"变成"害己"(危害企业自身),或者既"害他"又"害己"。

(二)"漂绿广告"的运作机制

1. 制造绿色概念

营销界一直流行"一流企业卖概念,二流企业卖标准,三流企业卖产品"的说法,"卖概念"的生意人才被视为最厉害的生意人。在我国,消费瓶(桶)装饮用水的人口已占总人口的30%以上,部分人群以包装饮用水作为唯一的饮水来源。从广告市场实际情况看,瓶(桶)装水也俨然成为"漂绿广告"的重要战场。太空水、离子水、电解水、富氧水、纯净水、碱性水、苏打水、蒸馏水、雪山水、深海水、弱碱性水、富氧水等"概念水"种类繁多,消费者遭遇"饮水之惑"——这些"概念水"到底有没有区别,有什么区别?最近几年,发生在饮用水行业的"口水战",比如"矿泉水与纯净水之争""pH值之争""'水源门'之争"等陆续上演,就是很好的证明。

2012年10月23日,《消费日报》记者走访北京市宣武门附近的沃尔玛和华联精品超市。在沃尔玛超市地下一层的包装水销售区,记者看到,能量水、弱碱性饮用矿物质水、天然苏打水、苏打天然矿泉水等五花八门,有天然的,也有人工合成的,有无气的,还有带气的。价格更是相差悬殊,一瓶500ml的弱碱水价格在2~20元不等,是普通矿泉水、纯净水的2~10倍。此外,弱碱水的功能被一生产企业夸大。在华联精品超市,记者看到黑龙江瓶装水的说明上这样写道:"此水被誉为人体酸碱平衡的'黄金水''肝脏水''贵族水'……"在华联精品超市,正在购买弱碱性水的消费者韩女士告诉记者,喝含有矿物质、偏碱性的水怎么也会比喝自来水有益健康,所以自己更愿意买此类包装水。为了证明自己的水质更好,也有企业索性注明pH值的具体范围。

实际上,弱碱性水≠好水。中国医促会健康饮用水专业委员会专家赵飞虹在"弱碱水之惑"专家研讨会中指出,碱性水的碱性对人体健康的益处目前还没有直接的证明;只能说饮用有一定硬度并含有一定量溶解性固体的pH值偏碱性的井水或自来水,对健康有益。赵飞虹说:"碱性水,重要的不是炒作概念,而要看水中间的内涵。"污染越严重的水,因为有机物多,pH值就会越小;而水质较干净的,所含污染物少,pH值多在7.6~8,偏碱性;所以用碱性水来判断是否好水的方法只能作为一个方面。赵飞虹说,现在有些厂家推出的碱性离子水机确实能产出碱性水,但安全得不到保障,碱度太高,pH值超过9.5,对人的心肌细胞有损害。赵飞虹还强调,从现行国际研究来看,天然的弱碱性和人工添加东西变成弱碱性完全不一样。天然弱碱性水是好水,但在水里添加小苏打、碳酸氢钠等物质制作出来的碱性水,和水中天然存在碳酸氢根的效果不一样,单纯认为碱性水就是好水有失偏颇。

2. **策划事件营销**

事件营销集新闻效应、广告效应、公共关系、形象传播、客户关系于一体,是快速提高品牌知名度与美誉度的营销手段。20世纪90年代后期,互联网的飞速发展给事件营销带来巨大契机。通过网络,一个事件或者一个话题可以更轻松地进行传播和引起关注,成功的事件营销案例大量出现。事件营销的特征表现在以下三个方面:(1)对外部事件的依托。无论是借助已有的事件,还是自行策划事件,事件营销自始至终围绕着同一主题运作,敏锐地抓住公众关注的热点并进行创造性的对接,从消费者利益和社会福利的角度出发,实现营销的目的。在营销过程中,营销者要通过事件进行有新闻价值的传播活动,把产品或服务传递给已有和潜在的顾客,从而建立品牌美誉度和良好形象。(2)第三方公正性,比广告更隐蔽和持久。事件营销的关键在于抓住亮点、热点和记忆点,带动卖点。品牌的推广带有极强的功利性,其目的在于吸引消费者,刺激购买欲望。"眼球经济"的泛滥,扰乱了消费者的视线,企业只有借助第三方公正组织或权威个人,将其理念、产品与服务质量相关信息传播给目标市场,事件营销有这一优势。(3)双重目的性。事件营销的目的无非是产品销售和形象塑造,借助事件进行有针对性的营销传播,能够避开媒体多元化而形成的噪音干扰,提高企业品牌的注目率;以新闻事件的方式进行的宣传和销售促进,能够避开媒体的高收费;注目率的上升和成本的下降,必然更有利于拓宽利润空间,产品或服务销售的上升应当是理所当然的。

大量事实证明,好的事件营销,无论是在投入还是在知名度的提升方面,回报率都超过其他广告形式。以蒙牛对"超级女声"的投入和收益为例。2005年蒙牛在湖南卫视超级女声投入的总资金为1亿元,包括蒙牛酸酸乳的冠名权、角标、比赛现场的广告牌等一切在电视上播出的内容,还有车厢和平面宣传的费用。蒙牛乳业副总裁孙先红认为,这一投入物超所值,蒙牛2005年前半年的销售额大大超过预期目标,1月至6月,蒙牛酸酸乳在全国的销售额比2004年同期增长2.7倍,这个统计数据还不包括有20%的销售终端出现供不应求的现象。加上这些增长,应该超过3倍。事件具有很强的渗透性。2004年"超级女声"这一全新的娱乐节目经湖南卫视推出后,创下收视佳绩。据统计,收视率占到长沙市收视市场35.8%的份额,占湖南省收视市场的17.1%。据央视索福瑞媒介调查公司的数据显示,该活动在湖南卫视播出时,同时段收视率仅次于中央电视台一套,排名全国第二。2005年快乐中国蒙牛酸酸乳"超级女声"开战后,广州、杭州、成都、郑州、长沙5个赛区吸引15万余名报名选手直接参与,超过2 000万观众持续关注。2005年8月26日晚,"2005超级女声"进行总决赛,央视索福瑞的调查结果显示:湖南卫视有31.38%的收视率,全国约有4亿观众在收看该节目,这是卫视有史以来当之无愧的收视率之最。

3. 进行利益承诺

《广告创意学》一书中,金定海和郑欢写道:"诱惑力是一条广告的灵魂。男女恋爱,要先谈情说爱,然后相互强烈吸引,最终走向婚姻;广告也一样,只有达到强烈吸引的境界,才会产生购买。只有充分诱惑,把消费者的需求转化成购买力,才是最后的成功。"①毫不夸张地说,环境友好与资源节约就是当今人类最大的利益和福祉之所在。正因为如此,环保利益与节能利益成为消费者选择商品的重要因素,不足为怪。

4. 滥贴绿色标签

绿色标签,亦称环保标志或节能标签,是由政府部门或公共团体依据一定的环境标准向有关厂家颁布证书,证明其产品的生产使用及处置过程全部符合环保要求,对环境无害或危害极少,同时有利于资源的再生和回收利用。绿色标签可以帮助消费者进行知情选择,消费者使用绿色标签的行为是搜寻信息、评估信息并据此做出决策的过程。实践证明,使用绿色标签会使得消费者加大对此类信息的关注和认知,增大对产品的好感,从而增加够买产品的可能。绿色标签有很多种,下面仅举几例。

(1)绿色食品标志是由绿色食品发展中心在国家工商行政管理总局商标局正式注册的质量证明标志,由三部分构成——上方的太阳、下方的叶片和中心的蓓蕾,象征自然生态;颜色为绿色,象征生命、农业、环保;图形为正圆形,意为保护。AA级绿色食品标志与字体为绿色,底色为白色,A级绿色食品标志与字体为白色,底色为绿色。整个图形描绘了一幅明媚阳光照耀下的和谐生机,告诉人们绿色食品是出自纯净、良好生态环境的安全、无污染食品。绿色食品并非指颜色是绿色的食品,而是中国对无污染的、安全的、优质的、营养类食品的总称。类似的食品在其他国家被称为有机食品、生态食品、自然食品。1990年5月,农业部正式规定了绿色食品的名称、标准及标志,标准规定为:产品或产品原料的产地必须符合绿色食品的生态环境标准;农作物种植、畜禽饲养、水产养殖及食品加工必须符合绿色食品的生产操作规程;产品必须符合绿色食品的质量和卫生标准;产品的标签必须符合中国农业部制定的《绿色食品标志设计标准手册》中的有关规定。

(2)绿色包装又称无公害包装和环境之友包装,指对生态环境和人类健康无害,能重复使用和再生,符合可持续发展的包装。具体言之,绿色包装应具有以下的含义:其一,实行包装减量化(reduce)。绿色包装在满足保护、方便、销售等功能的条件下,应是用量最少的适度包装。欧美等国将包装减量化列为发

---

① 金定海、郑欢:《广告创意学》,高等教育出版社2008年版,第195页。

展无害包装的首选措施。其二,包装应易于重复利用(reuse)或易于回收再生(recycle)。通过多次重复使用,或通过回收废弃物,生产再生制品、焚烧利用热能、堆肥化改善土壤等措施,达到再利用的目的。既不污染环境,又可充分利用资源。其三,包装废弃物可以降解腐化(degradable)。为了不形成永久的垃圾,不可回收利用的包装废弃物要能分解腐化,进而能改善土壤。世界各工业国家均重视发展利用生物或光降解的包装材料。Reduce、Reuse、Recycle 和 Degradable 即是现今 21 世纪世界公认的发展绿色包装的 3R 和 1D 原则。其四,包装材料对人体和生物应无毒无害。包装材料中不应含有有毒物质或有毒物质的含量应控制在有关标准以下。其五,在包装产品的整个生命周期中,均不应对环境产生污染或造成公害。即包装制品从原材料采集、材料加工、制造产品、产品使用、废弃物回收再生,直至最终处理的全过程均不应对人体及环境造成危害。

绿色包装之所以为整个国际社会所关注,是因为环境问题与污染的特殊复杂性。环境的破坏不分国界,一国污染,邻国受损,不仅危害普通人的生存、社会的健康、企业的生产、市场的繁荣,还通过种种途径引发有关自然资源的国际争端。绿色包装的必要性和积极意义主要体现在:包装绿色化可以减轻环境污染,保持生态平衡;绿色包装顺应了国际环保发展趋势的需要;绿色包装是 WTO 及有关贸易协定的要求;绿色包装是绕过新的贸易壁垒的重要途径;绿色包装是促进包装工业可持续发展的唯一途径。绿色包装分为 A 级和 AA 级。A 级绿色包装指废弃物能够循环复用、再生利用或降解腐化,含有毒物质在规定限量范围内的适度包装。AA 级绿色包装指废弃物能够循环复用、再生利用或降解腐化,且在产品整个生命周期中对人体及环境不造成危害,含有毒物质在规定限量范围内的适度包装。

(3)节能产品认证制度。国家经贸委为配合《中华人民共和国节约能源法》的有效实施而推出的重要节能措施,适应并发展社会主义市场经济的需要,旨在推动节能技术进步,促进用能产品的健康发展和市场公平竞争,维护生产企业和广大消费者的利益。节能产品认证标志,由"energy"的第一个字母"e"构成一个圆形图案,中间包含变形的汉字"节",寓意为节能。缺口的外圆指"China"的第一个字母"c","节"的上半部简化成古长城,与下半部构成烽火台,象征中国。"节"的下半部又是"能"的汉语拼音第一字母"n"。整个图案中包含中英文,以利于国际接轨。中国节能产品认证标志的所有权属于中国节能产品认证管理委员会,使用权归中国节能产品认证中心。凡盗用、冒用和未经许可制作本标志,将根据《中华人民共和国节约能源法》追究当事人的法律责任。中国节能产品认证中心是中国节能产品认证管理委员会领导下的工作实体,是具有明确法律地位、财务和人员独立的第三方认证机构,具体负责认证工作的实施。中国节能产品认证中心设在中国标准化与信息分类编码研究所。中国节能产品认证管理委员会确定首批拟开展认证的产品有以下三大类:绿色照明产品,包括紧凑型荧光灯和交流电子镇流器;家用电冰箱;工业耗能产品,包括风机和水泵。

很显然,上述绿色标识的使用,以其传递真实信息为前提,如果仅仅是贴上标识而产品与环保要求相去甚远,就是乱贴环保标签。

5. 实施环保恐惧

恐惧诉求是广告诉求中的重要维度。中国科学院心理所马谋超认为,惧怕是"通过特定的广告引起消费者惧怕及有关的情感体验,如惊恐、厌恶和不适等"[①]。前些年,有一则广告词这样说道——"地球上最后一滴水将是人类的眼泪",用以警醒我们要节约用水,科学用水,合理用水,保护好我们的生命之源。再比如,甲醛是近年来消费者颇为恐惧的环保话题。由于对甲醛的恐惧,消费者对于把"零甲醛"作为"卖点"的门业广告、家具广告,总是忍不住多看两眼,并在力所能及的情况下优先选择购买。

我们只要在家装城稍稍驻足,就会发现,"抗菌"木门、"亚克力烤漆"木门的招贴海报贴得满墙都是。大多数销售人员表示自家品牌是"绿色环保""新型工艺",其环保质量检测均属于"低甲醛"甚至"零甲醛"。有的木门销售商宣称自己的产品是"抗菌木门",采用美国 AF 净化技术,不但能防螨抗菌,还能防潮防霉。但经销商并不能提供相关凭据,普通消费者又缺乏专业知识,很难辨真假。专家指出,到目前为止,不含甲醛的有关装修材料是不存在的,甚至可以说,任何一种装修材料都存在这样或那样有害、有毒、有放射性的物质。控制装修过程中产生的各种污染,主要方法是让它们尽快释放、挥发,使其达到最小限度,以至于最终达到环保要求。

---

① 马谋超:《广告心理——广告人对消费行为的心理把握》,中国物价出版社 2002 年版,第 222 页。

6. 投资环保公益

华润雪花啤酒假借"关注地球、关注生态"之名举办的"勇闯天涯"活动就是典型例子。华润雪花公司先后举行"雅鲁藏布大峡谷之旅"(2005年)、"探源长江之旅"(2006年)、"远征国境线"(2007年)等系列活动。华润公司表示:"作为全国销量第一的啤酒企业,关注消费者,回馈社会是作为有社会责任感的企业公民所义不容辞的。我们希望通过活动,对我国进行深度的公益科考,更重要的是呼吁全社会对地球和生态的关注。"遗憾的是,在这一系列品牌推广活动开展的同时,其破坏生态的行为不曾停止,华润置地破坏海南生态,华润雪花"勇闯可可西里"破坏国家级自然保护区等报道盈盈在目,难怪国内几家大的环保组织要求收回其获得的"优越环境管理奖"。

三、"漂绿广告"的引爆机制[①]

(一)建立引爆机制的原因分析

"漂绿广告"的现实危害与域外监管的实践表明,在我国实施"漂绿广告"监管不仅重要而且必须。

弄清楚"漂绿广告"的发生机制、运作机制和引爆机制,是将其纳入监管范围并实施有效监管的必要前提。发生机制着重分析企业为什么要制作投放"漂绿广告";运作机制则探讨企业如何进行"漂绿广告"运作,包括实施策略与具体措施。

在解释引爆机制之前,先要弄清楚什么是引爆。据《现代汉语词典》的解释,引爆指用发火装置使爆炸物爆炸。其引申义是:某个问题得以浮出水面或者事物发展出现重要转机,表现为关键人物、重要观点和重要事件在近期走进人们视线,成为关注焦点和热议对象,引发伴随事件发生,如新政策出台,久拖不办的老问题终于得以解决等。

相比于发生机制和运作机制,引爆机制关注作为商业谎言的"漂绿广告",在何种情形下,才会被最终戳穿。

"漂绿广告"监管需要借助引爆机制的建立,主要原因有:

1. 社会认知度低

2012年8月,课题组成员分别对大学生和社会公众进行问卷调查,听说过

---

① 本节内容以"'漂绿广告'监管需要建立引爆机制"为题名,发表在《中国地质大学学报》(社会科学版)2013年第6期上,《新华文摘》2014年第7期"篇目辑览"。

"漂绿广告"一词的人占比不到20%。消费者在解释或举例说明之下才豁然开朗。从这个意义上说,"漂绿广告"作为客观实在,从问题发现、问题命名、问题动员、问题合法化到问题解决,还有十分漫长的过程。作为提高社会认知度的有效方式,引爆可以起到催化剂作用。一次成功的引爆,能使社会公众在短期内迅速完成有关"漂绿广告"的知识启蒙,在消费教育方面实现质的飞跃。

2. "漂绿广告"具有伪善性、隐秘性特点

用高科技来包装或美化产品的各项性能,是当下包括"漂绿广告"在内的各种广告惯用的策略和手法。普通消费者专业知识储备不足,或者文化程度不高,加上信息不对称,在识别"漂绿广告"方面往往处于信息劣势。实际上,即使消费者发现广告有漂绿的嫌疑,出于见怪不怪或"多一事不如少一事"的心理,也很少选择投诉、举报,更何况,普通消费者表达诉求的渠道并不畅通。上述原因导致"漂绿广告"很难进入公众视野并形成强大舆论压力。通过抓住引爆契机,选准最佳引爆人和引爆事件,可以在短时间迅速揭示"漂绿广告"的本质,让"漂绿广告"现象及其危害昭然于天下。

3. 界定标准难以确定

2013年8月,我们在南昌调研时了解到,"一晚只需一度电"的广告诉求,给美的空调带来巨大销售优势。在与营业员交谈时,我们提出三个疑惑:(1)该广告诉求有没有权威认证根据?(2)该广告指涉的是美的的一款产品还是几款产品?(3)空调的使用情境有没有限制?这三个问题,要求营业员圆满回答显然不大可能。在现场,我们看到不同功率的空调都贴有"一晚只需一度电"的广告胶贴。在现实生活中,这类例子多得不胜枚举。到底哪个是"漂绿广告"哪个不是,需要相对统一和权威的标准。遗憾的是,在我国,政府部门、商业机构与民间组织都在出台认证标准,发布各种绿色标签,导致认证机构不专业,认证标准不统一,认证实施规则五花八门。企业可以随意地选取对自己有利的认证标准,环保认证俨然演变为公关行为。目前美国正在向第三者鉴别体系转变,FTC是负责保护该国公众免受未加证实虚假广告欺骗之机构,其出版的帮助公众鉴别"漂绿广告"的《绿色指南》就是在第三方专业调查基础上形成的。

4. 取证困难

时常听说环保人士骑着摩托车,身带照相机,甚至领着记者,星夜前往某厂家,侦查取证其偷排污水的感人故事。但是,购买"节能"灯泡、"绿色"冰箱的普

通消费者,不能要求其像环保人士那样专业与专注。取证需要坚定的维权信念,需要支付时间成本,还需要专业知识和技巧,企业往往以商业秘密等为由,给取证工作设置障碍,这些都是取证困难之所在。"闻道有先后,术业有专攻",借助少数人的专业优势、职业优势引爆"漂绿广告",是既可行又节省社会成本的有效方式。

5. 广告监管的行为惯性难以克服

长期以来,我国的广告监管,无论常规监管还是专项整治,都集中在虚假违法广告的传统重灾区——医疗、药品、保健食品、化妆品及美容服务类等行业领域。浏览中国广告监管网,察看那些不定期公布的"国家工商行政管理总局违法广告公告"所列的虚假违法广告案件,可以明了这一点。对其他行业领域的广告,特别是新广告形态,存在监管缺位的现象,反映了当前广告监管的理念、模式、手段等方面存在明显不足。这也是"漂绿广告"并未纳入常规监管和专项整治范围的重要原因。

6. 引爆具有的独特功能

引爆能提高能见度,形成舆论倒逼,在一定程度上制约政府的敷衍与拖延。对于当下的"漂绿广告"监管而言,这无疑是必要之举。广告产业自20世纪70年代恢复发展以来,我国政府一直高度重视对虚假违法广告的监管,形成日渐成熟的监管措施。但"漂绿广告"是特殊形态的虚假广告,在社会对其认知度很低的情况下,常规监管很难顾及,专项整治更是千呼万唤不出来。"漂绿广告"被引爆,往往会演变成企业危机甚至全行业的危机事件,这为政府和各类组织对"漂绿广告"实施监管提供了契机,催生新的制度和法律。

(二)"引爆点"有哪些?

美国学者保罗·埃克曼在《说谎:揭穿商业、政治与婚姻中的骗局》一书中说:"谎言穿帮的原因极多。有时是客观物证,隐瞒的文件材料、手帕上的唇印,都可能会成为说谎的证据。有时则是有人爆料,心怀忌妒的同事、被遗弃的配偶、被买通的卧底,都可能是谎言穿帮的来源。"① "漂绿广告"作为商业谎言,其引爆点大致有以下六个方面。

---

① [美]保罗·埃克曼:《说谎:揭穿商业、政治与婚姻中的骗局》,邓伯宸译,三联书店2008年版,第28页。

1. 重大事件引发

在现实生活中,并不是每一个事件都会引起人们的关注,只有那些波及范围广、负面影响大、危害程度深的事件,比如公共卫生、食品安全、环境污染,才会引发公众的广泛关注。这类事件一旦发生,往往会激起公愤,令整个社会震惊。与该事件相关的人或事也会被顺藤摸瓜地牵扯出来,比如陕西"表哥"杨达才在交通事故现场的"微笑"与本人贪腐就是例子。从对国内外"漂绿广告"个案分析中,我们深切地感受到,许多"漂绿广告"走进公众视线并成为热点话题,往往是在重大事件发生后才被引发出来的。以伊利、蒙牛为例,这两家乳业巨头的快速崛起,与他们长期的绿色广告诉求策略有直接关系。中国幅员辽阔,许多人(特别是南方人)从小学阶段朗诵《敕勒歌》开始,就对"天苍苍,野茫茫,风吹草低见牛羊"的草原景象心向往之。当伊利(包括后来迅速崛起的蒙牛)把自己的广告诉求锁定为绿色时,人们投以信赖和称许的目光。靠着"纯天然,鲜牛奶,来自内蒙古大草原""请到我们草原来"等朗朗上口的广告,伊利在市场上一路凯歌高奏。有谁想到,三聚氰胺事件爆发后,在消费者心目中一向拥有良好口碑的伊利也难脱干系,成为该事件的重要黑手。人们如梦初醒,惊讶于曾经着力打造绿色形象的伊利、蒙牛等公司,其广告传播中居然也存在严重的漂绿行为。如果不是三聚氰胺事件,伊利、蒙牛等公司的"漂绿广告"或许还会以绿色广告的名义继续欺骗或误导消费者,并与"漂绿门"无涉无缘。2010年7月,令全国上下震惊的汀江污染事件发生,长期以来一直高调诉求"要金山银山,更要绿水青山"的紫金矿业被置于聚光灯下,成为消费者诟病的对象。人们追问:没有汀江污染事件,紫金矿业广告传播中的漂绿行径还会持续多久?在国外,也有许多操弄"漂绿广告"的高手,尽管我们不否认这些公司曾经或现时的环保贡献,但是其漂绿行径屡屡发生是不争的事实。同样是在2010年,BP公司在美国墨西哥湾租用的钻井平台"深水地平线"发生爆炸,导致大量石油泄漏,酿成经济和环境惨剧。著名媒体《南方周末》"2010年度漂绿榜"给BP公司的"颁奖词"是这样写的:"背负'全球最负责任企业'盛名的BP,一切光环毁于2010年的墨西哥湾漏油事件。多年来,BP'超越石油'的广告铺满全世界。BP一直被认为是'绿色能源公司',BP集团前任CEO约翰·布朗甚至获得'绿色企业家'的称号。"由于墨西哥湾漏油事件,BP的"漂绿广告"进一步引发媒体、消费者的口诛笔伐。

2. 强势媒体曝光

强势媒体曝光是引导消费者认清"漂绿广告"和其他漂绿行为的重要渠道。"没有媒体的报道,一个早先的问题进入公共话语领域或成为行政过程一部分的可能性很低。"[①]实际上,不同影响力的媒体,在报道效果上差异很大。强势媒体之所以强势,贵在影响力,这在我国表现得尤为明显。同样一件事,地方媒体经年累月报道,也许不如央视"焦点访谈"或者新华社报道一次。

《南方周末》于2009年将"漂绿"概念引入中国公共媒体的关注视野,每年公布"漂绿排行榜"。从2009到2011年,《南方周末》共披露54家国内外企业的漂绿行为,揭穿了它们所谓"绿色广告"下的虚假与误导,在引起社会关注的同时,使消费者逐渐认清"漂绿广告"的实质。央视于2011年3月15日消费者权益日播出特别节目《"健美猪"真相》的特别节目,披露河南济源双汇公司收购使用含"瘦肉精"猪肉的事实。随后,重要网络媒体如"新浪财经""凤凰网""搜狐'第三方'栏目"纷纷出炉相关专题报道,消费者不再相信双汇高调宣传的"绿色生产、绿色产品、绿色基地",也不再相信"十八道检验、十八个放心"。这一事件激发消费者对瘦肉精等食品安全问题的强烈关注,媒体上涌现大量有关食品安全问题的报道,其中包括对外宣传"绿色转型",打造"绿色供应链"的沃尔玛以普通猪肉冒充"绿色猪肉"的事件;一向提倡"尊重自然,兼收并蓄,和谐发展"的可口可乐公司上海分公司生产的一批零度可乐原液被爆在台湾检出防腐剂超标。

强势媒体曝光为什么能够引发行政机构的介入?首先,行政治理机制容易受信息不对称的影响,媒体曝光在一定程度上把不对称信息传递给相关部门,提高了行政部门对这些企业进行调查的可能性;其次,通过媒体曝光和舆论压力,行政监管就会主动介入或者不得不介入。强势媒体所披露的掩盖在所谓"绿色广告"下的漂绿行为势必掀起公众舆论,这种媒介议题与公众舆论的不断互动,以"外压模式"促使相关机构和政府部门关注这一议题,从而影响公共政策。继"瘦肉精"事件曝光之后,各地政府相继加大食品安全监管力度,国务院也将食品安全法的修订工作列入2013年的立法规划。同时,媒体对某一议题的持续报道,尤其是负面报道,也会改变相关企业自身的环保策略以改善企业

[①] [加]约翰·汉尼根:《环境社会学》(第二版),洪大用等译,中国人民大学出版社2009年版,第83页。

形象,消除负面影响。根据阿尔茨等人的实证研究,媒体曝光是企业自身环境信息公开的重要决定因素①,企业环保运作和信息公开与媒体曝光程度呈正相关关系②。

强势媒体揭穿"漂绿广告"的骗局,让消费者全面认知漂绿行为的危害,增强对"漂绿广告"的辨别力。而且,媒体曝光在一定程度上起到"媒治"的作用,是政府加强监管的促进者,也是企业自律的约束者。

3. 环保组织策划

环保组织是推动环保事业发展不可或缺的重要力量。环保组织的活动与可持续发展战略相一致,与每个人的切身利益相关,因此,随着公众环保意识的增强,环保组织的活动更容易产生共鸣,通过与强势媒体形成合力,最后引起政府介入,由引爆"漂绿广告"扩展到对整个企业"漂绿"行为的曝光。2002年,在约翰内斯堡召开的地球峰会上,环保组织将"最佳漂绿奖"授予BP公司,批评该公司打着"超越石油"的幌子,高调宣传对可再生能源的投资,实则为继续大力开采石油的虚伪行为。他们还授予南非埃斯康电力公司"漂绿广告图片奖",该公司一方面表现为可持续发展的活跃分子,另一方面继续使用煤炭和核能发电③。而在国内,环保人士对"漂绿广告"的揭露也越来越积极。紫金矿业曾获得"中国最诚信企业"称号,2010年7月汀江污染事件发生后,我国著名环保人士冯永锋致信评奖机构——中国企业联合会,揭穿紫金矿业的漂绿行径,希望中国企业联合会就此给予正面答复。绿色和平组织最早创建"反漂绿组织",建有独立的实验室,对"漂绿广告"进行分级,长期披露企业的漂绿行为和"漂绿广告"诉求,为消费者、环保人士、政策制定者以及相关企业提供信息以帮助他们提高鉴别"漂绿广告"的能力。"反漂绿组织"还制定绿色广告标准,鞭策企业改进绿色行为,减少"漂绿广告",无论是对消费者而言还是对企业而言,这都能起到教育引导功能。除此之外,环保组织还通过协助法律的实施,在法制层面上

---

① Aerts,W., D.Cormier & M Magnan.Corporate environmental disclosure, financial markets and the media:An international perspective [J].Ecological Economics,2008(64).

② Islam,M. A. & C. Deegan..Media pressure and corporate disclosure of social responsibility performance information:a study of two global clothing and sports retail companies [J].Accounting and Business Research.2010(2).

③ Lyon,T. P. & J. W. Maxwell,(spring). Greenwash:Corporate environmental disclosure under threat of audit [J].Journal of Economics & Management Strategy.2011(1).

引爆"漂绿广告"。2011年5月,美国多家环保组织"地球正义联盟""生物多样化中心""塞拉俱乐部""环境美国""自然资源保护委员会""环境保护基金会"联合披露美国航空公司和联合大陆航空表面上倡导"生态天空"(Eco-Skies),暗地里却在欧洲法院起诉要求阻止通过因全球变暖限定航空公司飞行量的法律。这些环保组织对相关航空公司漂绿行为的揭露,无疑维护了限定飞行量的法律规定,推动该规定的实施。国内环保组织在披露和鉴定"漂绿广告"上虽然还属于起步阶段,但也取得丰硕的成果。2011年10月,"公众环境研究中心""达尔文""自然之友""环友科技""南京绿石"等数个民间环境保护组织发表了题为"苹果的另一面"的报告,尖锐地指出苹果公司一边鼓吹自己承担"绿色""责任",一边在中国大陆的供应链中造成环境污染问题,这一报告随后引起公众和新闻媒体的关注,中央电视台也报道了此次事件,并派记者实地考察。国内的环保组织的软硬条件还不够完备,但已逐步走上普及绿色广告知识,监督漂绿营销行为,协调企业与消费者利益冲突这一良性发展的道路。

4. 舆论领袖发飙

只有深谙广告或者为普通消费者所熟识的精英人士,才能更好地充当广告舆论领袖的角色。广告舆论领袖大致分为三类:广告管理者(代表行政力量);广告业界和学界精英(代表专业权威力量);其他知识精英(著名记者、公共知识分子、环保专家等,代表社会力量)。广告舆论也大致分为三种,即指向性明确的意见,具有共识意义的认知性意见、批评或评论性意见。从问卷调查和深度访谈的情况来看,就"漂绿广告"而言,目前的舆论还处于浅表或潜在状态,亟待广告舆论领袖对社会公众进行"漂绿广告"的"科普"和"扫盲",择机引爆典型"漂绿广告"事件。2011年,美国著名影星、奥斯卡奖最佳女主角得主桑德拉·布洛克联合美国音乐家、电影演员和运动员制作电视公益广告呼吁大家支持"恢复墨西哥湾"运动,但当她得知发起该运动的美国"湿地基金会"(Wetland Foundation)由BP、壳牌和雪佛龙等公司赞助,试图对企业的污染行为进行漂绿时,桑德拉·布洛克意识到这些企业打着"超越石油""推进能源开发的前沿研究,解决未来新能源问题"的幌子,行继续污染环境之实,她毅然退出"恢复墨西哥湾"运动。作为影星的桑德拉·布洛克,在娱乐圈甚至整个社会,无疑充当了舆论领袖的角色,她对漂绿行为的批评和揭露,得到公众的积极响应,引发公众广泛参与抵制"漂绿广告"的活动。广告业界和学界精英是专业权威人士,其引爆"漂绿广告"的力量照样不可估量。2012年,《南方周末》在借公布"漂绿排行榜"之际,采访中国政法大学环境法学者王灿发教授以及本书课题组成员等,他们分别从"漂绿广告"的顽固性、行业性和监管困境等方面发表自己的观点,引起社会对"漂绿广告"的关注和讨论,发挥了似舆论领袖的作用。

舆论领袖对"漂绿广告"的揭露,会直接影响消费者的心理和行为,尤其是网络舆论领袖的言论,其传播速度之快,对消费者影响之深,是政府监管部门和企业不能忽视的。

5. 权威专家论证

崇尚专家论证,是当今时代的一大风尚。就"漂绿广告"而言,权威专家一方面能提出科学见解,借科学知识之力推动"漂绿广告"的曝光;另一方面,专家论证具有调动舆论的影响力,推动社会问题的解决。如前所述,"漂绿广告"具有虚假性和误导性,广告主利用消费者相关专业知识的缺乏和信息不对称,在广告用词上以偏概全,遗漏重要信息或者用生僻难懂的专业术语迷惑消费者,使他们无法辨认"漂绿广告",甚至连负责审查之责的媒体也难以甄别其真实性。在这种情况下,相关领域专家学者的意见就显得十分重要。美国绿色和平组织环保问题研究专家克劳德特·尤斯卡搜集了大量数据和实例,并在其博客上发表一系列博文,揭露大公司的"漂绿广告"。他在一篇博客文章中分析了壳牌公司在一则关于北极地区开采石油的广告中鼓吹将启动"漏油事件紧急响应方案",以应对类似墨西哥湾漏油事件[1],但这则广告完全避重就轻。克劳德特·尤斯卡还披露,在2009年夏天美国国会关于漏油事件的听证会上,美国众议院议员艾德·马尔基揭露壳牌公司、埃克森美孚国际公司、雪佛龙公司以及康菲石油公司的"漏油事件紧急响应方案"均出自一家公司,与BP公司的方案如出一辙[2],这些公司长期在主流媒体上刊登所谓的"绿色广告",没有专家分析揭露,消费者无从知晓个中秘密。与此同时,权威专家的论证还为"漂绿广告"的引爆提供了坚实的理论依据和实施建议。肯尼·布鲁诺等人著有《漂绿:企业环保主义背后的现实》一书,为非政府组织、政府决策提供专业咨询与建议,

---

[1] Aerts, W., D. Cormier & M Magnan. Corporate environmental disclosure, financial markets and the media: An international perspective [J]. Ecological Economics, 2008(64).

[2] Lyon, T. P. & J. W. Maxwell, (spring). Greenwash: Corporate environmental disclosure under threat of audit [J]. Journal of Economics & Management Strategy. 2011(1).

促进了"漂绿广告"和营销行为的研究发展。

6. 同行检举揭发

强势媒体曝光和舆论领袖发飙是引爆"漂绿广告"的传播手段,同行检举揭发则是从行业内部引发震荡,促进行业自律的有效机制。美国商业改善局委员会国家广告处副主任大卫·麦伦指出:"(在美国)虽然对有些"漂绿广告"的投诉来自于消费者,但大多数来自于竞争对手。"[①]由于存在信息不对称,相对于消费者而言,同行之间掌握更多的"专业性信息"和内幕,因此同行对"漂绿广告"的检举揭发犹如重磅炸弹,更能够引起消费者的关注乃至社会的轰动,引导企业走上行业自律的良性发展道路。需要说明的是,同行检举揭发并非指同行间不择手段的恶意诋毁与揭短,而是符合法律法规的有序的鉴别机制,实际上是行业监督行为。它既包括同行之间的相互监督,也包括来自行业协会对"漂绿广告"的鉴定与披露。来自同行之间合法的检举,保护真正的绿色企业免受"漂绿企业"的冲击,但也面临取证难、地方保护主义和同行之间互相袒护等问题。因此,来自行业协会的监督和披露应是引爆"漂绿广告"的长期有效机制。

美国商业改善局委员会国家广告处长期接受针对"漂绿广告"的投诉,该机构通过国家广告审查委员会重点评估绿色营销案例,以确保广告中绿色诉求的真实性和正确性,增强"绿色广告"公信力[②]。世界最大的独立检测鉴定机构之一美国保险商实验室在北美家用产品消费市场中,调查了来自美国和加拿大5 296个家用产品共12 061则"绿色广告",披露其中的"漂绿广告"。这种来自行业协会的自我监管式的同行检举揭发,由于具有较强的专业性和针对性,且多使用第三方鉴别,信度高、约束力强,在国外已经成为披露、监督"漂绿广告"非常重要的内部机制。

"漂绿广告"是新的监管难题,也是新的理论课题。国外"漂绿广告"监管走过比较漫长的摸索过程,法律法规也在逐步完善,这与西方发达国家在率先享受工业文明成果的同时率先品尝到工业文明的恶果有关。我国经济的高速发

---

① The sins of greenwashing home and family edition 2010, A Report of Environmental Claims Made in the North American Consumer Market. http://sinsofgreenwashing.org/(accessed 13/08/2013).

② Aerts, W., D. Cormier & M Magnan. Corporate environmental disclosure, financial markets and the media: An international perspective [J]. Ecological Economics, 2008(64).

展发生在近四十年,生态环境恶化以及资源短缺,也是在这一时期才变得更突出更严峻。经济发展方式的转型必然催生广告传播观念的革新。广告促进生态文明建设,要以真实合法为底线。"漂绿广告"传播的恰恰是负能量,只会助长生态文明的虚假繁荣。对"漂绿广告"施行监管,是生态文明建设十分重要而又往往被忽略的重要内容。

"欺骗是一个高度复杂的任务集合","漂绿广告"是付费传播行为,广告主、广告公司甚至包括广告媒体,往往事先谋划、精心设置,被发现的概率很低,而收益诱人,这是"漂绿广告"盛行的经济动因。建立引爆机制是将"漂绿广告"纳入监管的先期条件。重大事件引发、强势媒体曝光、环保组织策划、舆论领袖发飙、权威专家论证、同行检举揭发都是引爆"漂绿广告"的重要机制和重要内容,既可以单独发挥作用,又可以整合起来发挥作用。它们之间有先有后,并且彼此渗透,我们不能仅仅依靠重大事件发生后且造成惨重的损失,才回过头来审视企业的漂绿行为,这样的代价过于高昂。强势媒体的曝光也应结合草根的力量,我们不能忽视公民参与反漂绿的新闻生产这一治理"漂绿广告"的新路径。在社交媒体空前发达的当下,我们应培养网络舆论领袖,尤其是拥有专门知识的舆论领袖,鼓励他们主动引导舆论,给予消费者正确辨别"漂绿广告"的知识。同行检举揭发应建立在公平、公正、合法的基础上,这样才有利于净化"绿色广告"市场,促成绿色广告的良性发展。相对于国外较完善的环保组织,我国环境NGO还应在制度化、科学化、持续化上进一步发展。

"漂绿广告"大行其道,使消费者对绿色诉求广告心存疑惑。某美国公共关系与营销机构2011年的调查[①],71%的消费者觉得自己在绿色诉求中受到欺骗或误导,会停止购买该产品;37%以上的消费者会完全抵制该产品。看来,引爆"漂绿广告"应该赶紧行动了。

---

① The sins of greenwashing home and family edition 2010,A Report of Environmental Claims Made in the North American Consumer Market.http://sinsofgreenwashing.org/(accessed 13/08/2013).

第三章 "漂绿广告"的实证调查

本书的研究目标有两个：一是揭示"漂绿广告"的危害；二是提出有效监管的对策。这两个目标之间有紧密的逻辑关系。如果"漂绿广告"不是具有破坏性的社会问题，或者说没有危害性，监管就是多余的，有效监管更是无从谈起。

事实上，"漂绿广告"的危害在国外广告市场上已经有所体现，相关研究也有所涉及。在当今中国的情境下，我们要追问：

第一，"漂绿广告"的危害是否被社会认知以及被认知的程度如何？这个问题一直困扰着我们，无论是申报课题展开讨论时，还是申报成功以后的进一步研究中，我们都在疑惑：如果社会公众对"漂绿广告"的认知度很低，对其进行监管是否过于激进？对其进行研究是否有些超前？如果提前量超出合理的限度，"漂绿广告"是否能够被认定为现实问题和理论问题，这本身也成为问题。作为广告研究者，我们有义务和责任睁大眼睛洞悉广告市场上出现的现象，藉由学科训练和职业精神，解释包括"漂绿广告"在内的各种现象。

第二，社会公众对"漂绿广告"的态度如何？

第三，"漂绿广告"对社会公众的购买行为产生了怎样的影响？

第四，社会公众对"漂绿广告"监管有哪些建议？

第五，我们现有的监管理念、监管制度与监管行为，对"漂绿广告"是否合用？沿用运动式执法的老办法，或者听之任之，对"漂绿广告"监管的结果可以预期，当然不乐观。

鉴于社会公众对广告积怨已久，对广告监管效果缺乏应有的信心，我们认为，对于"漂绿广告"，不是监管与否的问题，而是进行有效监管的问题。了解"漂绿广告"在我国的现状，既是有效监管的前提，又是对其展开"接地气"的研究的根本保障。

客观地说，"漂绿广告"及其监管引起我们的研究兴趣的直接原因，是国内

第三章 "漂绿广告"的实证调查

外相关研究进展的巨大差距:国外学者对"漂绿广告"的研究越来越多,促成政府出台相关政策,消费者对"漂绿广告"危害的认识以及识别能力相应提高;而在我国,很少有人质疑广告市场上日渐兴盛的"漂绿广告"[①]。在虚假绿色诉求的煽动下,不少所谓的"绿色产品"被标以高价并走进消费者的生活空间。

了解"漂绿广告"的现实图景有两种路径:第一种是对"漂绿广告"进行文本分析,选取代表性媒体,对其一定时段内刊播的广告进行分析,把握"漂绿广告"的现状、特征等。这是广告研究者最常用的研究方法。第二种就是针对"漂绿广告"的接受主体(广告受众)、刊播主体(广告媒体)和监管主体(政府部门)展开研究。

本书持开放的态度,积极借鉴广告文本分析的研究成果,但不准备采用这一路径。走第二种路径的理由是:(1)我们更关注"漂绿广告"造成的影响,这是讨论危害及其有效监管的前提。心理学中有著名的刺激—反应模式,尽管"刺激"很重要,但我们更关注"反应"。(2)关于"漂绿广告"的文本分析,中外学者都有所涉及,比如戴鑫《绿色广告:传播策略与管理》一书就是采取这一方式研究我国企业绿色广告发展现状。周培勤等的《"绿色"广告的"灰色"地带》一文也是如此。我们针对消费者、广告媒体、政府展开了问卷调查和深度访谈,意在了解三类主体的认知、态度、行为等特征。很显然,这两种调研取向是互补关系,对我们了解"漂绿广告"的危害,制定科学合理的监管目标,设置合理的监管指标体系,从而达到有效监管,有重要作用。

基于这一研究思路,我们精心设计了三种内容有别的调查问卷:一份以武汉市几所高校的大学生为调研对象,一份以全国各地消费者为调研对象,还有一份以媒体工作者为调研对象[②]。对前面两份问卷所作的实际调查统计表明,

---

[①] 在申报课题时我们曾和相关广告学者、广告从业人员和工商管理部门的官员进行了电话交谈,绝大多数被访者对"漂绿广告"一词感到陌生,只有少数人听说过。这种现象在我们后边进行的深度访谈和问卷调查中得到了进一步验证。

[②] 针对媒体的问卷,作者于2012年3月28—31日,在贵阳选取贵阳电视台、贵阳晚报、贵州日报等多家媒体。之所以选择贵阳,是因为贵阳倡导生态文明建设,在国内外有很高的知名度,贵阳媒体在生态文明方面的表现,特别是对"漂绿广告"的认知、态度,理当具有代表性。在贵阳期间,采用深度访谈、事后回收问卷的方式,共发放60份问卷,回收48份。由于样本量小,经过信度分析计算出的Cronbach信度为0.769,偏低,所以,我们不单独报告该问卷的统计结果,将结合对南方周末等媒体的深度访谈,在后面阐述。感谢中国地质大学(武汉)数理学院向东进教授在问卷统计分析中的辛勤付出!

问卷的信度都超过 0.86,效度都超过 0.8,较好地实现了调查目的。

一、问卷调查与数据处理

(一)问卷内容与调查对象

分发给大学生群体和全国各地普通消费者群体的调查问卷都包含四个部分:

第一部分是"基本信息"。了解消费者个人基本情况的选项,采集答卷者的"性别""年龄""受教育程度""职业""来自城乡何地"等方面信息。其中,针对大学生群体,"受教育程度"主要分为大专生、本科生以及研究生(含硕士、博士)三类,而对普通消费者,该项分初中及以下、高中或中专、高职高专、本科、研究生五个等级,普通消费群体的问卷中,还有"职业"和"收入水平"选项。

第二部分是"绿色环保诉求广告的认知调查"①。大学生群体的问卷有 10 个问题,普通消费者群体有 6 个问题。大学生群体问卷中多出的 4 项分别是:

7. 您是否听说过"漂绿广告"一词?

  A. 听说过   B. 没听说过

10. 声称"要金山银山,更要青山绿水"但造成了严重的汀江污染事件的企业是谁?

  A. 厦门金龙汽车   B. 紫金矿业

  C. 福建捷联电子   D. 厦门华侨电子

  E. 不知道

11. 根据您的观察,"漂绿广告"现象在日常生活中是否普遍?

  A. 几乎不存在   B. 有一些,但不算普遍

  C. 一般   D. 有很多,比较普遍

  E. 不好判断

14. 在您看来,"漂绿广告"是:

  A. 企业的一种宣传策略,和其他宣传方法没有什么不同

  B. 是一种虚假宣传,但是造成实际损失很小

---

① 在预调查中,我们发现,尽管"漂白"一词几乎家喻户晓,但是人们对"漂绿"和"漂绿广告"还相当陌生,为了避免引起受众因不熟悉而反感,我们除了在问卷提示部分先对"绿色诉求广告""漂绿广告"进行解释外,在问卷选项设计过程中,也是先出现"绿色诉求广告"然后再出现"漂绿广告"。

C. 是一种虚假宣传,感觉有损害,但很难说清具体在哪方面有损害

D. 是虚假宣传,对消费者、市场秩序和环境都有不同程度的损害

第三部分考查消费者对待环保诉求广告的态度,大学生和普通消费者问卷一样,都是6个问题,分别是:

13. 您觉得广告中说的"纯天然""无污染"可信吗?

　　A. 可信　　　　　　　　B. 有点可信

　　C. 不可信　　　　　　　D. 说不清

14. 您觉得广告中说的"可降解""节能30%"可信吗?

　　A. 可信　　　　　　　　B. 有点可信

　　C. 不可信　　　　　　　D. 说不清

15. 同样是在广告中强调绿色环保,您觉得大品牌(比如格力、可口可乐等)和小品牌给人的信任程度一样吗?

　　A. 信任程度一样　　　　B. 大品牌的信任程度高些

　　C. 小品牌的信任程度高些　D. 说不清楚

16. 您认为当前的国内企业的环保诉求广告:

　　A. 大多数真实可信　　　B. 真假大致各半

　　C. 少数真实可信　　　　D. 都是虚假的

17. 电视、报纸、网络等媒体中的环保诉求类广告让你感到:

　　A. 无聊,很反感　　　　B. 部分广告值得一看

　　C. 大部分可以接受　　　D. 无所谓,没什么感觉

18. 如果企业在广告中宣称有利于环保,但事实并非如此,您认为:

　　A. 纯系虚假广告行为,应该受到严厉制裁　　B. 不赞成,但可以理解

　　C. 无所谓,大家都这么做　　D. 其他(请注明:＿＿＿＿＿＿)

第四部分有7个问题,主要考查消费者是否会受到"漂绿广告"的影响以及消费者对"漂绿广告"监管的看法,分别是:

19. 在您家里,商品购买决策主要是:

　　A.由本人决定　　B. 由配偶决定　　C. 家人协商决定

20. 与同类商品相比,您是否更倾向于购买有"纯天然""可降解""无污染"等宣传广告的产品:

　　A.是　　　　　　　B. 否　　　　　　C. 很难说

21. 如果您知道某公司存在"漂绿广告"行为,您还愿意购买其产品吗?

A. 与以前一样,不会有什么改变

B. 不会购买涉及"漂绿广告"的产品,但会购买该公司的其他产品

C. 会抵制该公司的所有产品

D. 依具体情况而定

22. 若您知道有下列几类产品的广告是"漂绿广告",您的购买意愿会有何变化? 请在您认为合适的选项框内打"√":

商品种类购买意愿	坚决不会购买	不倾向购买,但依情况而定	对购买无任何影响
①食品			
②药品			
③服装、鞋包配饰			
④家电			
⑤家居建材			
⑥日用百货			
⑦数码产品			
⑧汽车、车品			

您认为下列主体对于"漂绿广告"能够发挥多大的监管作用?在您认为合适的选项框内打"√":

监管主体作用大小	无用或很小作用	有一定作用	有较大作用
①工商管理部门			
②环保部门			
③媒体			
④广告行业协会			
⑤民间环保组织			
⑥消费者维权组织			
⑦消费者			

24. 您对"漂绿广告"监管能否有效果所持观点是：

A. 相信能监管好

B. "漂绿广告"现象很复杂,很难监管好

C. 尚未引起政府和社会的应有重视,监管还无从谈起

D. 不管效果如何,有监管总比没监管好

25. 您曾经参与过揭露"漂绿广告"的行为吗？（比如向工商部门投诉,在网站上发帖等等）

A. 没有参与过　　　　B. 参与过,仅有一次

C. 参与一次以上

总体而言,调查问卷选题较多,涉及面较广。为了保证每位受调查者认真填写问卷,我们选择专人负责问卷发放和收集工作,尽可能提高问卷回收率以及问卷的有效率。

大学生问卷的调查对象是武汉大学、中国地质大学（武汉）、武汉工程大学、江城学院、武汉职业技术学院等高校的学生。每个学校发放 100 份问卷,总计 500 份,回收有效卷 472 份,有效问卷率为 94.4%。问卷发放的方式有多种,在武汉大学,我们根据院系随机选择本科生宿舍,到寝室发放问卷,填完后收回,由于不是当即填写和收回,武大只收回有效问卷 81 份。在地大,部分问卷在不同专业的研究生中发放,填完后当即收回,另一部分问卷则是在教室和图书馆自习室发放,学生填完后立即收回,地大问卷收回率为 100%,且都是有效问卷。另外三所高校的问卷发放方式则是"武大方式"和"地大方式"相结合,回收的有效问卷率分别为 94%、98% 和 99%。普通消费者问卷也发放了 500 份,收回有效问卷 403 份,有效问卷回收率为 80.6%,这些问卷是 2012 年中国地质大学新生入学时,由各个院系新生家长或亲友（下文中简称家长）填写的。

（二）调查结果统计分析

1. 描述性统计分析

（1）答卷者个人基本信息的调查统计。大学生群体的 472 份有效问卷中,由男生填写的占 182 份,女生填写的有 290 份。除开中国地质大学男生多于女生,其他学校都是女生多于男生,其中,江城学院与武汉职业技术学院的女生比例显著高于男生。全部学生中,专科生 43 人,本科生 346 人,研究生 83 人,分别占 9.1%、73.3% 和 17.6%。来自大城市、地级市以及乡镇的比例分别为

25.8%、20.6%和53.6%。学生家长中(普通消费者),男性224人,比例为55.6%;女性179人,比例为44.4%。

学生家长或亲属来自于全国各地(西藏除外),其中湖北省家长(105人)明显多于其他省市,其他来源比较分散,笼统按南北区分,南方258人,北方145人。年龄在41~50岁的家长或亲属占56%,31~40岁、51~60岁各占约17%,其余年龄段成员加起来占10%。家长或亲属的职业分布情况如下:企事业单位职工75人,占比18.6%;公务员70人,占17.37%;公司职员98人,占24.32%;私企老板36人,占8.93%;工人26人,占6.45%;农民45人,占11.17%;家庭主妇40人,占9.93%;其他职业13人,占3.22%。这些家长或亲属受教育程度情况是:初中及以下37人,占9.18%;高中与中专79人,占19.6%;高职高专90人,占22.33%;本科毕业138人,占34.24%;研究生(含硕士和博士研究生毕业)35人,占8.7%;还有24人未填写该选项,占6%。家长或亲属的月收入分布状况是:低于每月2 000元的72人,占17.9%;月收入在2 001~4 000元的133人,占33%;4 001~6 000元的113人,占28%;6 001~8 000元的有42人,占10.4%;高于8001元的有35人,占8.7%;还有8人未填写该项,占2%。

(2)"漂绿广告"认知方面的调查统计。关于"漂绿"现象,有33.1%/28.8%的大学生/家长回答"完全不了解",57%/60%的大学生/家长选择"听说过,但是了解不多",选择"经常听说,比较了解"与"有亲身体会,很了解"的大学生/家长比例分别是8.3%/7.2%和1.7%/4%。可以看出,大学生与普通社会消费者对于"漂绿现象"的了解程度基本相当,绝大多数人都了解不多甚至完全不了解。

对于宣称"绿色生产、绿色产品、绿色基地"却曝出"瘦肉精"事件的双汇集团,61.4%的大学生、46.88%的家长认为该集团存在"漂绿"行为,回答"没有""说不清"的比例分别为12.1%/17.1%和26.5%/35.86%。

关于是哪家企业声称"要金山银山,更要绿水青山"但却导致汀江严重污染事件的问题,63.1%的大学生表示"不知道",正确选择"紫金矿业"的比例是26.3%,其余大学生分别选择无关的三家企业。以上选项只出现在大学生调查问卷中,结果表明,多数大学生在了解事实的前提下,能够辨别企业是否存在"漂绿行为",不过,真正关注"漂绿现象"的大学生只占少数,他们对现实中存在的企业"漂绿行为"知之甚少。

关于日常生活中"漂绿广告"是否普遍,43.9%的大学生认为"比较普遍",认为"有一些,但不算普遍"的大学生比例是26.9%,16.1%的大学生认为"不好判断",选择"一般"和"几乎不存在"的大学生比例分别为13.1%和2.1%。

多选题"漂绿广告"主要存在于哪些行业?有84.7%/93.3%的大学生/家长选择"食品饮料行业",这个比例非常高,其他选项的大学生选择比例分别是"旅游景点"的36.7%与汽车行业的33.5%,"医药"和"家电"分别有29.7%和28.2%,选择"房地产"行业的比例为22.2%。家长们选择比例是40%认为"家电行业"、32%认为"医药与医疗器械行业"、29%认为"房地产行业"、27.7%认为"旅游景点"、23.6%认为"汽车行业"存在"漂绿广告"。关于目前企业对环保的重视程度问题,65.5%的消费者认为"口头上重视,但没能真正做到环保"。

关于"漂绿广告"影响的六条说法,52.1%的家长赞同它"损害了消费者的知情权",只有4.7%的家长反对这个说法;45.6%的家长赞同"漂绿广告""损害了消费者的公平交易权",不赞同的比例是8.2%;39%的家长赞同"漂绿广告""扰乱了市场秩序",对此说法不赞同的比例是6.7%;18.5%的家长赞同"漂绿广告""对环境造成变相损害",有11%的比例对此说法持反对意见;16.3%的家长赞同"漂绿广告""有一定的环保启蒙作用",对此持反对意见的比例是24%;9.5%的家长赞同"漂绿广告""提供了必要的生活信息",对此持反对意见的比例是31%。

关于"漂绿广告"影响这个选项,大学生问卷的问题方式有所不同。统计结果如下:50%的大学生认为它是"虚假宣传,对消费者、市场秩序和环境都有不同程度的损害",有30%的大学生选择"是一种虚假宣传,感觉有损害,但很难说清楚具体在哪方面有损害",也有9.5%大学生选择"是一种虚假宣传,但造成实际损失很小"。对于"'漂绿广告'只有负面影响"的说法,持"不赞同"与"赞同"意见的比例分别为37.5%和26.7%,其余选择"一般";其中,不赞同该说法的大学生多数选择赞同"'漂绿广告'提供了必要的生活信息""'漂绿广告'有一定的环保启蒙作用"两种说法;"'漂绿广告'损害消费者的知情权""'漂绿广告'损害消费者的公平交易权""'漂绿广告'扰乱了市场秩序"以及"'漂绿广告'变相损害环境"等说法,获得大约70%大学生的认可;55%的大学生赞同"'漂绿广告'弊大于利",对这种说法持"不赞同"意见的比例是16.5%。

"漂绿广告"出现原因的多选题,分别有79.4%、71.8%、71%和70.3%的大学生选择"企业为了追逐利益,缺乏自律性""政府部门缺乏有效监管""市场机制不健全,缺乏相关的法律条款"以及"消费者对'漂绿广告'的危害认识不足"这四条原因,还有58.9%的比例选择"企业在产品生产和销售环节未做到信息透明化,消费者无从得知真实情况,维权无方"。家长问卷的统计结果,5个选项的选择比例分别是76.9%、74.9%、54.6%、46.4%、51.6%。可以看出,大学生与家长在其中第3、4个选项上的认识有一定差别,我们认为,出现这种差别的原因主要在于大学生整体上比家长的文化素质要高些,对于市场机制、法律法规的健全性以及消费者对漂绿广告危害认识的重要性的理解程度比家长们更加到位。

(3)对待环保诉求广告的态度调查统计。对于环保信息广告中所说的"纯天然""无污染"诉求,71.8%的大学生与51.1%的家长认为"不可信",选择"有点可信"的大学生与家长比例分别为13.1%和32.2%。认为"可信"的大学生与家长比例分别是0.63%和3%,约有15%的大学生与家长选择"说不清"。对于广告中的"可降解""节能30%"的诉求,分别有5.5%/4.7%和38.3%/46.2%的大学生/家长选择"可信"与"有点可信",35.6%/33.3%的大学生/家长选择"不可信",其余选择"说不清"。对于包含绿色环保信息的广告,68.2%/59.6%的大学生/家长认为"大品牌的信任程度高些",只有2.3%/12.6%比例的大学生/家长选择"普通产品的信任程度高些","信任程度一样"与"说不清楚"的选择比例分别为9.5%/7.9%和18.6%/19.8%。对于当前国内的环保诉求广告,只有12.5%/8.9%比例的大学生/家长认为"大多数真实可信",43%/38.7%的大学生/家长认为"真假大致各半",39%/45.2%选择"少数真实可信",还有9.7%/7.2%认为"都是虚假的"。对于各类媒体中出现的环保诉求广告,有53.6%/45.7%的大学生/家长认为"部分广告值得一看",21.6%/21.6%认为"大部分可以接受",认为"无聊,很反感"的占16.1%/21%,其余的则是"无所谓"。如果企业在广告中宣称有利于环保,但事实并非如此,有56.1%/69.5%的大学生/家长认为"纯属虚假广告行为,应该受到严厉制裁",26.9%/23.8%选择"不赞成,但可以理解",有10%/6.7%认为"无所谓,大家都这么做"。

(4)环保诉求的影响与监管调查统计。第四个部分的问题中,家长问卷中有一个问题是大学生问卷中没有的,这个有关家里商品购买决策问题,35.2%

的家长选择"由本人决定",选择"由配偶决定"以及"家人协商决定"的比例分别是16.6%和48.2%。因此,家庭商品购买行为由单方决定和家人协商决定的比例几乎各半,说明家庭成员中,每个人对"漂绿广告"的认识对其家庭商品购买行为都可能有较大影响。

在同类商品中,消费者是否更倾向于购买"纯天然""可降解""无污染"宣传广告的产品?49.8%/50%的大学生/家长选择更倾向于购买标有"纯天然""可降解""无污染"等宣传广告的产品,选择"很难说"和"否"的大学生/家长比例分别是34.3%/16.7%和15.9%/33.3%。

在知道某家公司宣传中采用"漂绿广告"的前提下,是否愿意购买其他产品的问题,有7.4%/11.9%的大学生/家长选择"购买行为不会改变",22.5%/29.8%选择"不会购买其涉及漂绿行为的产品,但会购买该公司的其他产品",22.6%/21.3%的大学生/家长表示"会抵制该公司的所有产品",47.2%/37.7%的大学生/家长选择"依具体情况而定"。

就产品类型而言,大学生与家长们一样,最不愿意购买的"漂绿"产品是"药品"和"食品",62.1%/63%的大学生/家长表示坚决不会购买"漂绿药品",55.1%/63.5%的大学生/家长坚决不会购买"漂绿食品",坚决不会购买"漂绿家居建材""漂绿日用百货"的大学生/家长比例为39.4%/38%和35.4%/32.5%,无论是大学生还是家长,坚决不购买"漂绿"汽车、家电、数码产品的比例都在20%~30%,坚决抵制"漂绿产品"最低的消费者比例是"服装、鞋包配饰",大学生/家长的比例分别为15%/17.4%。对于以上这些产品,除了"漂绿药品"和"漂绿食品"外,超过半数的大学生/家长都选择"不倾向购买,但依具体情况而定",选择"对购买无任何影响"的"漂绿"产品中,最高比例的产品类型是"汽车",大学生/家长选择比例分别为15%/22.6%。

有哪些主体对于防止"漂绿广告"的产生能发挥作用?关于这个选项,大学生与家长们的意见有所差别。"工商管理部门"最不被大学生们看好,有54.3%的大学生认为它"几乎不起作用"或者"只有很小作用",只有23.5%的大学生认为它可以起到"较大作用",其余大学生选择"有一定作用",24.6%、39%和36.4%比例的家长分别选择"工商管理部门"在监管"漂绿广告"的行为中"几乎无用或者只有很小作用""有一定作用"和"有较大作用"。在家长们看来,"民间环保组织""广告行业协会"是在监管"漂绿广告"的产生中起到作用最小的两个主体,分别有40.2%和37%的家长选择以上两个组织"无用或起很小作用",认为它们"有较大作用"的家长比例分别是9.7%和14.1%。"媒体"最被大学生和家长们看好,超过半数的(51.3%)大学生和41.7%的家长选择"媒体"在监督"漂绿广告"行为上有"较大作用",同时也有20.6%/16.7%比例的大学生/家长认为它"几乎不起作用"或只有"很小作用"。"消费者维权组织""消费者""环保部门""民间环保组织""广告行业协会"被大学生认为"较大作用"比例分别是34.6%、32.8%、31.3%、27.5%、23.5%;这些主体被大学生认为"无用或者只有很小作用"的比例分别为28%、38.6%、42.1%、31.3%、36.4%。家长们认为这五个主体有"较大作用"比例分别是20%、29.8%、31%、9.7%、14.1%;这些主体被家长们认为"无用或者只有很小作用"的比例分别为26.1%、34.7%、21.1%、40.2%、37%。总体来说,大学生选择"有一定作用"的比例都高于其他选项,表明大学生对于"媒体"之外的主体在"漂绿广告"的监管作用都不是很看好,家长们则对"媒体""工商管理部门"以及"环保部门"都有所期待。大学生问卷中有这样一个问题"有人认为治理'漂绿广告',要把媒体作为首要监管对象,您的观点是:——"有三分之二的大学生选择"比较认同","非常认同"和"不认同"的选择比例分别为13.8%和18.6%。毕竟广告需要载体,管住了媒体,让"漂绿广告"失去生存土壤,的确可以大大降低"漂绿广告"比例。关于"漂绿广告"监管的有效性,10%/20.6%的大学生/家长认为"能监管好",27.5%/25.8%的大学生/家长认为"很难监管好",37.4%/30.5%的大学生/家长认为"这个问题尚未引起政府和社会的应有重视,监管还无从谈起",25.1%/23.1%的大学生/家长选择"不管效果如何,监管总比不监管好"。对最后一个问题,即是否曾经参与过揭露"漂绿广告"行为,83.4%/84.4%的大学生/家长"没有参与揭露'漂绿广告'的行为",10%/11.2%的大学生/家长"参与过一次","参与过不止一次"的大学生/家长比例分别为6.6%/4.5%。

(三)问卷调查的深入分析

不同学校的大学生对于"漂绿广告"的了解程度,对于"漂绿行为"的态度以及对其监管的认知方面是否存在差异,不同性别、不同地域、不同受教育程度以及不同职业的消费者对于"漂绿广告"的认知和对待"漂绿广告"的态度是否存在差异,是值得我们关注的问题。

为此,我们抽取大学生问卷与家长问卷中的一些选项,利用非参数检验方法进行了统计学的显著性检验。具体做法是:我们将五所大学的学生分为三类,武汉大学与中国地质大学学生为一本类,武汉工程大学学生为二本类,中国地质大学江城学院与武汉职业技术学院学生为职业技术学院类。有效问卷样本量分别为一本类181份,二本类94份,职业技术学院类197份。针对大学生问卷,我们首先选择了第二部分的第七、第九和第十一个问题的调查结果,按照每个选项的选择结果,进行不同类型大学生在绿色环保诉求广告的社会认知方面的差异性检验;接着我们又在第三部分中选择第十六、第十九和第二十问题的调查结果,同样按照每个选项的选择结果进行不同类型大学生对绿色环保诉求广告的态度方面的差异性检验;最后,我们选择第二十三、第二十七和第二十八问题的调查结果,对不同类型大学生受绿色环保诉求广告的行为影响与监管人士方面进行差异性检验。卡方检验结果见表3-1所示。

表3-1 大学生问卷的差异性检验结果

问题编号	反映的方面	卡方值	P值*	结论
第七题	绿色诉求广告的社会认知	8.843	0.176	没有显著差异
第九题	绿色诉求广告的社会认知	0.593	0.766	没有显著差异
第十一题	绿色诉求广告的社会认知	53.579	0.000	显著差异
第十六题	对绿色诉求广告的态度	24.370	0.000	显著差异
第十九题	对绿色诉求广告的态度	25.843	0.000	显著差异
第二十题	对绿色诉求广告的态度	13.641	0.035	显著差异
第二十三题	绿色诉求广告的行为影响与监管	7.002	0.315	没有显著差异
第二十七题	绿色诉求广告的行为影响与监管	5.236	0.514	没有显著差异
第二十八题	绿色诉求广告的行为影响与监管	14.887	0.005	显著差异

*注:这里的P值是用蒙特卡洛方法经过10 000次模拟计算得出,软件还可以给出近似P值,两者相差不大,检验结果也一致。表3-2、表3-3的P值与此相同。不同问题的自由度以及检验的临界值也有不同。

从检验结果可以看出,不同类别的大学生对于"漂绿"现象的了解程度不存在显著差别。事实上,无论是重点大学、二本高校还是职业技术学院学生,对"漂绿"现象的了解都很少,这三类学校的大学生中,对"漂绿"现象"完全不了解"或"了解不多"的学生比例都超过85%,"很了解""漂绿"现象的大学生比例都不超过3%。对于"漂绿广告"主要存在于哪些行业,武汉工程大学学生与其他院校学生有明显差别,他们的选择比较平均,其他大学学生的选择突出在"食品行业",选择"医药""汽车行业""旅游景点"也比较多。这是第十一题检验存在显著性的主要原因。调查问卷的第十六、第十九以及第二十题属于第三部分,了解大学生对绿色环保诉求广告态度的问题,这三个问题的检验结果都显示存在显著差异,造成这种差异的主要原因是,武汉大学和中国地质大学学生对环保广告的认可程度相对低于其他院校学生,武汉工程大学学生中选择环保广告"大多数真实可信"与"都是虚假的"比例都明显高于其他大学学生。不过,总体上讲,大学生们认为目前国内的环保广告可信度不高。绿色环保广告对大学生行为的影响,以及大学生们对"漂绿广告"的监管看法没有显著差异,但不同学校学生参与揭露"漂绿广告"的行动上有所差别,具体表现在武汉工程大学学生参与过这种行动的比例高于其他院校。

对于家长问卷,我们分别按照性别、受教育程度、职业以及不同年龄段分别统计。其中受教育程度分为初中以下、高中或中专、高职高专、本科、研究生5个等级,职业分为7个类别,年龄段分为30岁以下、31～40岁、41～50岁、50岁以上4个类别。家长问卷中,作各种差异性检验的选项分别是第七题、第八题、第十题、第十五题、第十六题、第十九题和第二十题。卡方检验结果见表3-2:

表3-2 家长问卷的差异性检验结果

问题编号	差异性检验问题	卡方值	P值	结论
第七题	对漂绿现象的了解是否存在性别差异	3.368	0.330	没有显著差异
第七题	对漂绿现象的了解是否存在教育程度差异	30.771	0.03	显著差异
第七题	对漂绿现象的了解是否存在职业差异	55.118	0.000	显著差异
第七题	对漂绿现象的了解是否存在年龄差异	14.021	0.495	没有显著差异
第七题	对漂绿现象的了解是否存在收入差异	43.083	0.000	显著差异
第八题	对双汇集团的漂绿行为看法是否存在性别差异	6.573	0.035	显著差异

续表

问题编号	差异性检验问题	卡方值	P值	结论*
第八题	对双汇集团的漂绿行为看法是否存在教育程度差异	16.036	0.041	显著差异
第八题	对双汇集团的漂绿行为看法是否存在职业差异	24.296	0.042	显著差异
第八题	对双汇集团的漂绿行为看法是否存在年龄差异	13.005	0.211	没有显著差异
第八题	对双汇集团的漂绿行为看法是否存在收入差异	12.992	0.107	没有显著差异
第十题	认为企业对环保的重视程度是否存在性别差异	2.451	0.488	没有显著差异
第十题	认为企业对环保的重视程度是否存在教育程度差异	14.300	0.274	没有显著差异
第十题	认为企业对环保的重视程度是否存在职业差异	25.834	0.198	没有显著差异
第十题	认为企业对环保的重视程度是否存在年龄差异	12.45	0.519	没有显著差异
第十题	认为企业对环保的重视程度是否存在收入差异	18.581	0.099	没有显著差异
第十五题	对国内企业环保广告的信任程度是否存在性别差异	5.705	0.128	没有显著差异
第十五题	对国内企业环保广告的信任程度是否存在教育差异	12.697	0.379	没有显著差异
第十五题	对国内企业环保广告的信任程度是否存在职业差异	14.983	0.831	没有显著差异
第十五题	对国内企业环保广告的信任程度是否存在年龄差异	18.684	0.217	没有显著差异
第十五题	对国内企业环保广告的信任程度是否存在收入差异	17.157	0.140	没有显著差异
第十六题	对绿色诉求广告的态度是否存在性别差异	2.553	0.673	没有显著差异
第十六题	对绿色诉求广告的态度是否存在教育程度差异	30.685	0.018	显著差异

续表

问题编号	差异性检验问题	卡方值	P值	结论*
第十六题	对绿色诉求广告的态度是否存在职业差异	41.175	0.070	没有显著差异
第十六题	对绿色诉求广告的态度是否存在年龄差异	26.385	0.105	没有显著差异
第十六题	对绿色诉求广告的态度是否存在收入差异	25.309	0.071	没有显著差异
第十九题	环保广告的影响是否存在性别差异	1.295	0.737	没有显著差异
第十九题	环保广告的影响是否存在教育程度差异	26.387	0.012	显著差异
第十九题	环保广告的影响是否存在职业差异	30.987	0.075	没有显著差异
第十九题	环保广告的影响是否存在年龄差异	19.592	0.200	没有显著差异
第十九题	环保广告的影响是否存在收入差异	12.87	0.365	没有显著差异
第二十题	对漂绿产品的购买意愿是否存在性别差异	0.838	0.927	没有显著差异
第二十题	对漂绿产品的购买意愿是否存在教育程度差异	28.022	0.031	显著差异
第二十题	对漂绿产品的购买意愿是否存在职业差异	24.325	0.654	没有显著差异
第二十题	对漂绿产品的购买意愿是否存在年龄差异	27.151	0.121	没有显著差异
第二十题	对漂绿产品的购买意愿是否存在收入差异	13.716	0.619	没有显著差异

＊注：由于每个问题检验时的自由度存在较大差异，卡方检验的临界值也有较大差别，从而出现某些选项的卡方检验值虽然较大，但未通过0.05显著性水平检验的情况。

从表3-2可以看出，家长问卷统计结果中，具有性别差异的选项是对双汇集团是否存在漂绿行为的看法，女性认为该集团没有漂绿行为的比例比男性高出10个百分点，其余各个检验的问题都未显示存在显著的性别差异，表明男女性消费者对漂绿行为和"漂绿广告"的了解程度,对环保广告的态度、受"漂绿广告"的影响程度以及对"漂绿"广告的监管看法相差不大。

消费者受教育程度在大多数问题中体现出显著差异。检验的9个问题中,只有"对国内企业的环保广告的信任程度""国内企业对环保的重视程度"这两个问题的回答不存在受教育程度因素的差异。对"漂绿"现象了解程度的回答结果显示,没有接受高等教育的消费者,选择"经常听说,比较了解"或"有亲身体会,非常了解"的比例不超过10%,受过高等教育的消费者中,这个比例超过30%;认为双汇集团有漂绿行为的比例随消费者教育程度而增加(从初中文化程度消费者的22.58%增加至本科及以上消费者的58.76%);受过高等教育的消费者较不在意环保广告,消费决策受"漂绿广告"影响程度也明显低于未受过高等教育的消费者。

对漂绿现象的了解程度存在职业差异,企事业单位职工与公务员对漂绿现象的了解程度明显高于其他职业群体。在其他问题中,按照0.05的显著性水平,不存在职业差别,但有些问题,按照0.1的显著性水平,则存在职业差别。我们认为这个结果是合理的,因为企事业单位职工与公务员大多数接受过高等教育,而多数问题的检验结果中显示存在受教育程度的显著差异。受教育程度越高的消费者,对于漂绿行为、"漂绿广告"的鉴别能力越强,受其误导性的影响也越小。

消费者对漂绿现象的了解,对"漂绿"行为的态度,以及受"漂绿广告"的影响程度等方面均不存在显著的收入和年龄差别。

前面指出过,我们专门为媒体从业人员设计了一套问卷,其中有些问题与普通消费者问卷里的问题相同,媒体从业人员中多数为新闻采编人员和广告经营者,还有少量专职行政人员,他们既是商品消费者,又是广告的经营传播者。我们选取几个相同的问题,检验媒体工作者与普通消费者的回答是否存在显著差异。结果如表3-3所示。

表 3-3 媒体问卷结果与普通消费者问卷结果的差异性

问题	反映的方面	卡方值	P 值	结论
1	对双汇集团是否存在漂绿行为的看法	4.444	0.103	没有显著差异
2	对国内企业环保方面的重视程度的看法	1.097	0.577	没有显著差异
3	对不同品牌产品的环保广告的信任程度	5.849	0.114	没有显著差异
4	对目前国内环保广告的看法	10.355	0.016	显著差异
5	受"漂绿广告"影响程度	33.486	0.000	显著差异
6	对"漂绿广告"监管有效性的看法	9.218	0.026	显著差异
7	是否应将媒体作为首要监管对象*	4.014	0.138	没有显著差异

*注:该项问题出现在大学生问卷中,普通消费者问卷中没有。

从表 3-3 中可以看出,媒体工作者对"漂绿"行为的了解程度,对国内企业环保意识的评价以及对环保广告的信任程度,跟普通消费者相差不大,但在受"漂绿广告"影响方面,跟普通消费者有所不同,相对而言,普通消费者比他们更容易受环保广告的影响而购买某种产品。对于"漂绿广告"监管的有效性,媒体人的看法似乎比普通消费者稍微乐观一些,认为"很难监管好"的比例明显低于普通消费者。治理"漂绿广告",是否应将媒体作为首要监管对象,媒体人对这个问题的回答与大学生们没有差别,超过半数的大学生与媒体人都认可应将媒体作为首要监管对象,这也反映了媒体在"漂绿广告"的传播和治理中,可以起到重要作用。

二、实地走访与深度访谈

(一)对南方周末的访谈

2011 年 10 月 20 日上午,在《南方周末》编辑部,访谈人员刘传红、周振新对其进行了访谈,内容如下:

问题 1:在《南周》发布广告有哪些审查标准?在"绿版"发布广告,与其他版面是否有不一样的要求?如果有,是什么?在"绿版"发布广告的主体有什么特征?在"绿版"发布的广告,如果需要企业提供绿色凭证,企业一般会通过哪些途径来证明自己?《南周》如何验证?

答:在刊登广告方面,没有特别的审查标准,主要是遵守国家规定的法律、法规要求。在"绿版"发布广告,程序与其他版块一样,具体由经营广告中心负责。与其他版块相比,绿版发布环保广告较多。除了遵守法律要求外,媒体内部也有一个审核,如在"绿版"发布广告,对公司的环保社会声誉有要求,不会刊登环保名声不好的公司的广告,如金光公司APP的广告。

"绿版"的广告主包括企业、政府和一些著名的环保NGO。企业广告包括企业形象广告和产品广告。政府广告一般是地方政府对政府某种环保形象的打造,或对其所获得的一种环保方面资源的宣传,如西安的绿色城市形象广告、宁夏国家级生态城的形象广告。一些著名的NGO也会做形象广告,主要是为了推广它们的公益形象品质。它们在广告时机的选择上作了精心选择,如重要国家领导人来访的那个时间点做广告。上次奥巴马总统来中国访问时,点名让《南周》的记者进行采访。

"绿版"的汽车广告多,品牌形象宣传多,地产广告少,奢侈品广告少。地产广告有很强的地域性,多刊登在地方报纸上;奢侈品广告与我们的风格定位有较大差别,多刊登在时尚期刊上。

"绿版"广告的另一个特点是与中国的时代发展趋势合拍,在国家强调节能减排的大政策背景下,一些能源、化工公司广告较多,强调自身在环保节能方面的优势,倡导可持续发展的理念。

"绿版"广告的一些广告主正是看中绿版的一些主题版面与该公司经营的一致性而在上面刊登广告。如西门子公司致力于智能产品开发,建设智能化的城市,"绿版"的城市版与他们在这方面的理念合拍,所以他们在城市版刊登了不少广告。

从总体上看,目前环保产业中企业广告较少,这可能与中国环保产业的发展还处于初步阶段有关系。

企业的绿色凭证问题,目前还没有走到这一步。(插话:发布广告时,是否关注企业的能效标识?)能效标识问题与这个问题还不一样,我们目前还没有关注到这一层面。

问题2:在发布广告时,是否注意到"漂绿"现象?一般是怎么处理的?

是否发生过读者来信检举广告内容不实的情况?

答:我们肯定会注意到"漂绿"现象。但相对而言,读者对广告的关注不多,因此我相信读者来信里肯定会有反映"漂绿"问题的,但读者来信主要是关心文字性内容和对一些新闻的评论,对广告关注还是很少的。目前对"漂绿"的认定无政府标准。《南周》自己可能出台"漂绿"年度标准及"漂绿"排行榜。在这个方面你们做学术类课题有自己的优势,我们愿意合作,与你们一起制作一个"漂绿"标准,将是一件非常有意义的事情。

问题3:在刊登广告方面,《南周》是否收到工商行政管理及其他政府部门的一些规定或通知?如收到,其中是否有涉及漂绿或相似内容的?

答:我们实行采编、经营分离的原则,政府部门的文件通知等由广告经营部门负责。具体情况可到广告部门了解。

问题4:地方"绿榜"打分的依据是什么?标准是怎么制定的?怎么操作?受到什么阻力没有?

答:地方"绿榜"打分的依据问题是保密的,所以不便透露。我们搞出这个东西后一些媒体也学我们发布类似的东西。所以标准这个东西是我们吃饭的家伙,不便公开。(刘传红插话:能不能举一个例子,谈谈其中的一个标准?)如果实在要举出其中的一个标准的话,那么重大环保突发事件是一个标准。一个地方如果频频发生重大污染事件,说明环境管理肯定是存在问题的,因此肯定会因此扣分。

标准是我们与国外专业性很强的NGO合作来制定的,国内的NGO环保方面的专业性还不是很强。我们根据中国的一些实际情况做出调整,使标准更适合中国的情况。

发布"绿榜"我们肯定会面临一些压力,有些企业或地方政府会来讲情,但作为一份全国性的报纸,我们有自己的一些原则,不会轻易屈服于压力,该发的还是会发出来的。

问题5:如果你们刊登的广告存在漂绿行为,《南周》认为媒体需要承担责任吗?该承担什么责任?

问题6:如果将媒体纳入"漂绿"广告的监管主体,为了发挥好《南周》社会公器的职能,需要从哪些方面予以保障?

答:两个问题一并回答。我们在发布广告的时候,如果认为存在"漂绿"行为,会向环保 NGO、见习记者,或者上网求证企业的实际情况,以进行核实。但微博我们用得很少,因为微博的主观性太强,不一定能反映出实际情况。在一些企业发生重大突发事件的时间段,我们也不会刊登该公司的广告,如双汇发生瘦肉精事件的时候,你这时刊登双汇的广告,与普通人的心理感受肯定会有冲突,这也不符合我们秉承的价值观。在我们核实相关公司的情况后,会将情况告诉广告部,让他们注意这方面的情况。

问题 7:《南周》是否会刊登一些绿色公益广告?占多大比例?怎么看待绿色公益广告?

没有正面回答。

(二)对贵阳部分媒体的访谈

2012 年 3 月 27 日上午 11 点、下午 2 点 30 分,访谈人员刘传红,在贵阳广播电视台副台长龚小平办公室,对龚小平、旅游休闲报总编辑顾海洋进行了访谈,内容如下:

问题 1:请问贵台在刊播广告前是怎样审查的?

答:媒体是广告的发布主体,如果严格按照法规,地方媒体至少三分之一的广告出不来,中央媒体具有强大的选择性。地方媒体愿意承担社会责任,但又往往面临宣传任务、经济指标等多种压力。二、三线城市广告有 80% 是违规的,不宣传疗效,无人买药,而宣传疗效又违规。媒体经营其他业务是数字概念,而经营广告是真金白银。如果广告没有引发社会问题,没有遭到投诉,媒体在审查时一般让它过。其实,媒体和工商部门并不对立,出现了投诉,打声招呼,事情就搞定了。如果造成了比较大的社会反响,成为众矢之的,那么就会停播。

一般来说,我们对广告都是事后监督多,事前监督比较少。媒体的审查实际上是证照审查。

问题 2:那么,广告占贵台媒体经营收入的比例大致是多少?

答:媒体如果没有广告就无法维持,不要让媒体依赖广告来生存。目前媒体收入的 80% 来自广告,贵阳估计达到 95% 以上。

问题 3:您认为杜绝违法广告的关键是什么?

答:要杜绝违法广告,广告主自律是关键。

问题4:(问《旅游休闲报》主编顾海洋)您是如何看待成龙代言的格力空调广告的?

答:成龙作为形象代言"人",说格力空调省电30%,这是有前提条件的。企业诉求环保,要辩证地看,有可能今天没做到,明后天可能做到了,但是企业环保努力的方向是要值得肯定的。在"漂绿广告"监管中,社会也要有一定的容忍度。

(三)对珠海市某区工商局局长的访谈

2013年6月29日

刘传红在珠海市区某茶楼对珠海某区工商局局长李三华进行了访谈,内容如下:

问题1:请问在您工作中,对"漂绿广告"监管是怎么实施的?

答:什么广告呀?(刘传红插话:"漂绿广告,就是不是绿色说绿色,不环保说环保,不节能说节能的那类广告。比如美的'一晚只需一度电'这类广告")哦,我还不知道叫"漂绿广告",这类广告蛮多。纯天然、无污染、有机食品等等。对这类广告,我们没有专门的监管办法。

问题2:你们是如何确定广告监管工作重点的?

答:工商局负责市场秩序管理工作,涉及很多方面,人手有限,实在是应接不暇。广告监管并不是我们工作中最重要的部分,食品安全、不正当竞争等是我们最为关心的。即使是广告监管工作,我们一般也是按照上级机关的安排执行,比如各种专项整治等。

问题3:在广告监管中,你们有哪些顾虑和难处?

答:工商部门是垂管部门,不属地方政府管辖,但在查处相关案件过程中,由于不可避免地涉及地方政府的利益,我们和地方政府关系的处理就比较敏感。

三、初步发现与理论疑惑

其一,当今中国社会对"漂绿广告"的认知度,总体而言还比较低,一经解释又几乎都有耳熟能详的生活经历。这种现象该如何解释？

其二，生态文明建设是"五位一体"总体布局中的重要组成部分，广告主、广告媒体和广告公司，为何自利性响应有余而公益性响应不高？广告行政机关的监管定势和监管盲区普遍存在，如何才能发生改变？

其三，类似"漂绿广告"等新的广告传播形态，纳入监管视野并实施有效监管，需要什么样的前提条件？

第四章 "漂绿广告"的危害剖析

"漂绿广告"日渐盛行,既是实践问题,也是理论问题,还是道德问题;从法律角度审视,它还是法律问题。

"漂绿广告"表现形式多样,生成机制复杂,所造成的社会危害广泛且深远。"漂绿广告"具有诉求的伪善性、手法的巧妙性以及披露的滞后性等特点,加上市场上有关节能环保产品的信息存在强制信息披露不足、普通消费者识别这类信息的能力较弱等原因,下述三种情形往往并存交织在一起。

(1)普通消费者:"熟知"并非"真知"。

(2)广告主和广告媒体:(基于利益考虑)"真知"装作"无知"。

(3)政府部门:(由于惯性思维)"无视"加上"无知"。

从整个社会来说,"漂绿广告"几乎不被视为"问题广告",对其可能或业已造成的危害,监管部门也未有应有的注意。为此,本章专门讨论"漂绿广告"的危害。

一、"漂绿广告"为何是危害行为

要研究行为的危害,首先要明确是否构成危害,这就需要界定危害或危害行为。对照危害行为的四大特征,我们把"漂绿广告"判定为危害行为的理由是有如下四个方面。

第一,主体的特定性。危害行为的实施者只能是人,包括自然人和单位。尽管广告的定义有很多种,但是每一个定义都把"可识别的倡导者""公开付费"作为要件。广告活动的进行,一定是广告主有广告传播的需求,且有支付广告费的经济实力,否则广告活动难以发生,更难以为继。而且,广告主也需要这种特定性。正如美国广告学者威廉·阿伦斯所言:"出资人显然也希望被表明,否则,他们为何花钱做广告。"[①]

[①] [美]威廉·阿伦斯:《当代广告学》(上册),丁俊杰等译,人民邮电出版社2006年版,第9页。

第四章 "漂绿广告"的危害剖析

第二,动机的有意性。危害行为受人的意识、意志的支配。我们可以从多个角度来分析"漂绿广告"行为的有意性:一是从广告的目的看,广告主的根本目的是促销商品或服务;二是从广告传播的信息看,绿色诉求广告一方面可以规避来自政府、环保组织和消费者的抵制,另一方面还容易得到绿色消费者的青睐;三是从广告媒体选择和刊播时机看,都经过精心准备;四是从对广告公司的选择看,也都经过精挑细选。这四点,足以判定各类"漂绿广告"是有意为之的。

第三,结果的有害性。只有对社会有害的行为,才可以成为法律意义上的行为。"漂绿广告"行为本身具有危害社会的客观属性,是它能够且必须进入法律关注视野的客观依据。阿伦斯是这样比喻的(我们姑且称之为广告的"开杆理论"):"广告的经济作用犹如台球的开杆,企业从开始做广告的时候起,经济上的连锁反应便开始发生。连锁反应的结果虽然难以预料,但却与击球的力量以及经济环境密切相关。"①事实上,"开杆理论"并不限于对广告经济功能的描述,适应于由广告引发的一切确定或不确定的影响,这里面,既有正能量也有负能量。"漂绿广告"的有害性,除了具有一般虚假广告的特征外,还有其自身的独有特征,这是我们对其监管的现实前提和理论前提。

第四,行为的失范性。危害行为必须具有违反法律及相关规范的性质。这是任何危害行为的法律特征,当然也是"漂绿广告"的法律特征。

以上从四个方面分析"漂绿广告"危害性存在的客观性,这一危害如何加害于消费者或购买者群体?从广告生产与传播过程来看,"漂绿广告"造成危害的过程如下:

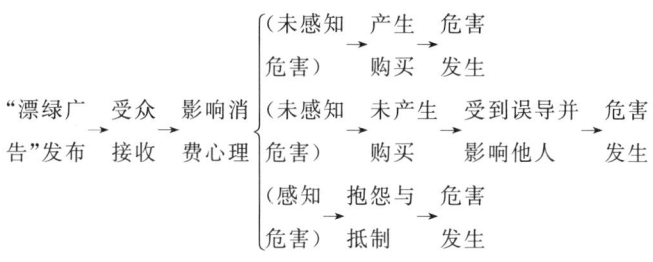

图 4-1 "漂绿广告"危害的发生过程

---

① [美]威廉·阿伦斯:《当代广告学》(上册),丁俊杰等译,人民邮电出版社 2006 年版,第 55 页。

从图 4-1 看出,广告主通过大众媒体或者其他新媒体发布"漂绿广告"后,作为受众的消费者,无论是主动还是被动接收广告,只要加以注意①,都会出现两种情况:

第一,未感知到危害情形下的消费心理反应。消费者出于对绿色生活的向往和对公民环保责任的担当,在与非绿色诉求广告所宣传产品的比较中产生购买冲动,危害从而发生(这种危害具有滞后性特点,既有可能发生在自己身上,也可能通过口碑传播影响他人购买,我们在第一章讨论"漂绿广告"的特点时有过阐述)。

第二,感知到危害情形下的消费心理反应。广告主及其广告宣传的产品在节能环保方面存在夸大或误导,消费者早有警觉,因此必然会采取抱怨与抵制的方式,危害从而发生,但是这种危害的性质与前一种情况有显著区别。这种危害同时具有害人害己的特征。

需要说明的是,这两种情形下的危害本质上没有区别。在现实生活中,我们往往是在某个事件(比如汀江污染事件发生,人们怀疑紫金矿业公司曾经的广告承诺是那样不靠谱)后,或者某个广告被曝光后,才知道其绿色诉求广告的虚假性,进而认识其危害性。

二、"漂绿广告"危害的考察维度

"漂绿广告"构成危害行为有四个要件,其危害是局部的还是整体的,是长期的还是暂时的,是显性的还是隐形的,或者兼而有之,需要进行认真探讨。

(一)消费者层面的考察

1. 知情权受到侵害

深圳大学教授应飞虎认为,消费者的信息劣势是消费者权益受到损害的主要因素,也是消费者利益最大化的最主要障碍②。

为了矫正消费者在交易过程中的信息劣势及对公平交易的消极影响,世界上不少国家和地区出台旨在促进政府、经营者及其他主体提供信息的制度。

---

① 注意分为有意注意和反射性注意。前者受目标驱动的影响,后者受刺激驱动的影响。无论是有意注意还是反射注意,如果消费者对广告没有加以注意,我们视同不发生影响,这种情形不属于本课题研究范围。
② 应飞虎:《信息、权利与交易安全——消费者保护研究》,北京大学出版社 2008 年版,第 2 页。

1962年3月15日,美国总统肯尼迪在一份向国会递交的国情咨文中首次提出消费者四项权利,其中就包括消费者"被告知的权利"。联合国大会于1985年4月9日通过的《消费者保护准则》,是世界性的保护消费者权益的纲领性文件,其中提出多项消费者权利,"使消费者获得充分信息,使其能够按照个人意愿和需要做出掌握情况的选择"也在其中。我国《消费者权益保护法》第二条规定:"消费者有权根据商品或者服务的不同情况,要求生产者提供商品的价格、产地、生产者、用途、性能、规格、等级、主要成分、生产日期、有效期限、检验合格证明、使用方法说明书、售后服务,或者服务的内容、规格、费用等有关情况。"消费者有权了解所购买商品的真实情况,这一权利包括主动了解权和被告知权。企业经营者通过广告等手段,依法定义务告知消费者有关产品的真实信息,可是,制作"漂绿广告"的企业并未承担起此项义务,而是通过广告的虚假性、误导性来欺骗消费者,其广告信息传播中没有做到真实、全面、适当、有效。因此,一般消费者无从辨别绿色广告和"漂绿广告",也无法买到真正绿色环保的产品或享受到货真价实的绿色服务,这是对消费者知情权的侵害,也导致消费者的信任危机。美国一家公共关系与营销机构2011年的调查显示,71%的消费者觉得自己在绿色诉求中受到欺骗或误导时,会停止购买该产品;超过37%的消费者会完全抵制该产品,这在一定程度上影响其消费需求。

2. 安全权受到威胁

"漂绿广告"严重侵害消费者的知情权,使他们无法甄别产品是否真正绿色环保,企业的实际行为是否与广告诉求相一致。在消费者知情权未得到保障的情况下,消费者无法对产品和服务做出正确的判断和选择,可能会购买并不绿色环保甚至含有对人体有害物质的产品,致使人身、财产受到损害,消费者安全权被侵害。

"漂绿广告"对消费者安全权的侵害,首先表现在那些冠以"绿色产品"标签的产品含有对人体有害的物质,长期食用会影响消费者身体健康。

《南方周末》从2009年开始,每年推出年度"漂绿榜"。2009年榜单上涉及约54家国内企业、跨国企业以及2个国家的漂绿行为,其中食品行业和药品行业的漂绿行为分别占25.9%和5.56%,不乏雀巢、可口可乐、沃尔玛、金浩茶油、蒙牛、郑州思念、味千、达能、归真堂、哈药集团等国内外大型企业公司。食品行业的"漂绿广告"会误导消费者并直接危害消费者健康。一些"漂绿广告"

虽然未出现在"漂绿榜"中,其漂绿行为也不容忽视。例如,立顿中国官方网站的广告宣传这样写道:"立顿以其明亮的黄色向世界传递它的宗旨——光明、活力和自然美好的乐趣。""立顿"品牌所属的联合利华提出"联合利华可持续发展方案",进行绿色营销。然而,2011年11月9日,国家质检总局抽查结果显示,联合利华有限公司"立顿"铁观音稀土超标三倍多,过量摄入稀土将对人体造成危害。

2011年4月13日,英国《星期日电讯报》报道称,瑞典研究人员发现包括雀巢在内的9种欧洲知名品牌的婴儿食品含有毒重金属砷、铝和镉,其含量虽然未达到世界卫生组织规定的上限,但婴儿长期食用,会导致智力受损。雀巢公司长期以来的营销策略就是"自然、健康",《南方周末》"漂绿榜"分别于2009年和2011年两次提及该公司,其标榜的绿色广告显然与产品质量本身背道而驰。

有些"漂绿广告"所宣称的产品甚至会威胁人的生命安全。其中较为典型的就是奶制品广告,我国的奶制品广告大多宣称其奶源来自于无污染的绿色大草原,产品可以放心饮用。但是,2008年在国家质检总局开展的婴儿配方奶粉三聚氰胺专项检查中,三鹿、伊利、蒙牛、雅士利等22家企业生产的奶粉检出三聚氰胺成分,其中三鹿曾在电视、网络、户外、报纸等媒体大力做广告,宣传其绿色、健康的产品特征,正是这种超强的广告宣传力度,使三鹿集团2006年实现销售收入同比增长16.5%,同年,被《福布斯》评选为"中国顶尖企业百强"乳品行业第一位。这些奶制品企业的虚假广告诉求使成千上万的父母遭受蒙蔽,导致许多无辜的婴儿住院接受治疗,甚至招致死亡。

"漂绿广告"对消费者安全权的侵害还体现在财产安全上,少数广告以"植树造林、绿化环境"为名,实则诈骗钱财,性质恶劣。但是,由于这些广告借名人的声望取得消费者的信任,在短时期内达到非法目的。例如,亿森木业打着"为祖国增添绿色,为客户创造价值"的旗号,在著名演员葛优的代言下,诱惑全国共2万余人缴纳了购买林地款,这当中,北京市民达到1.7万人。从2004年起的两年多时间内,该集团的非法经营额达到16亿元,使消费者蒙受巨大的财产损失。

3. 公平交易权受到侵害

《消费者权益保护法》第十条第一款规定"消费者享有公平交易的权利",其含义是,消费者在购买商品或者接受服务时享有获得质量保障和价格合理、计量正确等公平交易条件的权利。消费者的公平交易权主要表现在,消费者有权获得质量保障和价格合理的公平交易条件。但是,在"漂绿广告"中,企业或经营者使用模糊甚至欺骗性的语言美化或夸大产品质量,导致消费者对产品或服务质量产生不全面或错误的认知,购买并非广告诉求所描述的产品或服务。世界零售巨头沃尔玛 2005 年对外宣传进行"绿色转型",从 2008 年开始打造"绿色供应链",对供货、配送、卖场等所有环节提出环保要求,但是,根据 2011 年《南方周末》"漂绿榜",沃尔玛重庆分店以普通猪肉冒充"绿色猪肉",售假长达 20 个月,消费者用高于普通猪肉的价钱,购买低于"绿色猪肉"质量的产品,消费者的公平交易权被侵犯。另一方面,有些企业或经营者在交易中利用自己的信息优势或专业知识,在广告中隐瞒或虚化不利于自己产品的宣传,有的使用过于专业的术语,使消费者与企业之间信息不对称,从而造成消费者交易的不公平性。

(二)企业层面的考察

1. 引发诚信危机,损害企业声誉

由于"漂绿广告"大行其道,消费者已经对许多绿色诉求广告内容的真实性提出质疑。早在 20 世纪 90 年代初,国外一项调查发现,只有 6% 的公众认为绿色诉求广告非常可信,90% 的公众认为绿色诉求广告"在某种程度上可信""不是很可信"或者"完全不可信"。1996 年美国一项研究调查也显示,只有 30% 的美国消费者相信绿色诉求广告。纽厄尔等人的研究表明,消费者对绿色诉求广告的质疑会导致对广告主不信任感,一旦消费者认为被"漂绿广告"误导或欺骗,他们对广告主的信任会随之消失。在我国,至今还没有一项较为权威的有关消费者对"漂绿广告"及绿色品牌的态度研究。最近几年,我国连续发生在大型企业中的食品安全事件,如三鹿、伊利、蒙牛、思念、沃尔玛、可口可乐、联合利华等企业,其广告中有一个共同的特点——以绿色、健康环保为诉求。消费者对企业的信任感随着食品安全事件相继曝光而瞬间化为乌有,从先前信任企业到信任广告,到真相大白并直呼上当,企业的诚信危机由此产生。

海德的平衡理论认为,企业与产品关系密切,如果消费者对产品做出有利评价,消费者对企业环保形象也会有积极正面的评价,反之亦然。曼瑞等人的研究也证实了海德的理论,他们选取以下因子为研究变量——环保广告绿色程度、消费者对产品来源国的认知、对产品的绿色评价、企业绿色形象、消费者环保知识、消费者购买意愿。通过对这几个变量的皮尔森相关系数分析、多元回归分析和配对样本 T 检验,研究者发现,当环保广告中的绿色诉求恰当合理时,消费者对企业绿色形象的评价会更加积极正面。消费者对环保广告的态度和评价与企业绿色形象相互关联,因此,企业或经营者在绿色环保广告上的虚假诉求和欺骗行为最终会影响企业形象的树立。

戴鑫分别收集了 291 则中文绿色广告和 106 则英文绿色广告,中文广告主要刊发在 2010—2011 年《南方周末》《汽车观察》《中国青年报》《新世纪周刊》《三联生活周刊》《新周刊》等报刊和网络平面广告上;英文广告主要刊发在 2010—2011 年《经济学人》《纽约时报》《读者文摘》和网络平面广告上。中文广告通过宣传企业环保活动,树立企业形象的占 5.15%,英文广告占 7.55%。早期研究发现,绿色广告中涉及企业形象主题的平面广告占所有绿色广告的 31.2%,这足以说明绿色广告有助于改进企业形象,如果企业的实际行为及其产品与广告宣传背道而驰,非但不能巩固企业在环保活动中的地位,消费者对其印象会大打折扣。

能源公司在生产过程中不可避免地要造成环境污染,它们更愿意投入资金开展绿色广告宣传。但绿色诉求和实际行动不相符合,更容易招致消费者的反感,损害其企业形象。皇家荷兰壳牌公司是世界著名的大型跨国石油公司,为了树立低碳环保的企业形象,壳牌公司一直组织生态马拉松活动,鼓励大中学生设计节能汽车。他们认为,公司有责任"促进高效节能,关注矿物燃料的使用,了解消费模式,开发可替代能源"。壳牌公司分别在不同国家大力投放"绿色广告",例如,由于日本是世界最大的液化天然气消费市场,也是壳牌公司的主要市场,该公司在日本投放了主诉可持续发展的"绿色广告"——"Let's pass energy on to the next generation"(让我们把能源传递给下一代)。2010 年,壳牌公司还分别在《国家地理》杂志和《纽约时报》上刊登大幅广告,宣称该公司"正在推进能源开发的前沿研究……解决未来新能源问题"。颇有讽刺意味的是,壳牌公司一方面高调开展一系列"绿色"广告营销活动;另一方面,该公司的石油开采活动中出现一系列环境污染事件。2008 年,壳牌公司石油开采漏油事件,造成尼日利亚三角洲地区污染严重,石油渗透进地下五米深的土壤里,污染面积超过 1 000 平方公里,专家预测,三十年才能恢复。同一年,壳牌公司开发含油砂项目,被英国广告标准局评定发布"漂绿广告"。英国广告标准局这样评论:"我们认为(壳牌石油公司)大规模开采含油砂项目对环境和社会产生巨大影响,包括对水资源保护、温室效应气体排放、土地破坏和垃圾处理的影响……因为我们未看到壳牌公司在含油砂项目上对二氧化碳排放做出有效措施,因此我们认为壳牌公司的广告误导消费者。"2012年,壳牌公司英国分公司在北海海域的油田又一次发生漏油事故。壳牌公司言行上的强烈反差,遭到媒体和公众的强烈批判和质疑,企业形象被严重损害。实践证明,对于企业来说,丧失声誉是非常严重的损害;一旦失去声誉,要想重新获得的机会很渺茫,产生的损害不可逆。

2. 降低品牌价值,损害经济利益

国外广告学者早就指出:"对环境不友好的形象会损害公司的利润。"①"漂绿广告"进行虚假诉求,导致消费者信任危机,严重影响消费者对相关产品的后续购买意愿,企业销售额不可避免地下降。2008年,三聚氰胺事件不仅使三鹿品牌价值从149.07亿归零,而且导致三鹿集团破产,被三元集团收购。同年,伊利的年报亏损达十多个亿,蒙牛股价一落千丈。2008年以后,蒙牛为挽回声誉,重塑企业环保形象,在各大媒体大力推出绿色环保广告,公开声称"健康发展是企业最基本的社会责任,在此基础上,更要积极承担企业对公民对自然和社会的责任"。蒙牛先后启动荒山绿化工程,并对利乐包牛奶使用来自可持续发展森林认证的产品包材。但是,2011年12月24日,在国家质检抽检中,蒙牛集团四川眉山工厂生产的利乐包纯牛奶致癌物黄曲霉素Mi检测结果超标140%,登上2011年《南方周末》"漂绿榜",蒙牛品牌和声誉再一次贬值,蒙牛牛奶致癌消息传出后,蒙牛在一线城市的销量一度大跌50%～60%。

"漂绿广告"对企业的危害性当然不限于食品行业,还广泛存在于其他行业。一贯宣称"要金山银山,更要绿水青山"的紫金矿业,在2010年7月3日发生污水泄漏事故,直至7月12日才发布公告,瞒报事故长达九天,致使汀江污染,影响波及福建、广东两省。此次污染事件严重影响其品牌价值,该企业于7月12日股市停牌,13日复牌后,其A股股价持续下跌,7月19日,紫金矿业A股股价跌至2009年以来最低点——每股4.97元,企业遭受重大经济损失。

---

① [法]罗兰·巴尔特等:《形象的修辞》,吴琼等译,中国人民大学出版社2005年版,第226页。

英国石油公司长期以来进行绿色营销活动并花费巨资刊登所谓的绿色广告。2000年,该公司投资2亿美元进行广告宣传活动,提出"超越石油"的广告宣传词,强调其环保形象。近年来,英国石油公司进一步推出"绿色"广告和营销活动,曾在一个月之内分别在三家国外知名报纸花费5 600万美元刊登大型"绿色"广告,公司副总裁安娜·卡塔拉诺曾在《纽约时报》上称"(英国石油)公司超越于一个石油公司所应做的事情——坦率、开放、诚实、无可争议"。但根据英国绿色和平组织调查,英国石油公司的投资方向与其在环保公关中所宣称的并不相符。该公司在石油、天然气上的投资高达93%,其在生物燃料和太阳能开发上的投资分别仅占2.79%和1.39%。英国石油公司推出的广告属于典型的"漂绿广告",该公司长期的漂绿行为也为自己种下苦果。2010年5月,英国石油公司在墨西哥湾开采石油发生漏油事件,导致严重的生态灾难,可能使墨西哥湾沿岸1 000英里长的湿地和海滩被毁,渔业受损,脆弱的物种灭绝。同时,英国石油公司也因此已跌出世界前100位品牌名单。该公司的损失远不止如此,事故发生后,该公司的股票价格一度触及1997年以来的最低水平。2010年6月10日,标准普尔将英国石油公司股票评级下调至持有,该公司已花费将近10亿美元应对漏油事故。

3. 冲击绿色企业的良性发展

"漂绿广告"普遍存在,但市场上仍然有不少真正的绿色产品与绿色广告。由于从事"漂绿广告"的不良经营者存在,善良经营者必须使自己与之相区隔,这就会加大自我证明责任,其成本也因此增加;如果消费者在交易时很难区别绿色广告和"漂绿广告",则绿色广告的发布者同样会被消费者视作不良经营者,善良经营者的利益因此受到损害。

推出"漂绿广告"的企业利用自己对产品的信息优势,用不全面、令人费解、曲解、误解的广告,加大广告主和受众之间的信息不对称,使消费者不能正确解读广告信息。"漂绿广告"发布初期,消费者会被广告中的绿色诉求所吸引,购买所谓的绿色产品,然而,随着"漂绿广告"大量出现以及漂绿产品的不断曝光,消费者不再相信绿色广告诉求,结果是消费者无法甄别绿色广告和"漂绿广告",不再购买或减少购买绿色产品。长此以往,绿色企业无法保证经济利益,生产积极性受到打击,同时,更多的企业进行漂绿,影响整个绿色经济的发展。例如,在我国乳品行业中,尽管其他知名乳业并未曝出不合格问题,但乳业长期以来累积的食品安全隐患和虚假的绿色诉求广告宣传,使消费者产生极大的不信任感,已经严重影响整个行业。

企业的"漂绿广告"和漂绿行为导致消费市场的逆向选择。由于符合绿色产品要求的产品价格普遍高于一般产品,如果消费者觉得物有所值,他们一般会接受较高的绿色产品价格,一旦消费者发现用高价购买的绿色产品中还混杂着漂绿产品,而他们又没有能力和足够的知识辨别真伪时,消费者往往会选择低于绿色产品但又高于普通产品的商品价格,而这一价格,对于绿色产品来说过低,是企业成本无法承受的,真正的绿色产品会逐渐退出市场。同时,一些漂绿产品因价格较低,逐渐占领市场。为了宣传他们所谓的"绿色"产品,吸引更多的消费者,企业会进一步推出"漂绿广告"以获取更大的利润。在这种情况下,真正的绿色产品的成长空间越来越小,市场逐渐失去,严重破坏应有的公平竞争秩序,妨碍整个绿色产业和绿色经济的发展。

(三)产业层面的考察

产业经济学认为,产业是生产相同产品的企业的集合。1976年,国外学者弗思发现信息传染效应[①]。如果某事件的宣告引发非宣告公司的股票价格发生系统性的波动,就存在着信息传染效应。耶鲁大学教授丹尼尔·埃斯蒂和安德鲁·温斯顿在《从绿到金》一书中指出:"环保声誉往往加之于整个行业,那些大的化工企业对此最有体会。当1986年联合碳化合物公司在印度博帕尔的工厂发生爆炸时,整个化工行业都处于成败于一线的险境。"[②]在我国,最典型的例子就是由三鹿集团毒奶粉事件引发的中国乳业危机。由于添加过量三聚氰胺,三鹿牌幼儿配方奶粉食用导致婴幼儿泌尿系统结石。根据国家质检总局的专项调查,三聚氰胺是整个乳制品行业的毒瘤,因此三鹿事件迅速升级为公众对整个中国乳制品行业的信任危机。需要特别指出的是,在该事件发生之前,包括三鹿、伊利、蒙牛等乳业巨头在内,无不把自己塑造成履行环保社会责任的标兵,铺天盖地的广告至今还依然回荡在人们耳际。

比如伊利的广告:

---

① 刘春、孙亮:《法律保护、信息环境与信息传染效应:来自乳业危机的证据》,《南方经济》2012年第1期。
② [美]丹尼尔·埃斯蒂、安德鲁·温斯顿:《从绿到金》,张天鸽等译,中信出版社2009年版,第70页。

◎伊奶浓香,利国利民;好牛好草,奶源天成

◎新口味、新感觉、全新的服务,打造您健康的明天!喝伊利更健康!

比如蒙牛的广告:

◎请到我们草原来

◎来自大草原的牛奶

◎一杯牛奶强壮一个民族

◎每天一斤奶,强壮中国人

◎自然给你更多

◎自然好味道

◎绿色你的心情

(四)媒体层面的考察

媒体公信力是媒体赢得公众信任的力量,是媒体最重要的内在品质。媒体有良好的公信力,才能更有效地发挥其影响力,才能更好地服务于受众。"漂绿广告"是经由媒体进而被广大受众所接收并影响消费者的。"漂绿广告"盛行,至少在三个方面拷问媒体公信力进而伤及媒体公信力:第一,该审查不审查造成的公信力资源损失;第二,审查之责形同虚设造成的公信力资源损失;第三,对社会上广泛、严重的虚假绿色信息缺乏最基本的媒体监督造成的公信力资源损失。

(五)社会层面的考察

1. 妨碍社会经济发展,影响和谐社会构建

经济史学家戴维·M. 波特认为:"论社会影响,广告可以同由来已久的机构(如学校、教堂)相比,它统治了媒介,对大众标准的形成有巨大影响,它是很有限的几个起社会控制作用的机构中货真价实的一个。"这足以说明广告对整个经济社会发展的重要性。真正的绿色广告同样如此,它所产生的传播效果不仅能够推动国家经济发展和社会和谐进步,也会潜移默化地改变人们的价值观,树立节约资源、保护环境、尊重生态环境、人与自然和谐相处的价值理念。"漂绿广告"的效果恰恰相反,它不仅妨碍国家经济的良性发展,而且影响和谐社会的构建。

曼瑞等人的多元回归分析表明,环保广告的绿色程度和消费者对产品来源国的认知共同作用并影响消费者对产品的绿色评价,即:如果环保广告的绿色

程度恰当合理,消费者对产品来源国的认知评价较高,他们对产品的绿色评价就较高。消费者对产品的评价又与他们的购买意愿呈正相关关系(皮尔森相关系数为0.12,P<0.01),因此,环保广告绿色程度、消费者对产品来源国的认知与消费者购买意愿之间是互相影响、相辅相成的。一方面,广告的绿色程度和消费者对产品来源国的认知直接影响企业的销售;另一方面,广告的绿色程度也影响消费者对产品来源国认知的好坏。从国际贸易的角度看,如果消费者认为一个国家"漂绿广告"泛滥,对这个国家的正面评价就会减少,对该国绿色产品的购买意愿也会降低,势必妨碍国家出口贸易的发展。

2. 增加社会信息总成本[①]

"漂绿广告"传播不真实的商业信息,不仅直接损害消费者的利益,还增加社会信息总成本。在生态文明日益成为全球共识的当今世界,如果社会中不存在"漂绿广告"信息,就不用为辨认信息是否真实而付出成本,所有的广告信息都能被充分利用。对广大消费者而言,接受绿色诉求广告时,如果不能肯定该广告是真实的,绿色广告信息就会丧失被充分利用的机会,广大消费者的辨认成本增加;对绿色广告信息的提供者而言,"漂绿广告"的存在增大其对所提供的广告信息是真实的这一事实的证明责任,这也会增加广告主的广告传播成本。简言之,"漂绿广告"信息对社会信息成本的影响主要在两个方面:对绿色广告信息的提供者而言,因为"漂绿广告"减弱绿色广告的可信度,因而增加其证明所提供的信息是真实信息的支出;对绿色广告信息的使用者即广大消费者而言,因为"漂绿广告"和绿色广告并存,所以增加绿色广告的辨认成本。根据中国产业动态网统计,在三聚氰胺事件高达百亿的赔偿和损失中,企业占比不高,相当一部分由政府"埋单",这无疑增加了国家财政负担。"漂绿广告"通过虚假信息误导消费者获取暴利,干扰市场上真实的绿色信息传播,导致真正绿色产品的供求机制受阻,长此以往,势必影响绿色产品的社会再生产,制约国家经济的良性、健康发展。

(六)政府层面的考察

据人民网舆情监测室的监测显示,目前社会公信力下降导致的信任危机,

[①] 应飞虎:《信息、权利与交易安全——消费者保护研究》,北京大学出版社2008年版,第26页。

以政府、专家及媒体最为严重①。不相信政府,不相信专家,更不相信媒体,已构成当前社会上亟待翻越的"信任墙"。其危害是,不仅动摇社会公共管理部门的公信力和合法性,还致使人们的社会安全感丧失。人们不信任政府,原因有很多,就广告监管而言,是不作为,瞎作为,不有效作为,假把式,说多做少。

为了方便起见,我们从上述几个层面对"漂绿广告"危害进行了分析。实际上,这些层面的主体遭受的危害之间有密切联系。尽管各主体受到的危害不尽相同,程度不一,但至少声誉受损上有相同之处。原因在于,这些主体构成难以分割的声誉共同体。声誉共同体是由于共同事件导致各自声誉受到不同程度影响的群体组合②。当企业遭受"漂绿门",该企业,与事件相关者(如广告代理公司、广告刊播媒体、工商管理部门),声誉都受到不同程度的影响。声誉受损成本的大小,决定了声誉主体纠错的积极性:当声誉受损成本小于既定收益时,声誉受损者会继续原有行为,不纠错;当声誉受损成本大于既定收益时,声誉受损者愿意纠错,以挽回声誉。同样事件,对不同声誉主体来说,造成的声誉受损成本不一样。当"漂绿广告"被引爆并走进公众视线时,共同体成员的声誉受损成本同时产生,但各成员主体的声誉受损成本不一致,其纠错积极性也不同。如果广告主声誉受损成本很高,会立即纠错,此时声誉机制的效果显著;广告媒体声誉受损成本很低,其纠错的积极性很低;当全部成员主体声誉受损普遍比较严重时,不仅会自觉纠错还会采取集体行动。遗憾的是,多年的广告监管实践证明:不同声誉主体的受损情况具有极大的不对称性——广告主的声誉受损最直接,最沉重,也来得最快,广告代理公司常常隐匿身后,其声誉受损范围只是局限在广告业界,仅仅作为业界动态的谈资。在政府部门面临的监管任务和监管压力中,广告只是其中一小部分,而且其监管不力,社会早已习焉不察,见怪不怪。基于此,政府部门纠错的积极性通常不高。

影响声誉主体纠错积极性的成本因素:一是重复博弈次数。重复博弈的次数越多,声誉主体维持好名声的需求就越大。二是信息传递效率。信息高效率的传递会迅速唤起社会舆论和消费者对"漂绿广告"的关注,增加了声誉主体的受损成本。三是受害人惩罚对方的积极性。积极性低,做坏事者就不会认为自

---

① 参见《人民日报》2011年9月8日。
② 李焰、王琳:《媒体监督、声誉共同体与投资者保护》,《高等学校文科学术文摘》2014年第1期。

已有错,其受损成本为零。四是法律环境的完善。法律环境取决于立法和执法制度的完善程度。法律环境的完善提高了受害人惩罚对方的积极性。五是市场竞争程度。按照声誉理论,市场竞争越激烈,企业越注意维持自己的声誉。此外,声誉主体知名度越高,积累的声誉价值越高,其维护声誉的动力就越强。

所以,在讨论危害时,既要拆开分析又要整合分析,从而更全面更深刻地把握危害。

三、"漂绿广告"危害的个案分析

（一）美孚公司案例[①]

1. 美孚公司概况

美孚公司是世界第四大石油公司,在 20 多个国家从事石油勘探和生产,其石油产品销往 90 多个国家。美孚公司 61% 的产品是在美国境外生产的,其 66% 的收入同样来自于美国之外的国家或地区。美孚公司是"责任关怀制度"和《鹿特丹宪章》的签署企业,也是世界可持续发展工商理事会的成员。

2. 美孚公司的环保劣迹及造成的危害

《漂绿:公司环保主义背后的现实境况》一书把美孚公司定义为"一个研究石油污染的案例""一个生物降解性骗局""绿领诈欺"和"虚假的回收"。很显然,该书作者有足够的现实证据来支撑其观点。

（1）漏油事件频发。墨西哥湾是大西洋伸入北美大陆东南部的海湾。部分为陆地环绕。通过佛罗里达半岛和古巴岛之间的佛罗里达海峡与大西洋相连,经由尤卡坦半岛和古巴之间的尤卡坦海峡与加勒比海相通。墨西哥湾的浅大陆棚区蕴藏大量的石油和天然气。20 世纪 40 年代以来,这些矿藏已经被大量开发,占美国国内需求的很大一部分。近海油井的钻探主要集中在德克萨斯州和路易斯安那州沿岸以及墨西哥坎佩切湾的水域。

在那里,美孚和其他石油公司每天排出 150 万桶"有毒盐水",这种盐水被化学物质和重金属污染,可以聚集在海洋生物的组织中。石油公司钻探过程中产生数百万吨的泥浆及切割下来的岩石,足以扼杀海底生物,再加上源自钻机的空气污染、油轮运输和石油泄漏,所有这些都影响并破坏海洋及其沿海的生

[①] 本案例材料主要来源于英文版《漂绿:公司环保主义背后的现实境况》一书,作者为杰德·格瑞尔和肯尼·布鲁诺。初稿由我指导的研究生帅雨昕编译,中国地质大学（武汉）外国语学院王伟副教授负责审定,最后由本人润色定稿。在此,特向两位合作者致谢。

态系统。例如，在路易斯安那州的沿海平原和障壁岛，那里的湿地以每年 50 平方英里的速度消失。

除了墨西哥湾漏油事件，在过去 20 年里，有 7 家跨国公司垄断尼日利亚的石油开发权。美孚公司所占份额仅次于壳牌石油公司。自 1970 年以来，美孚公司已经生产超过 15 亿桶的石油。尼日利亚联邦环境保护局主任埃文斯·艾娜认为，石油产业已经造成该国土地和海洋生态系统的大规模恶化。其石油污染的主要原因有：钻井泥浆处置不当，航运和地面交通事故，清洗油箱及石油泄渣，油库泄漏或石油管道破裂。总之，1976—1990 年，尼日利亚的石油产业导致约 210 万桶石油，至少 2 796 次的泄漏。

像所有大型石油公司一样，在加利福尼亚和纽约，美孚公司的重大污染事件同样被记录在案。美国环境保护署已将该公司指定为治理 179 个"超级基金"地块潜在的责任主体。自 20 世纪 80 年代初，美孚公司已经在"超级基金"或同等的州立法案上花费 1 300 万美元。加州是美孚公司在美国的最大石油储存地，该公司在此地的漏油记录也最为严重。1988 年，美孚公司在洛杉矶的管道破裂，溢出 13 万加仑的石油，污染了洛杉矶河，导致大量鱼类和鸟类死亡。据洛杉矶运输部门统计，这是该公司自 1973 年以来的第 6 次管道破裂。在洛杉矶市控告其疏于维护的压力下，1990 年美孚公司更换了 75 英里长的泄漏管道。

(2)造成多起人身及财产安全事故。美孚公司在洛杉矶附近托兰斯的炼油厂，已经多次发生事故、泄漏和安全违规行为。从 1987 到 1989 年，四次大爆炸和几起火灾导致 2 名工人死亡，15 人受伤。托兰斯市议会命令对其进行独立调查，调查结果认为，该炼油厂严重的疏忽大意以及不遵守安全准则是造成事故的主要原因。1988—1989 年，美孚因 105 次安全违规行为，向职业安全与健康管理局支付巨额罚款。

出于对石油公司违规操作设施的担忧，托兰斯市于 1989 年起诉美孚公司，建议市政监管机构监管炼油厂。让该市政府部门尤其担心的是，美孚公司毫无控制地释放有毒的氢氟酸，可能导致"像发生在博帕尔一样的灾难"。美孚公司在应对诉讼时表示，他们会雇佣安全顾问，如果不能控制氢氟酸的释放，将停止使用该原料。同年 8 月美孚公司受到指控，该公司上交了 5.8 万美元的罚款，支付 300 万美元用于清理托兰斯地下油罐和管道泄漏的 240 万加仑汽油，这些气体中含有高浓度的致癌化学物质——苯等。同年秋天,针对托兰斯炼油厂造成该地区空气污染的严重违规行为,南海岸空气质量管理层对其进行投诉并禁止美孚公司监测自己的空气排放——在加州南部所有其他的主要石油公司也享有自我监测的特权。1990 年,加州卫生署对美孚公司在托兰斯炼油厂释放危险废料的违规行为罚款 6.6 万美元。1989 年,卫生署对美孚公司罚款 12.5 万美元,并责令其支付 22.5 万美元对工厂造成的类似污染进行清理。

美孚公司在纽约绿点区的管道终端造成的污染,并不亚于在托兰斯的污染,虽然美孚公司不承认其负全部责任。1990 年,该公司同意纽约环境保护署的要求,清理泄漏的石油,该石油泄漏是美国历史上管道终端上最严重的漏油事件。在过去 40 年中,该管道终端泄漏了多达 17 万加仑的石油,影响范围波及约 52 英亩,导致纽约排水系统停止运作并对地下水造成威胁。据纽约州官员估算,清理工作将花费美孚公司数千万美元。美孚公司在绿点区也造成危害。1988 年,6 万加仑汽油从管道终端泄漏之后,美孚公司支付了 60 万美元将管道移到地面,新建了储罐和监测井。1990 年,5 万加仑煤油从管道终端泄漏,然而美孚公司并未通报此次事件,纽约环境保护署因此对该公司处以 50 万美元的最高处罚。1988 年,美孚公司同意在纽约州杰克逊维尔买下 8 处已被泄漏的地下汽油罐污染的房屋,而在这之前,房主们一直暴露在苯这样的致癌物质中。1990 年,美孚公司在纽约州西塞尼卡的管道破裂,泄漏 2 万加仑汽油,300 多个家庭不得不暂时撤离。

(3)影响相关产业和社会就业。除了生态危害,石油开发也导致经济秩序混乱。美孚公司在墨西哥湾的生产已经危害到当地旅游业,当地渔民也因环境污染而失去大量鱼群和渔场。此外,海湾及其他地区的石油生产都具有周期性的繁荣与萧条这一特点,因此不能保证就业的稳定性。一个海湾工人在繁荣时期过后说道:"一开始当然可以赚到很多钱,但是,一旦石油价格下降,资金流动断裂,石油公司就会搬走……突然,这里就没有工作了,剩下的只是污染。"例如,尼日利亚的漏油事件已经严重影响其他经济部门的活动。在石油生产区域的社区早就呼吁石油公司对其造成的危害进行赔偿,社区居民的愤怒引发了一些反对建设石油产业设施的暴力行为。一些尼日利亚人警告说,虽然石油收入占国家外汇交易的 80%,但严重制约了可持续发展。尼日利亚 1984-1992 年的经济指标支持了这一观点。该国同期外债增加了一倍,而其人均收入下降,目前是世界第 20 个最贫穷的国家。

(4)惩治检举者。1990 年,新泽西州联邦陪审团裁定赔偿前美孚公司环保事务经理瓦尔卡·鲍曼 137.5 万美元。鲍曼曾声称,美孚公司强迫他修改环保审计报告,并一度命令他删除能够证明托兰斯炼油厂造成空气污染的文件。在他拒绝之后,美孚公司以鲍曼在某一年的公司盈利记录中对成本控制数据作假为由解雇了他。第二个前雇员是麦隆·梅尔曼,1990 年他以非法解雇为由对美孚公司提起诉讼。梅尔曼曾经是毒理学研究的负责人,也是该公司环境健康及环境科学实验室的主任,他控告美孚公司于 1989 年因其呼吁该公司应重视石油中高含量苯所带来的危害而被解雇。梅尔曼还声称,该公司不论是在美孚内部还是面向外部机构都错误地报告其毒性测试结果。虽然美孚公司否认这些指控,但是梅尔曼在 1994 年赢得诉讼,获得美孚公司 350 万美元的赔偿。

(5)环保殖民。美孚公司通过广告塑造"塑料神话",声称"'消费后的'塑料回收……已成为该公司最重要的环保议程之一",然而,作为广告受众的塑料品消费者,使用美孚塑料品的感觉并没有想象的那么美好。绿色和平组织调查发现,美孚的塑料袋已经输出到印尼并在当地回收。根据印尼回收工厂经理的估算,在输出到这家工厂的所有塑料中,从美国和欧洲"回收"过来的高达 40%,然而这些塑料只经过简单的堆放处理。

3. 美孚公司的"漂绿广告"行径

主要表现在三个方面:(1)避重就轻地诉求环保信息。为了发布"环保信息",美孚公司每年仅在美国各大报纸社论版投放广告的花费就达数十万美元。这些广告通常对美孚公司的破坏性影响轻描淡写,时而倡导在北极的国家野生动物保护区等原生态系统中进行石油勘探,时而吹捧塑料和泡沫聚苯乙烯的环保优势。该公司还抱怨对开发及依赖化石燃料的法律限制。1992 年 8 月的《纽约时报》认为,这些广告像美国夏天记忆中描写闲适游荡的田园诗,误导人远离美孚的主要业务领域。(2)假借环保公益。美孚公司津津乐道于自己的环保补助计划,常常吹嘘自己捐助有关全球变暖项目。美孚似乎忽略石油产业对全球变暖的巨大影响,忽略石油勘测与开发的不可持续性。美孚用华而不实的公司宣传手册告诉人们,他们致力于保护野生动物栖息地,教育开展塑料回收,奖励环保行为。他们还以讲故事的方式,和消费者进行互动。例如,美孚公司在日本的员工通过收集铝罐,与当地少年棒球联盟建立联系。这类故事与美孚公司无关,但也被纳入该公司绿色宣传的范围。美孚公司的"漂绿"行为如此普遍,涉及诸多问题。(3)"绿领诈欺"。1988年,美孚为其赫夫蒂垃圾袋做广告,宣称这种垃圾袋用塑料树脂聚乙烯做成,可以进行生物降解,但该公司始终无法对其进行科学验证。1989年,美孚公司的发言人也承认:

> 可降解塑料袋并不能解决垃圾填埋场堆积如山的问题……降解只是一种营销手段……我们之所以夸大其词,是因为我们想卖塑料袋。我认为普通消费者并不了解降解的含义。他们不关心这是否能够真正解决固体废物的问题,而是让他们在购买时感觉良好。

1990年,美国有七个州对美孚公然玩世不恭的营销骗局提起诉讼,将该公司的骗局称为"绿领诈欺"。纽约州首席检察官罗伯特·艾布拉姆斯对当时的观点进行总结:

> 让可降解塑料快速消失或者任何改善垃圾填埋场环境的方式都是一个神话,美孚公司很清楚这一点。但是这并不能阻止美孚公司试图误导消费者购买那些根本就不利于环保的产品……美孚公司对这种垃圾袋的宣传应该扔进充满花言巧语的"垃圾填埋场"中。

截至1991年,美孚已与这七个州进行和解,支付总额为16.5万美元,同意从赫夫蒂塑料袋上去掉"降解"字样。1992年7月,美孚与美国联邦贸易委员会达成协议,停止对赫夫蒂塑料袋进行未经证实的广告诉求。达成和解协议一天后,联邦贸易委员会公布可回收和可降解的国家指南。就构成误导性广告的标准而言,这是美国政府颁布的现有指南中最具体的一项。

美孚公司1991年年报的一张照片显示,在公司生产大本营墨西哥湾湛蓝的海水下,尽情畅游的鱼群后面潜藏着海上石油钻井平台的支柱,美孚公司宣称钻井平台"可以吸引海洋生物并为它们提供庇护",从而阐述公司的"卓越环保计划"。但是,该公司不提提及石油钻探对水生生物物种造成的威胁。

(二)苹果公司的案例①

1. 苹果公司概况

苹果公司是一家总部设在美国加州库伯蒂诺市的移动新媒体公司,其核心业务为软件开发与产品设计,产品硬件生产全部外包给美国以外的发展中国家,苹果没有一间自己的工厂。

2. 苹果公司在华的环境殖民

其环境殖民主要表现在三个方面:一是把环境成本转嫁给当地生态物。其基本做法是:首先,从境内众多第二方合作的生产商中抽走主要利润,把废弃处理成本转嫁或留给当地生态。以苹果 iPhone 手机为例,其毛利率为行业平均利润的 2 倍以上,利润中只有 20%~30%属于合作伙伴与制造商,苹果赚取的利润占全部利润的 60%~70%。在中国,iPhone 与 iPad 有近百家硬件代加工企业,其利润率与苹果无法相比,富士康是其代工企业之一,其所提供的 iPad 外壳仅占成本的 9%,组装费占 iPhone 成本的 3.5%。富士康毛利率仅为 2.8%,与苹果 40%的毛利率无法相比。苹果公司从海外代工厂抽走绝大部分利润,同时以资本为链条,把生产环节的污染留给中国等发展中国家。其次,通过当地生产商把生态损害转嫁给生物。据《南方周末》报道,2011 年调查数据显示,苹果公司在华的第二方合作企业健鼎(无锡)深圳富泰宏精密工业有限公司、常熟金像电子有限公司、华通电脑(惠州)有限公司、鸿富锦精密工业(深圳)有限公司等 27 家供应商有环境污染问题。这些环境污染多直接排放至厂区周围,导致当地生态环境恶化。除了废气、废水、噪音之外,还有数量巨大的危险工业废弃物排放。仅东莞生益电子一家公司,2009 年共搁置危险废弃物 7 832 吨,构成严重的环境公害。最后,通过与第三方合作的方式,使污染结构盘根错节。苹果公司开拓了独特的商业模式,通过与第三方合作,把软件开发、内容生产、硬件制造与销售融为一体,从而获得利润最大化。公共环境研究中心对全国范围内苹果供应链与合作方的长期调研发现,大量含有金属和氰化物的废水、废酸、废电镀液以及含有重金属的污泥等危险废弃物排入当地生态系统,形成难以估计的环境损害。

二是把环境损害转移至劳动力健康。首先,降低在环境防护设施上的投

---

① 此案例参考了王积龙发表在《中国地质大学学报》(社会科学版)2012 年第 1 期上的《苹果公司在中国的环境殖民:表现、成因及其应对》一文,特致谢。

入。据苹果公司出版的《2010社会责任进展报告》,其抽查的122家外包公司里,有70家环境行政控制不符合苹果的内部规定,有49家工人未佩戴适当的防护装备;有24家无环境风险的人体评估设施;有44家没有完整的环境影响评估设施;11家没有空气污染物排放证,另外4家无许可条件;55家无安全设施专门负责人;41家无必要的劳动与人权培训;30家无健康与安全措施培训。其次,把环境伤害转移至劳动力。作为生物体的人,若内部功能受到损害,其修复过程需要成本。据苹果公司自己出版的《2011社会责任进展报告》披露,苏州一家工厂有137名工人因暴露于正乙烷环境而使健康受到损害。修复这些劳动力需要大量的成本,中毒人员被迫选择离职,仅以8万~9万元低价买断劳动力价值。

三是把环境损害转向风险未来。首先表现在风险的非经济要素上。从目前的情况看,无论苹果在华供应商对人体健康伤害,还是对水、大气、河流等生态物的污染,基本上只诉诸经济价值,生态价值往往被忽略。仅以经济价值来考量环境殖民主义是非常危险的。其次,环境殖民损害制造出的风险把过去、现在与未来联系起来。各种损害随时会在未来的某个时刻发生。最后,去除环境风险的损害需要后代人支付巨大的修复成本。

3. 苹果公司的"漂绿广告"行为分析

苹果公司是"荣登"《南方周末》2011年"漂绿"榜单的知名企业。"荣登"理由是,其对在华的数十家供应商的污染行为熟视无睹,违背其在全球供应链中承担最高标准社会责任的承诺。漂绿的目标是获取利润,本质是虚假宣传,难点是属性的确认。显然,苹果公司深谙此道,正是利用了这些特点,苹果从广告宣传中积累了不少社会声誉。其基本做法是:在公司官网上发布有关的环保问题的问答;每周都能见到其产品环境表现的报告;每月都能查阅其不断出新的"苹果再利用项目";每年都会出版一份"社会责任进展报告",罗列其监督供应商所做的各类环保措施以及改善工作条件等内容。此外,苹果公司还在主页上设置"环境"宣传栏,公布其环保措施与废物排放,比如2010年的数据是:该公司仅排放出148万吨温室气体,其中生产排放占46%;运输排放占6%;产品使用占45%;回收占1%;装置占2%。苹果认为其产品可循环率从2005年的6.1%上升到2010年的70%,因此得出的结论是"苹果笔记本电脑是全球最环保的笔记本电脑"。

第五章 "漂绿广告"监管的理论分析

政府监管理论总是在不断的监管实践中丰富和完善的,近年来,我国政府监管理论和政策研究取得重要进展,但一些实践问题尚需要理论作解释。"漂绿广告"是新的广告传播形式,对其监管需要理论指导,才能寻求实现有效监管的合理路径。本章先简短梳理监管理论的演进与发展,在此基础上,讨论"漂绿广告"监管的必要性,然后界定"漂绿广告"有效监管的内涵、考察维度及基本原则。

一、监管理论的简短梳理

(一)监管的一般理论

监管从何而来[①],监管的目标是什么,不同利益主体在监管过程中是如何互动的,等等,这些是监管的一般理论需要回答的问题。

检视相关文献发现,不同学科对监管都表现出一定程度的关注,既有共通之处又有侧重,"相对而言,经济学家更关注监管与市场的关系及效率比较,法学家则喜欢探讨监管政策的正当性和合法性,政治学家则对监管政策的议程设

---

① 监管一词来源于regulation,但这个词有多种中文表述,有的采用"规制",有的采用"管制"。这种现象的出现主要还不因语义上有本质差异,我们认为:(1)"管制"的语气最强,让人联想起统治、命令,比如交通管制、空中管制、军事管制;(2)"监管"的语气次之,从字面上理解,就是监督和管理,是自上而下的管理行为,实施主体多半是政府;(3)"规制",从字面意义上讲,是"有规定的管理,或有法规条例的制约",强调政府通过实施法律和规章来约束和规范行为,其语气比较中性,多出现在学术文献中,比如作为经济学分支的规制经济学。在我国,"监管"一词广泛用于广告、食品、药品等行业并已约定俗成,其深层原因在于"强政府,弱社会"的中国国情。需要说明的是,"治理"一词使用频率也很高,该词与监管的区别在于强调"协同性""整合性",而不仅仅限于自上而下。我们使用"监管"一词并重点讨论监管有效性问题,自然包含"协同""整合"等治理的意涵。由于使用语境及使用者习惯的不同,这三个词都出现在不同的文献中,我们引用时本着尊重原文的原则。

定以及政治利益交换过程更感兴趣"①。中国社会科学院的余晖研究员指出,推动政府监管制度的建立和改革,必须整合国内经济学、法学(尤其是行政法学)、政治学和公共行政管理等学科的学者,开展跨学科的研究②。本书基于这一理解,梳理相关学科对监管及其必要性的解释。

1. 公共利益理论

这一理论最早可以追溯到法国经济学家魁奈和英国经济学家亚当·斯密。经济学家认为,市场经济有三大缺陷——市场垄断、外部性和信息不对称,政府监管则能够有效地通过纠正市场失灵,维护社会公共利益。

实际上,经济学家提出政府干预经济的主张,从相信市场到相信政府,这是因为他们有三个重要假定:一是政府监管是为公共利益服务的;二是政府拥有完全信息;三是政府具有完全的信誉或公信力。在这样的规范经济学框架下,政府被视为单一的实体和"黑箱"。不仅拥有足够的政策工具,还有完备的许诺能力与清晰的目标函数,可以矫正市场失灵。事实上,政府在立法、行政管理以及制定各种政策手段过程中存在有限理性、不完全信息及不完备合约的情况,民选政府为利益集团谋利的动机也十分普遍。"政府机构本身也不是没有自身利益的超利益组织,而是将政府官员的利益内在化后作为政府利益来代表公共利益。由于政府在社会生活和经济生活中所处的特殊地位,使其在制定与实施政策时,往往会借公共利益之名行政府机构私利之实,这样必然会导致政府失灵。"③在"政府失灵"的背景下,监管有效性正式成为理论问题并走进人们的研究视野。需要强调的是,监管有效性的提出,并不是对政府干预的否定,其关注的重点不是政府该不该监管,而是如何监管才能达到监管目标,讨论的焦点转而集中于监管的范围、方式、有效性以及成本控制。

2. 利益集团理论

从19世纪末到20世纪中叶,公共利益理论一直主导着监管领域的研究。到了70年代,以美国芝加哥经济学派为代表的学者开始质疑公共利益理论的基本假设。他们认为,作为监管对象的企业对于政府监管有着强大的影响力,而作为监管者的政府本身也有自利动机。政府存在利益动机,就有被利益集团

---

① 刘鹏:《转型中的监管型国家建设》,中国社会科学出版社2011版,第25页。
② 刘亚平:《走向监管国家:以食品安全为例》,中央编译出版社2011年版,第12页。
③ 高炳华:《政府失灵及其防范》,《华中师范大学学报》(人文社会科学版)2001年第1期。

所控制或俘获的可能性。这种利益集团理论也被称为"监管的俘获理论",该理论打破"监管者无私论"的幼稚假设,较好地解释监管失灵现象,但也并非无懈可击。

3. 监管政治理论

该理论认为,政府监管既不单纯服务于纯粹的公共利益,也不会完全被利益集团所俘获,而应在公共利益、利益集团以及自身利益之间寻求策略性的平衡。但是,明确和清晰地界定和分析监管政治过程中的策略性平衡,是监管政治理论提高解释力和预测力的重要方面。

(二)监管的特征分析

1. 监管主体的公共性

政府监管是特殊的公共产品。监管主体的公共性,指监管政策的制定和实践由政府公共部门进行。政府公共部门的显著特征是对全体社会成员的普遍性和强制力,拥有超经济强制权力和行政权力。[1][2]

2. 监管现象的普遍性

监管是现代社会的普遍现象。如果我们引用美国俄克拉荷马州州长弗兰克·基廷在给《监管的艺术》一书所作的序中的几段话,相信会比任何理论阐述都能更有效地揭示监管的这一特征。

> 监管在现代社会到底有多普遍呢?你停在自己车库的汽车上贴有州政府的许可标签,也可能贴着地方政府发放的安检标志和排放许可标识,引擎罩底下还安装着联邦监管机构规定的各种节油和反污染装置。你的电视机和收音机接收的信号受联邦通信委员会的监管。梅布尔阿姨来做客时乘坐的航班要受联邦航空局监管。你的渔具箱里有州政府的渔业许可证。你支付受政府监管的电价。你用来烹茶的煤气要受监管,你放在浴室橱柜上的药品也是如此。外科医生装在你心脏里的起搏器和你厨房的肉、牛奶和面包一样,都经历了食品和药品管理局的检验和批准。你在送约翰尼和苏茜进入公立学校上学之前,必须证明他们接种过天花疫苗。这些学校所用的教科书也是由州监管委员会选择的。在送他们回家的校车

---

[1] 马云泽:《规制经济学》,经济管理出版社2008年版,第12页。
[2] 刘鹏:《转型中的监管型国家建设》,中国社会科学出版社2011年版,第28页。

上贴有监管人员要求张贴的海报和警告标志。校车司机需要持有特殊的驾驶执照,并且必须参加特殊的培训班。十字路口的交通警卫也不例外。约翰尼的玩具要经过严格的安全检验,他睡觉的床垫也是如此。

你在哄约翰尼睡觉时,梅布尔阿姨回家所乘坐的受监管的飞机在受监管的空域,沿着规定的航线从你的受到监管的房屋上方飞过,飞机上所有的物品都受到严格的监管。在这些物品中有一本厚厚的贴着"税收"标签的文件,而正是税收在为所有的监管活动买单。将大量的金钱花费在庞大的政府监管机构上是否物有所值,美国人对这一点的疑问正在日益加深。他们担心监管机构是否将注意力集中在正确的事情上,是否成功地保护了消费者利益、降低了他们的风险。有时他们会提出诸如"减少监管"或"微笑监管"一类的改革方案,但是这些措施对于复杂的现代社会来讲,都显得过于简单,难以满足现实要求①。

监管是普遍存在的社会现实,美国如此,中国也大抵如是。尽管中国目前的监管没有美国等市场经济国家那样普遍,但中国在电信、电力、铁路和民航运输、邮政、市政公用事业、金融保险、环境保护、食品药品安全、工作场所安全等社会经济的许多方面已经纳入或即将纳入政府监管。随着中国市场经济体制的不断完善、政府职能的转变,中国许多领域的监管将会加强,监管将更有普遍性。

3. 监管行为的合理性

监管普遍性背后必然存在着多方面的合理性。罗伯特·鲍德温和马丁·凯夫系统地总结了实行管制的 12 个方面的基本理由,具体见表 5-1②。

4. 监管政策的动态性

监管是市场失灵的矫正,其内容不仅随着垄断与竞争边界的变化而动态地进行调整,而且与一定时期的国家经济政策导向紧密联系。作为公共选择的结果,监管会随着经济形势变化、消费观念嬗变、技术进步和产业结构状况而动态调整。

---

① [美]马尔科姆著·K. 斯帕罗:《监管的艺术》,周道许译,中国金融出版社 2006 年版,序一。
② 王俊豪:《管制经济学原理》,高等教育出版社 2007 年版,第 5 页。需要说明的是,为了尊重原文,在这里,使用了"管制"一词。

表 5-1 管制的基本理由、主要目标和举例

基本理由	主要目标	举例
垄断和自然垄断	抑制垄断企业提高价格和减少产量；维护规模经济；识别垄断领域	公用事业
意外收益	将企业的意外收益让渡给消费者或纳税人	与收益相比，企业的成本异常低廉
外部性	促使企业或消费者来承担生产的完全成本，而不是将成本转嫁给第三方或社会	由工厂造成的江河污染
信息不充分	让消费者了解市场运行的情况	药品、食品和饮料标签
服务的连续性和可获得性	确保基本服务达到社会期望或最低保障水平	偏远地区的运输服务
反竞争行为与掠夺性定价	防止反竞争行为	运输业中的低于成本定价
公共产品和道德风险	在利益共享中发生搭便车现象时确保成本公平分担	国防和安全事务；健康服务
不平等的议价能力	在市场失灵领域保护弱势群体的权益	工作中的健康与安全
稀缺资源与分配	对稀缺资源的公平分配	石油短缺
分配公平与社会政策	基于公共利益而分配；防止不良行为及后果	对受害人的保护
合理化与协调	在交易成本阻碍从市场获得网络收益或规模效应时保证高效率生产；实行标准化	农业和渔业中的分散性生产
发展规划	保护后代人的利益；鼓励利他行为	环境保护

5. 监管范围的微观性

尽管监管会对产业组织产生影响，而且具有对整个资源配置和利益分配进行调节的功能，但其直接对象是企业的微观经营行为。

6. 监管效用的多元性

监管对不同利益主体会产生不同的影响，对一方有利的监管可能会使另一方蒙受损失，给消费者带来正效用的多半会增加企业的生产成本。而且，监管的效用还不仅仅限于经济利益，还包括非经济的因素，比如政府权力巩固、权威和公信力增大。

二、"漂绿广告"监管必要性的理论分析

讨论"漂绿广告"监管的必要性,首先要讨论广告监管的必要性。这似乎是不言自明的问题,但是,我们接触到的有关广告监管的期刊论文、教材与专著中几乎都略过这一主题,涉及甚少。这一现状令我们感到惊讶。

(一)广告监管是广告产业健康有序发展的保障

1. 广告无可替代的地位和作用,是对其进行监管的重要前提

广告的地位和作用源于广告的功能;广告的功能以及广告产业的重要地位,决定了实施广告监管不仅重要而且必须。笔者曾在《广告产业组织优化研究》一书中将广告产业的地位和作用概括为五个方面:

(1)广告产业是推进市场经济的重要力量。作为产业,广告是在工业革命中发展起来的。按照经济学的专业化与分工理论,广告是市场拓展与专业化分工的产物,是市场参与者寻求更有效率的销售方式,减少信息成本的社会化机制。广告产业对促进市场经济的作用在于:一是提高市场运行效率。"广告宣布一个产品的存在,标明它的价格,告诉消费者购买的详细地址,并且描述产品的质量,它减少了消费者的找寻成本,并帮助他们选择品牌。"[1]二是推动GDP增长。有学者研究得出,广告经营额增长与社会商品零售总额增长之间表现出强正相关,皮尔逊简单相关指数为0.811,广告经营额增长与GDP增长的相关性是0.753[2]。三是提供就业岗位。目前,我国有广告从业人员逾百万,是全球最庞大的广告从业大军,成为我国文化创意产业发展的重要力量。

(2)广告产业是扩大市场内需的开路先锋。诺贝尔经济学奖得主、美国经济学家斯蒂格勒茨曾指出:"广告的作用在于移动需求曲线。"[3] P&G公司已故的负责广告事务的原副总裁罗伯特·戈尔斯坦曾说:"我们发现效率最高、影响最大的推销办法就是广泛地做广告。"[4]受全球经济复苏缓慢,特别是中美贸易摩擦的影响,我国近年来出口受阻,扩大内需在一定程度上对经济发展起决定性作用。扩大内需的办法有很多。在把拉动经济增长的着眼点从传统的投资和出口领域转移到本土消费市场和服务业领域的过程中,广告具有无可替代的

---

[1] [法]泰勒尔:《产业组织研究》,金碚等译,中国人民大学出版社1997年版,第378页。
[2] 宋建武:《中国媒介经济的发展规律与趋势》,中国人民大学出版社2005年版,第40页。
[3] [美]斯蒂格勒茨:《经济学》,姚开建译,中国人民大学出版社1997年版,第432页。
[4] 严学军、汪涛:《广告策划与管理》,高等教育出版社2002年版,第4页。

作用。

(3)广告产业是构建和谐社会的重要领域,其作用表现在五个方面。一是创意策划以和谐社会为主题的形象广告(比如2003年伊拉克战争爆发前夕,统一润滑油在央视的电视广告"多一些润滑,少一些摩擦")。二是推进社会民主。2005年5月,深圳市民李红光刊登广告,公布个人联系方式,寻找刚换届当选的市人大代表和政协委员,把从群众中搜集到的12个建议交给他们,请他们作为提案提交,表达了公众参与城市公共事务的愿望。三是诚信是和谐社会的特征,诚信同样是广告的基础,诚信广告本身就是和谐社会的组成部分。四是创作公益广告。比如汶川地震期间的抗震救灾广告等。五是广告的创造性体现和谐社会的活力。比如,李宁体育用品广告"一切皆有可能"等。

(4)广告产业是传播先进文化的重要阵地。武汉大学张金海教授在《2005年IAI中国广告作品年鉴·序言》中写道,广告"不断地影响着我们的生活,影响着我们的价值取向,引导我们在生活中不断地追逐美、创造美、感受美"[①]。广告潜移默化地影响人们的生活习惯、文化心态、知识结构乃至世界观,甚至成为时尚文化,已是不争的事实。广告学者张殿元指出:"如果说商品生产者创造了物质外壳,那么广告则赋予了它以意义,使商品变得丰满、鲜活,满足了人们对消费意义的需要。"[②]在我国社会主义先进文化的建设中,广告也充当了社会文化的形象代言人角色。广告行业的文化水准和对待文化的态度是衡量社会文化标准的重要参数,广告行业有义务成为社会风尚和文化基调的倡导者和引领者,成为社会核心价值的传播者。

(5)广告产业是建设创新型国家的重要支撑。广告是文化创意产业中的重要组成部分。中国人民大学金元浦教授认为,选择发展文化创意产业,就是选择了一条经济文化化、文化经济化、科技文化化、文化科技化的高端发展路线,保证国家或城市具有强大的竞争力和可持续发展的动力。广告界有句名言:做广告不一定能造就名牌,但是不做广告肯定不能造就名牌。实践证明,广告在培养和形成一批拥有自主知识产权的知名品牌方面发挥着无可替代的重要作用。

---

① 张勤耘:《转型期的报业广告经营》,湖北人民出版社2006年版,第22页。
② 张殿元:《广告视觉文化批判》,复旦大学出版社2007年版,第19页。

2. 广告行业无序发展对经济社会的破坏性巨大

美国广告学者威廉·阿伦斯在他那本经典广告教材《当代广告学》中曾经说："由于广告经常抛头露面，因而它常常受到批评。"[①]其实，广告遭到诟病的根本原因不是经常抛头露面，而是存在着大量的不正当与欺骗行为。美国联邦法院列出了八种常见的违法行为[②]：

虚假承诺：提出无法保证的广告承诺，如"恢复青春"或"防癌"。当李斯特林宣称可以预防或减轻感冒和咽痛时，联邦贸易委员会查禁了这次广告活动并责令其发布价值数百万美元的更正广告。

片面描述：对产品的部分而非全部内容加以说明，例如宣传一种"实心橡木"桌子，却不提只有桌面才是实心橡木，其余部分为松木。

虚假和误导性比较：以或明或暗的形式进行虚假比较。例如："像泰诺一样，爱得胃不会让我反胃。"这是在暗示爱得胃（Advil）在避免胃肠道反应上与泰诺相同，而实际上，泰诺的效果更好。在有的人听来，爱得胃的承诺还可能给人以泰诺有胃肠道反应的印象，这也是虚假的。

诱售广告：以异乎寻常的低价宣传某一物品，将人们吸引到店内，然后又向他们宣称被广告的产品已经卖完或质量不高，让他们"转而"购买价格较高的物品。

形象歪曲和虚假表现：运用摄影技巧或电脑技术突出产品的外观，例如，"巨型牛排"特餐的一条电视广告用一只很小的盘子反衬牛排，使牛排显得非常大。有一个典型个案，通用汽车公司及其车窗玻璃供应商莉比·欧文斯·福特用欺骗的手段展示自己的车窗玻璃如何干净。他们拍通用汽车的车窗时，将车窗摇下，而拍别人车窗时却将车窗摇上，还在上面涂了凡士林。

虚假证明：暗示产品被名人或权威机构认可，而实际上他们并不是这种产品的真正用户。或者暗示这些推荐人具备某种专门知识，而实际上并

---

① [美]威廉·阿伦斯：《当代广告学》（上册），丁俊杰等译，人民邮电出版社2006年版，第61页。

② [美]威廉·阿伦斯：《当代广告学》（上册），丁俊杰等译，人民邮电出版社2006年版，第64页。

非如此。

部分公开:说明广告产品的某些事实而省略其他重要信息。卡夫(Craft)的一则广告曾宣称"卡夫辛格加工的奶酪片由5盎司牛奶制成,所以辛格含钙量更高",而绝口不提在其加工过程中已损失两盎司牛奶。

小字修正:用大字体进行说明,例如友利(Beneficial)的"现时税金返还",只在广告的另外一个地方用一种模糊的、小小的、无法阅读的字体进行修正或说明:"如果你符合我们的某一种贷款条件。"依照联邦贸易委员会的规定,如果读者没有看到修正部分,这一部分等于没有。

在我国,广告一直是遭受诟病的社会经济现象。前国务院副总理吴仪在2005年国务院的一次会议上把广播电视媒介中的虚假广告称为"社会公害",要求管理部门要像打击"毒鼠强"一样,打击欺诈性的虚假商业广告。据中国传媒大学丁俊杰教授等统计[①],《人民日报》1979—2007年期刊登的对广告有直接或间接评价的556篇文章中,对广告持批评否定或其他负面态度的文章竟多达349篇,占总数的63%;含有"虚假"一词的文章则多达230篇,"虚假"几乎成为广告的代名词。

(二)广告监管助力生态文明建设

改革开放初期,我国确立了以经济建设为中心的发展目标。随着经济的快速增长,能源、资源、生态、环境的问题逐步显现。我国对生态文明建设的认识逐步深化,建设步伐也逐步加快。具体表现在以下五个方面[②]:(1)建立生态文明建设法规和政策体系。从1994年发布《中国21世纪议程》到2007年十七大报告将"建设生态文明"写入党的报告,党和政府对环境问题的认识逐步上升到生态文明建设的高度,并将其作为党的纲领和国家战略。目前,我国已经初步建立起促进资源节约型、环境友好型社会建设和保障可持续发展的法律法规与政策体系,使生态文明建设能够落实到具体的实践行动。(2)深入开展节能减排工作。国务院成立节能减排工作领导小组,采取了强加目标责任、调整产业结构、实施重点工程、推动技术进步、强化政策激励、加强监督管理、开展全民行

---

① 丁俊杰、黄河:《为广告重新正名》,《国际新闻界》2007年第9期。
② 陈洪波、潘家华:《我国生态文明建设理论与实践进展》,《中国地质大学学报》(社会科学版)2012年第5期。

动等一系列强有力的政策措施。在十二五规划中,除了万元GDP能耗、二氧化碳额化学需氧量以外,还将氨氮和氮氧化合物列入约束性指标。(3)大力发展循环经济。发展循环经济已成为我国走新型工业化道路,促进结构优化,转变经济发展方式的有效途径。(4)稳步推进生态保护。(5)积极应对气候变化。

但生态文明建设仍然面临许多不足,该文概括为"五重五轻":一是重城市,轻农村;二是重工业,轻农业;三是重生产,轻消费;四是重政府,轻民众;五是重教化,轻践履。事实上,无论从哪个角度考量,生态文明建设最后落脚点必然是消费者观念和行为的双重绿化,否则,生态文明建设将无从谈起。

广告在经济社会发展中发挥重要作用。在生态文明建设背景下,广告作为引导人们消费观念和行为的重要变量,理当受到特别的重视。"漂绿广告"因其虚假和误导,在传播绿色环保信息方面失去合法性和正当性,是生态文明建设的负能量因素,对其进行监管不仅正当而且急迫。

(三)"漂绿广告"监管在现行法律法规中有法律依据

某一行为被界定为法律行为,一定是对行为者本人以外的其他个人或集体、国家之利益和关系有直接或间接的影响,因此,该行为要受法律规定、受法律调整并要承担相应的法律后果。

前面章节分析了"漂绿广告"的性质、为什么是危害行为,我们认为,尽管现行广告法律法规还存在不足,但依然对其进行监管仍然适用。

1. 新《广告法》相关条款

2015年4月24日,第十二届全国人大常委会第十四次会议通过修订后的广告法,自2015年9月1日起施行。第六条规定,国务院工商行政管理部门主管全国的广告监督管理工作,国务院有关部门在各自的职责范围内负责广告管理相关工作。县级以上地方工商行政管理部门主管本行政区域的广告监督管理工作,县级以上地方人民政府有关部门在各自的职责范围内负责广告管理相关工作。与"漂绿广告"监管有关的条款,主要有:

第三条:广告应当真实、合法,以健康的表现形式表达广告内容,符合社会主义精神文明建设和弘扬中华民族传统文化的要求。

第四条:广告不得含有虚假或者引人误解的内容,不得欺骗、误导消费者。广告主应当对广告内容的真实性负责。

第五条：广告主、广告经营者、广告发布者从事广告活动,应当遵守法律、法规,诚实信用,公平竞争。

……

第八条：广告中对商品的性能、功能、产地、用途、质量、成分、价格、生产者、有效期限、允诺等或者对服务的内容、提供者、形式、质量、价格、允诺等有表示的,应当准确、清楚、明白……法律、行政法规规定广告中应当明示的内容,应当显著、清晰表示。

第九条：广告不得有下列情形之五("妨碍社会安定,损害社会公共利益")、之七("妨碍社会公共秩序或者违背社会良好风尚")、之十("妨碍环境、自然资源或者文化遗产保护")。

……

第十一条：广告使用数据、统计资料、调查结果、文摘、引用语等引证内容的,应当真实、准确,并表明出处。引证内容有适用范围和有效期限的,应当明确表示。

……

第二十八条：广告以虚假或者引人误解的内容欺骗、误导消费者的,构成虚假广告。

广告有下列情形之一的,为虚假广告：

(一)商品或者服务不存在的；

(二)商品的性能、功能、产地、用途、质量、规格、成分、价格、生产者、有效期限、销售状况、曾获荣誉等信息,或者服务的内容、提供者、形式、质量、价格、销售状况、曾获荣誉等信息,以及与商品或者服务有关的允诺等信息与实际情况不符,对购买行为有实质性影响的；

(三)使用虚假、伪造或者无法验证的科研成果、统计资料、调查结果、文摘、引用语等信息作证明材料的；

(四)虚构使用商品或者接受服务的效果的；

(五)以虚假或者引人误解的内容欺骗、误导消费者的其他情形。

……

第三十八条：广告代言人在广告中对商品、服务作推荐、证明,应当依据事实,符合本法和有关法律、行政法规规定,并不得为其未使用过的商品或者未接受过的服务作推荐、证明……对在虚假广告中作推荐、证明受到行政处罚未满三年的自然人、法人或者其他组织,不得利用其作为广告代言人。

……

第五十四条:消费者协会和其他消费者组织对违反本法规定,发布虚假广告侵害消费者合法权益,以及其他损害社会公共利益的行为,依法进行社会监督。

第五十五条:违反本法规定,发布虚假广告的,由工商行政管理部门责令停止发布广告,责令广告主在相应范围内消除影响,处广告费用三倍以上五倍以下的罚款……广告经营者、广告发布者明知或者应知广告虚假仍设计、制作、代理、发布的,由工商行政管理部门没收广告费用,并处广告费用三倍以上五倍以下的罚款……广告主、广告经营者、广告发布者有本条第一款、第三款规定行为,构成犯罪的,依法追究刑事责任。

第五十六条:违反本法规定,发布虚假广告,欺骗、误导消费者,使购买商品或者接受服务的消费者的合法权益受到损害的,由广告主依法承担民事责任,广告经营者、广告发布者不能提供广告主的真实名称、地址和有效联系方式的,消费者可以要求广告经营者、广告发布者先行赔偿。关系消费者生命健康的商品或者服务的虚假广告,造成消费者损害的,其广告经营者、广告代言人应当与广告主承担连带责任。前款规定以外的商品或者服务的虚假广告,造成消费者损害的,其广告经营者、广告发布者、广告代言人,明知或者应知虚假广告仍设计、制作、代理、发布或者作推荐、证明的,应当与广告主承担连带责任。

……

第七十条:因发布虚假广告,或者有其他本法规定的违法行为,被吊销营业执照的公司、企业的法定代表人,对违法行为负有个人责任的,自该公司、企业被吊销营业执照之日起三年内不得担任公司、企业的董事、监事、高级管理人员。

2.《消费者权益保护法》相关条款

《中华人民共和国消费者权益保护法》于1993年10月31日经由第八届全

国人民代表大会常务委员会第四次会议通过,自1994年1月1日起施行。2009年8月27日,第十一届全国人民代表大会常务委员会第十次会议《关于修改部分法律的规定》进行第一次修正。2013年10月25日,十二届全国人大常委会第五次会议第二次修正。2014年3月15日,由全国人大修订的《消费者权益保护法》正式实施。与"漂绿广告"监管有关的条款,主要有:

  第二十三条:经营者应当保证在正常使用商品或者接受服务的情况下其提供的商品或者服务应当具有的质量、性能、用途和有效期限;但消费者在购买该商品或者接受该服务前已经知道其存在瑕疵的除外。
  经营者以广告、产品说明、实物样品或者其他方式表明商品或者服务的质量状况的,应当保证其提供的商品或者服务的实际质量与表明的质量状况相符。
  ……
  第四十五条:消费者因经营者利用虚假广告或者其他虚假宣传方式提供商品或者服务,其合法权益受到损害的,可以向经营者要求赔偿。广告经营者、发布者、发布虚假广告的,消费者可以请求行政主管部门予以惩处。广告经营者、发布者不能提供经营者的真实姓名、地址和有效联系方式的,应当承担赔偿责任。

3.《产品质量法》相关条款

《中华人民共和国产品质量法》于1993年2月22日经由全国人民代表大会常务委员会第三十次会议通过,2000年7月8日第九届全国人民代表大会常务委员会第十六次会议第一次修正,2009年8月27日第十一届全国人大常委会第十次会议第二次修正,2018年12月29日第十三届全国人大常委会第七次会议第三次修正。与"漂绿广告"监管有关的条款,主要有:

  第五十九条:在广告中对产品质量作虚假宣传,欺骗和误导消费者的,依照《中华人民共和国广告法》的规定追究法律责任。

4.《反不正当竞争法》相关条款

《中华人民共和国反不正当竞争法》于1993年9月2日经由第八届全国人

民代表大会常务委员会第三次会议通过,自1993年12月1日起施行。2017年11月4日,第十二届全国人大常委会第十三次会议修订。与"漂绿广告"监管有关的条款,主要有:

  第八条:经营者不得对其商品的性能、功能、质量、销售状况、用户评价、曾获荣誉等作虚假或者引人误解的商业宣传,欺骗、误导消费者。

  经营者不得通过组织虚假交易等方式,帮助其他经营者进行虚假或者引人误解的商业宣传。

  ……

  第二十条:经营者违反本法第八条规定对其商品作虚假或者引人误解的商业宣传,或者通过组织虚假交易等方式帮助其他经营者进行虚假或者引入误解的商业宣传的,由监督检查部门责令停止违法行为,处二十万元以上一百万元以下的罚款;情节严重的,处一百万元以上二百万元以下的罚款,可以吊销营业执照。经营者违反本法第八条规定,属于发布虚假广告的,依照《中华人民共和国广告法》的规定处罚。

5.《刑法》相关条款

《中华人民共和国刑法》于1979年7月1日第五届全国人民代表大会第二次会议通过,根据2011年修正案,在第二百二十二条中设立虚假广告罪。2017年11月4日第十二届全国人大常委会第十三次会议通过《中华人民共和国刑法修正案(十)》,在第二十二条中设立虚假广告罪。具体内容如下:

  第二百二十二条 【虚假广告罪】广告主、广告经营者、广告发布者违反国家规定,利用广告对商品或者服务作虚假宣传,情节严重的,处二年以下有期徒刑或者拘役,并处或者单处罚金。

6. 相关行政管理法规

相关行政管理法规有很多,由于内容庞杂,我们在这里只列出这些法规的名称,后面的研究中会相应涉及,主要有:

《广告管理条例》(1987年10月26日国务院公布)。

《广告管理条例施行细则》(2004 年 11 月 30 日国家工商行政管理总局令第 18 号发布)。

《广告活动道德规范》(1997 年 12 月 16 日国家工商行政管理局发布工商广字[1997]第 310 号)。

《印刷品广告管理办法》(2004 年 11 月 30 日国家工商行政管理总局令第 17 号修订发布)。

《广播电视广告播放管理暂行办法》(2003 年 9 月 15 日国家广播电影电视总局令第 17 号发布)。

《房地产广告发布暂行规定》(1996 年 12 月 30 日国家工商行政管理局令第 71 号公布,1998 年 12 月 3 日国家工商行政管理局令第 86 号修订)。

《保健食品广告审查暂行规定》(2005 年 5 月 24 日国家食品药品监督管理局发布)。

《药品广告审查发布标准》(2007 年 3 月 3 日国家食品药品监督管理局、国家工商行政管理总局发布)。

《药品广告审查办法》(2007 年 3 月 13 日国家食品药品监督管理局、国家工商行政管理总局发布)。

《户外广告登记管理规定》(2006 年 5 月 22 日国家工商行政管理总局公布)。

关于广告的行政管理法规还有很多,很难精确统计到底有多少种。所以,针对"漂绿广告"盛行,有人认为,我们没有现存的法律法规作为对其监管的法律依据,显然不符合事实。关于"漂绿广告"监管的法律适用问题,中国人民大学教授王利明的一段话,可以很好地回答这个问题[①]:

> 在我国现阶段,虽然社会主义法律体系尚未最终建成,甚至许多领域还处于法律空白状态,但在民事、刑事和行政等领域,相关的基本法律都已经颁行。这些法律还没有完全发挥其应有的全部效果,因此,在现阶段,社会主义法制建设的一个重要内容就是通过解释弥补现有法律体系的不足,消除现有法律之间的矛盾,使法律得到有效适用,最大限度地发挥立法的

---

① 王利明:《法律解释学导论:以民法为视角》,法律出版社 2009 年版,序言。

效用。

三、"漂绿广告"监管有效性的理论分析

(一)监管有效性的内涵

有效性是一种价值属性,即主体以客体实践活动的结果是否符合主体需求为依据进行的价值判断。考查有效性有两层含义:一是特定实践活动是否产生现实的影响效力,旨在判定有效性的有无;二是实践活动产生影响的效力的程度,即有效性的大小。

监管有效性的概念根植于监管必要性之中。监管有效性,又称有效监管。国外关于有效监管的论述,最早出现在金融监管领域。20世纪60年代,诺贝尔经济学奖得主、美国经济学家施蒂格勒提出最优监管规则的理论。尽管该理论不涉及"有效监管"一词,但不难发现,其主要思想应当含有有效监管。综合前人研究,本书将监管有效性界定为:监管机构在一定的成本约束下达成监管目标的程度。与有效监管相对立的是有害监管、过度监管和不充分监管。

(二)广告监管有效性的界定

广告监管是广告监管机构为实现监管目标,依法采取措施对广告业的主动干预和控制活动。既然广告监管成为必要,对于作为虚假广告崭新形式的"漂绿广告"而言,那就不是要不要监管,而是如何监管以及如何才能更有效的问题[1]。

当前学术界对有效性概念的使用,主要集中在制度领域的有效性、政策的有效性和管理工具或手段的有效性上。因此,广告监管有效性也包含三个方面,即广告法律法规的有效性、广告监管政策的有效性和广告监管工具或手段的有效性[2]。

具体而言,广告法律法规的有效性指:(1)广告法律法规自身要求被遵守并

---

[1] 从广告行业监管实践看,有效监管的提出背景是监管政策失灵,这在保险业、银行业等行业大量存在。

[2] 实际上,包括广告监管在内,对任何监管对象的监管都必须要讲究有效性,本书只是认为"漂绿广告"作为新的广告传播形态,应该引起政府和社会的重视并实施监管。以往的广告监管有效性颇受人们怀疑。对"漂绿广告"进行监管,沿袭以往的监管理念或行为,终将无济于事,不能沿袭以往的研究思路,所以提出有效性的这一命题。

存在保障广告法律法规得到遵守的机制或措施;(2)广告法律法规总体上得到大部分公民的认可;(3)大部分公民将忠于广告法律法规作为良心准则。

广告监管有效性是在一般意义上讨论广告监管问题的递进,指广告监管目标的实现程度。具体地说,指广告监管能否以较低的成本或代价减少或消除各类"漂绿广告",让所有绿色诉求广告更纯粹,为推进生态文明建设、促进经济发展方式转变以及在消费生态化转向方面发挥广告应有的作用。

(三)"漂绿广告"有效监管的四个维度

讨论有效监管,需要回答两个问题:一是站在什么立场,换句话说,对谁来说是有效的;二是依据什么标准。也就是说,只有明确是谁的立场、什么标准,有效监管才可以定义清楚,否则,就会因为评判主体的多元、立场的多元与标准的多元等,导致评判的莫衷一是,最终导致评判失效。

"漂绿广告"有效监管有四个分析维度:

一是基于公利效应的有效性。由于存在利益冲突,对一方有效的监管可能损害另一方的利益而被视为无效监管。"漂绿广告"监管是一项应该启动而实际上很少被关注的社会管理行为。从公共利益角度出发,即从有利于社会公众的角度来研究广告监管的效果。在这里,公众是综合性概念,主要包括个体消费者、集团购买者和社会组织。实际上,上述各个利益主体之间也存在利益一致性,因为每个人天然地拥有消费者这一角色,也都无法回避绿色诉求广告对自身的影响。本书从公共利益的角度分析"漂绿广告"监管有效性问题,但也考虑到监管部门、政府官员、被监管企业(包括广告公司、广告主和广告媒体)等参与者最大化自身利益的私利动机,他们的私利动机从不同方面影响广告监管的制度变迁,制约广告监管的有效性。

二是基于监管结果的有效性。监管法律法规出台、监管行为实施后,监管效果到底如何,是否达到预期目标以及达到的程度如何。达到预期目标或者达到的程度高,一般认为是有效监管,反之,则是无效监管。当然,这个效果是短期的还是长期的,差别很大。长期以来,我国屡屡出现的运动式执法中已早有体现。事实上,由于"上有政策,下有对策",满足于短期效果而不建立长效机制的广告监管,最终各种违法广告必然死灰复燃。

三是基于成本约束的有效性。遵循成本收益原则来配置资源,是经济学的基本命题。在研究"漂绿广告"监管问题上,必须要考虑成本与收益。在公利效应实现程度相同的情况下,成本越小的监管方案越是优选,其有效性越高。从合理配置稀缺资源这一角度,需要研究"漂绿广告"监管的成本,随着监管机构的日益庞大,监管行为对广告产业产生的影响日益明显,如何度量成本、促进监管成本与监管收益相匹配,也日益受到关注。

四是基于监管过程的有效性。根据前文对广告监管内涵的界定,由于广告监管主体的多元性,使得广告监管过程必定是由若干个相对独立又有机联系的过程组成。本书主要从事前监管、事中监管和事后监管三个环节讨论监管的有效性问题。

实际上,从这四个维度讨论有效性,还有一个前提不能忽视——法律规范的有效性。缺少法律规范的有效性,监管的有效性则难以保证,即使暂时有效,终究不会长久。"如果人们说一条法律规范是有效的,这就意味着这条法律规范对于它所指向的那些人具有约束力。"①这同样意味着,"如果一项有效的法律设定了义务或禁令,它就只能要求此义务达及的那些人服从它和依从它。如果它授予私人以权利或权力,那么这些权利和权力就必须得到其他私人的尊重,而且在它们遭到侵损时应当得到司法机关的保护"②。由于是前提性条件,我们不把它列为第五个维度,但后面政府监管中,将会进行详细阐述。

(三)"漂绿广告"有效监管的基本原则

监管政策失灵,或者监管达不到预期效果,是全世界监管面临的重大挑战。从20世纪末开始,一些发达国家重视和追求"良好规制"。1997年,英国成立"良好规制工作组"。2002年6月5日,欧共体委员会提出《简化和改进规制环境行动方案》。2005年,委员会又向欧洲议会提交报告《良好规制以促进欧盟经济增长和就业》,倡导在欧盟所有国家实现良好规制。那么,什么样的规制才称得上良好规制?2005年3月,英国良好规制工作组向首相提交的专题报告《少就是多》中,提出规制的适当性、问责性、一致性、透明性和目的性等五项原则。具体是:(1)适当性:监管者只在必要时才进行干预。监管要求必须与存在的风险及成本最小化的要求相匹配。(2)问责性:监管者的决策都必须有正当的理由,并接受公众细致审查。(3)一致性:政策规则和标准应当彼此衔接,妥善实施。监管者应相互一致,新的规则应当考虑已有规制,规制应当是可

---

①② [美]E. 博登海默:《法理学:法律哲学与法律方法》,邓正来译,中国政法大学出版社2004年版,第347页。

预见的,从而保持规则对于被规制者的稳定性和可确定性。(4)透明性:规制者应当坚持开放性,且保证规则的公开、简明和用户友好性。(5)目的性:规则应当关注于问题的解决,且使其负面影响降至最小。关于如何保证监管规则的适当性、问责性、一致性、透明性和目的性,1995年OECD《监管决策参考清单》提供了10个问题,为是否采取任何一项监管行动提供决策参考。

以上思路,为我们确定"漂绿广告"有效监管提供了借鉴。"漂绿广告"监管既要考虑广告监管整体水平的有效性,又要考虑具体广告监管措施的有效性。其基本原则包括:

一是监管要有针对性。无论就总体而言,还是就单次活动而言,广告监管首先要明确拟解决的问题,监管要解决的问题是否清楚界定,是否已经准确表述,其性质和范围是否清楚,问题的原因是否已经查实。监管的针对性强调要抓住问题的核心,客观地解决影响广告市场发展的突出问题。"漂绿广告"监管,虽然要受到监管体制、既有的监管理念与措施等因素的影响,但从长期和全局来看,监管必须符合广告市场运行规律、广告监管发展的规律,有针对性地制定相关制度,出台或改进法律法规和政策。

二是监管要有前瞻性。主要包括以下三点:(1)监管部门应当具有专业的信息搜集能力,有足够的预见性,要把监管活动建立在那些可以控制和预见的因素上。(2)制定法律、法规、政策时要预留空间。要预判这些方案会引起方案涉及的市场参与者和执行者产生的反应,一旦影响他们的利益,执行者会有什么样的"对策";预见到执行过程中会有什么阻力,执行者有可能会采取哪些对策来干扰政策的实施;考察政策将来可能对广告市场产生的副作用;监管中的许多措施可能是防备性的,并不一定要立即执行,只是对可能出现的困难要有更充分的准备。(3)监管要密切关注广告市场的运行状况,设法建立反映广告市场运行趋势的指标体系,以免市场发生变化导致监管滞后。"漂绿广告"是广告市场中的新现象,对其监管不能从其他类型广告监管中独立出来,专门制定一整套法律法规体系无论从理论上和实践中都不可行,只能是在法律体系生态化改造中有所体现。如果确实需要出台单独制度、文件,必须考虑长远目标和影响。

三是监管要有综合性。主要包括以下三点:(1)重视激励相容。监管制度、政策、活动涉及的市场主体自身利益最大化目标与该项制度、政策和活动的总体目标保持一致。(2)重视整体与协调。广告市场复杂多变,利益关系牵涉面广,应该把广告市场看成一个整体,实施监管时尽可能地考虑所有内外因素。(3)要整体考虑影响监管目标实现、影响监管效果的协调因素。在广告市场上有许多因素需要协调,比如,广告市场与宏观经济的协调;法律法规制定、修订内容与程序的协调;广告市场主体利益平衡;多目标之间的协调;中、长期之间的协调;各种制度之间的协调、配套等。制定有关"漂绿广告"监管制度、监管政策和实施监管时,应考虑广告市场参与者的利益和监管对象的利益,重视各种相关影响因素的一致和协调。

四是监管要有严密性。主要包括:(1)法规和政策的陈述要明确具体,能够定义,不能使用含糊不清和模棱两可的陈述。(2)满足可执行的要求。(3)如果是禁止性规定,就要明确相应的处罚条款。

五是监管要有权威性。主要包括以下三点:(1)监管机构要具有独立性,从市场参与者的角色中退出。(2)要有明确的态度和足够的魄力。监管措施要真正执行,要有强制性,要保证执行者不敢不执行,执行过程不敢走样。(3)监管要有可信的惩罚机制。法律法规是严肃的,违反它所受的处罚是真实的;触犯法律法规的程度较严重时,处罚力度也大,受处罚的程度与错误的严重程度成正比;不管谁触犯了法律法规,不管什么时候都会受到处罚;市场参与者内在认可这种处罚威慑;处罚引起的行为应当与希望改正的错误行为不相容。

六是监管要及时。监管部门应当能够适时地发现市场中存在的问题并且能及时制定和颁布政策来加以纠正。对于出现的问题,潜在的威胁能够及时发现,能够在进一步恶化以前采取相应的监管措施,防止影响面进一步扩大。处理市场的违规行为和市场恐慌时要立即采取措施,不能拖延。及时发现市场中存在的问题,监管者应当建立详细的数据库,设立监测市场变化的预警指标体系,建立监测市场违法违规行为、市场系统风险的积累与爆发的先行指标体系。

第六章 "漂绿广告"监管的域外经验

在《市场的逻辑》一书中,经济学家张维迎有这样一段精彩论述:"人类犯错误,或是由于无知,好心办坏事,或是因为无耻,为一己之利损害他人。进一步,无耻也可以解释为无知的表现。我相信,市场是人类应对无知和约束无耻,特别是减少由于多数人的无知和少数人的无耻相结合导致的灾难性错误的最有效的制度安排。"[①]张维迎教授在这里出于讲话语境的考虑,仅仅谈及市场的作用。很显然,对于广告监管而言,克服广告市场中业已泛滥的"无知"和"无耻",市场、政府和社会一个也不能少。避免"无知"和"无耻"的重要路径之一就是博采众长,合理借鉴,为我所用。世界广告产业的发展既有共同规律,也有不同国家各自发展的特殊道路和独有特点。西方的广告监管理论与实践成果,有许多值得中国学习和借鉴的方面。中国广告监管,特别是本书的研究对象"漂绿广告"的监管,需要在充分了解西方广告监管理论的基础上,对其进行扬弃,最终建构中国本土化的广告监管理论体系与范式。本章重点介绍发达国家以及我国香港、台湾地区在广告监管上的相关法规制度,为我国广告监管提供制度资源和理论资源。

一、代表性国家或地区的广告监管[②]

(一)美国的广告监管

美国是全球广告产业最发达的国家,其广告监管也相应地比较完善和成熟。为了促进广告产业的发展,规避发展过程中暴露出来的问题,美国政府设立广告监管机构,不断制定和完善有关广告监管的法律法规。1890 年和 1914

---

① 张维迎:《市场的逻辑》(增订版),上海人民出版社 2012 年版,"增订版序"。
② 本节重点参考以下书籍:《中外广告监管比较研究》,范志国等主编,中国社会科学出版社 2008 年版;《广告法规管理》,吕蓉编著,复旦大学出版社 2003 年版;《广告道德与法律规范教程》,陈绚著,中国人民大学出版社 2002 年版。特致谢!

年,美国政府先后制定《谢尔曼反托拉斯法案》《联邦贸易委员会法案》《克莱顿法案》三个反托拉斯法案,明确禁止商业行为中的不公平竞争,其中就包括在广告中不合理地贬低竞争对手的产品和劳务,发布没有足够事实依据的、非经权威部门鉴定过的商品比较广告,发布并非真正低于同行业价格水平的廉价销售声明等。1936年,美国政府又分别颁布了与广告监管有密切关系的《克莱顿法案和罗宾逊—帕特曼法案》《侵权行为法(第二次)重述》《统一欺骗性贸易活动法令》《商标法》。1938年,美国国会通过了《惠勒-利亚修正案》,使联邦贸易委员会对广告的监管拥有仲裁权。同年,美国还制定《商品、药物和化妆品法》,对食物、药物及化妆品的欺骗性广告进行规制。1966年,美国政府制定了《公平包装与标签法》和《儿童保护法案》。1965年制定并于1970年修正的《联邦公路美化法案》用来保护高速公路两旁的景观,且对户外广告有重大影响。这时期,还颁布了《联邦香烟标贴和广告法案》(1967)、《消费者信贷保护法》(1968)、《控制辐射确保健康法与安全法》(1968)、《家禽制品批发法》(1968)、《玩具安全法》(1969)、《消费者产品安全法》(1972)、《马格努森-莫斯产品保单和联邦贸易委员会改进法案》(1975)等。尤其要指出的是,《反垄断法》把大公司凭借同广告媒介的特殊关系、独占版面或节目时间、排斥竞争中的中小企业等行为认定为有罪。在美国,《联邦贸易委员会法》是广告监管中最重要的法律,该法案不仅规定了虚假广告的含义、法律责任及其管理机关,而且就各种违法广告规定了处罚措施:(1)要求立即停止违法广告,赔偿损失或支付政府的罚款;(2)做更正广告;(3)上诉法院,通过法院发布禁止令、冻结令,情节严重的予以判刑。

在美国,广告监管机构除了联邦贸易委员会之外,还有针对特定行业的广告进行监管的机构,比如联邦通讯委员会、食品药品管理局、邮政管理局、烟酒税务局、粮食局、证券和交易委员会、国内航空局、国会图书馆,分别负责监管与自己职权范围内有关的广告活动。

美国广告行业协会或专业团体很多,对于广告监管也极为有效。纵向的有全国性广告自律机构和地方广告自律机构;横向的包括广告行业协会、媒体以及经营规模较大的广告主,都有比较完善的自我管理、自我约束机制。

美国全国广告审查委员会(National Advertising Review Council,NARC)是最重要的全国性广告自律组织,成立于1971年,由商业促进局、全国广告主协会、美国广告代理协会和美国广告联盟共同组成。其作用是通过自律监管来预防虚假、误导广告的发生,保证广告的真实性,为广告主创造公平的竞争环境,提高消费者对广告的信赖,使广告在消费者选择商品或服务时能提供参考信息。NARC负责制定广告自律的基本方针,下设全国广告部(负责确保以13岁以上的消费者为对象的广告的真实性)、儿童广告审查部(负责确保以儿童为对象的广告的真实性)和全国广告审查局(当广告主或投诉人不同意全国广告部和儿童广告审查部的决定时,可以上诉)。NARC经常利用媒体,诸如路透社、纽约时报,宣传广告伦理,其理事长及局长经常在有关广告团体、行政机关等进行演讲,宣传广告自律的理念,扩大广告自律机构的影响。

美国地方性广告自律组织(Better Business Bureau,BBB)负责监视地方企业和全国连锁店在该地区发布的广告。BBB制定的广告监管法则《广告法典》的基本原则有:(1)广告主对广告的真实性、非虚假性负有主要责任,广告主必须在刊播广告前对自己的主张进行证实。另外,如果需要,广告主必须迅速向广告媒体或BBB提交证据。(2)不允许进行不真实、误导、虚假、欺骗、诽谤竞争者以及不诚实销售宣传的广告。(3)广告的各部分内容不仅文字叙述要真实,且整体不能造成误导。不真实的表示不只限于直接的表述,删除重要的事实或进行暧昧的描述同样会引发问题。消费者、竞争对手企业、行业团体等指出地域广告存在的问题时,BBB的广告审查专家将会对广告进行审查,发出劝告,公布审查报告书等。BBB的另一项重要工作是面向企业和消费者的启蒙教育,即通过向企业提供BBB广告规则、BBB有关行业惯例规则等,要求企业参照规则进行广告发布,BBB定期发行信息资料及开办讲座,向当地企业提供有关广告问题的信息,向消费者提供普及性知识。

美国广告自律组织横向主要有三类。(1)广告行业协会自律。主要有美国广告联盟、美国广告学会、美国广告代理协会,它们共同制定《广告业务准则》,提出"广告六戒":不准发布虚假、夸张广告;不准发布与事实不符的广告;不准发布影响优良风俗的广告;不准发布危害广告业同行和竞争企业的广告;不准发布容易使人对商品价格产生误解的广告;不准发布曲解事实或专家言论的广告。(2)广告主自律。美国广告主协会几乎吸纳全国所有大的厂家作为成员,每年广告费支出占全美广告费80%的200多家企业都参与该协会的活动。该协会代表广告主利益,为广告主提供各类信息,进行广告业务培训,介绍和推荐各种审查机构。广告主提高广告管理标准的动机是出于社会责任感,维护企业良好声誉,避免与政府管理机构产生矛盾。(3)媒体对广告的自律审查。美国媒体都有一套广告审查的规范。全国广告协会于1937年制定《无线电广播规则》,1952年制定《电视规则》。美国广播事业协会于1975年制定的《美国电视广告规范》是美国广告行业自律的样板。

美国政府广告监管部门与广告自律机构有良好的合作关系,对广告监管各有侧重,企业是否遵循行业自律规则,一般不是FTC的管辖范围,其工作是纠正广告行业自律规则不符合法律规定的行为。

美国广告的社会监督主要方式是消费者和社会舆论对各种违法违纪广告进行监督和举报,向政府立法机关提出立法请求与建议,其目的在于制止或限制违法广告对消费者权益的侵害,以维护消费者正当权益,确保广告市场健康有序发展。美国主要的消费者组织有三个。(1)美国消费者联盟。该组织是美国最大的消费者组织,进行经常性的商品比较实验,向消费者公布结果,以便消费者购买商品时识别。它每年评选一次"最差广告奖"。(2)消费者信息网。由美国消费者同盟、国家高级公民委员会、国家消费者团会组成,其主要作用是:作为会员信息交流中心,帮助建立地方消费者组织,为消费者提供服务。(3)消费者呼声组织。

如前所述,FTC是美国最重要的广告监管机构,FTC法第5条把不正当竞争行为确定为违法,据此对欺骗性广告进行监管。另外,FTC法从第十二条到十五条,对特定商品(食品、药品、医疗器具及化妆品)的虚假广告进行明确规制。FTC法对虚假广告和欺骗性广告的界定是:(1)虚假广告不一定限于有主观的欺骗意图;(2)即使不存在虚假和没有实际损害的行为,只要有使人产生误解的倾向和可能性,该种表现就属于违法;(3)使相当数量的消费者产生误认可能性的广告是虚假广告。需要说明的是,法院在判定广告使人产生误认的可能性时,通常会考虑"无知、无思考力、容易被欺骗的人"的反应。

20世纪70年代以来,FTC对于广告监管更加严厉,其配套的相关规则有:(1)对商品消极性信息的明示义务。特别是对食品、药品和非处方药,对健康和安全有特殊要求的商品,FTC有权要求广告主提供商品消极性信息。(2)广告中安全性的断定。比如轮胎企业的广告说"购买本公司的轮胎……得到安全的轮胎",FTC会裁定该广告有问题,理由是不能保证所有轮胎都100%安全。(3)广告发布前的实证化。前述汽车轮胎企业在另一支广告中表示,使用该公司的超级运动轮胎,"停车速度可提高25%"。但是,FTC会认为该广告没有告知路面状态、行车速度,没有"足以作为实证的科学测试数据",判定该广告有问题。(4)更正广告的义务。

FTC对虚假广告的行政措施包括三个方面:一是取缔命令,其目的是禁止被投诉的违法行为,防止今后再发生类似违法行为。二是更正广告命令。三是其他命令,包括:(1)公开情报,比如防晒霜广告要告知消费者使用防晒霜仍有日晒的危险性;(2)直接通知;(3)消费者教育;(4)业务活动的禁止;(5)向消费者退款,返还不当得利等;(6)对违反FTC命令及贸易规则和规则行为的民事制裁;(7)请求联邦法院通过判定有关责任者民事或刑事的罪来执行地方法院的命令。

在美国,关于特定行业的广告监管,主要通过以下法律法规来进行:

一是FAA法。1935年制定的《联邦酒精饮料管理法》规定,合众国财政部酒精·烟草·枪弹局和FTC这两个联邦机构负责监督酒精饮料的广告。其基本法方针有7项:(1)对标签的限制;(2)广告必须明示的信息;(3)酒精度数的表示;(4)被禁止的广告表现;(5)禁止诽谤竞争对手产品的内容;(6)无意识注意广告,即"以正常的认知水平不能感知的极短的图像和声音传播信息的手段、技术",该技术被视为欺骗性广告手段而遭到禁止;(7)运动员的启用。二是FDA。其规则如下:(1)由于虚假、夸大等使人产生误认倾向,以及使用与其他制品难于辨别的标识;(2)使用其他食品名称进行销售、进行不真实的宣传以及使用了人工香精等添加剂而不进行表明;(3)包装物上没有记载制造者等。1990年,美国议会还通过《营养表示·教育法》。这部法律给予FDA规范健康关联商品广告表示与医药品类广告的权限。另外,对于食品企业,要求其在标签上标注热量、脂肪、盐分、碳水化合物、蛋白质和胆固醇的含量。

(二)欧盟的广告监管

欧盟是世界上具有重要影响的区域一体化组织,有关广告监管立法在内的欧盟市场立法一直是欧盟内部市场建设的重要组成部分。1975年,欧共体以《罗马条约》第一百条为法律依据,提出欧共体第一个关于内部市场广告监管指令的草案——《欧洲共同体关于误导广告和不公平广告的指令》。但由于该法令对误导广告和不公平广告的界定在广告业界受到质疑,更由于该法令所附的"备忘录"文件对广告和广告业的评价不能获得广告界的认同,导致有关方面陷入长期的争执与僵持之中。经过双方反复磋商和谈判,先后经过1978年、1979年和1984年三次重大修改的《欧洲共同体理事会协调成员国关于误导广告的法律、法规和管理规定的指令》终于在1984年9月10日获得通过。在该法令中,首次以立法形式对"误导广告"进行界定:"是以包含广告表现在内的,以任何方式出现的,欺骗或有可能欺骗作为对象的观众、听众的人,或者欺骗接触到的观众、听众的广告;'误导广告'也可指那些由于其内在的欺骗本质可能影响观众、听众的经济行为,或据此为理由,伤害和有可能伤害竞争者的广告。"除了这一法令,欧盟有关广告监管的其他主要法律文件还有《无国界电视指令》(1989)、《欧洲经济共同体修改关于〈误导广告〉指令以增加比较广告内容的指令》(1997)、《欧共体关于远距离合同中消费者权益保护指令》(1997)。

欧盟广告监管的主要特点有:(1)法律构成的多层次、全方位。从法律构成上讲,既有欧盟法,又有成员国国内法;既有制定法,又有判例法;既有实体法规范,又有程序法规范;既有包括"指令"等形式的法律,又包括具有辅助性的、并非完全没有法律效力的"决议""行动计划""行为准则"等,共同构成有机整体。(2)立法出发点在广告监管法律体系建立过程中有由单纯指向广告,向全方位保护消费者的发展趋势。(3)1997年关于误导广告的《指令》具有一般的普遍适用性。该法令适用于所有的行业、产品或服务,在欧盟广告监管法律体系中占据核心位置。(4)目前欧盟各成员国广告监管的尺度和力度仍有较大差异。

欧盟主要国家的广告监管立法,大致情况如下:

1. 英国

英国适用于广告监管的法律主要有《误导广告监督法规》(1988)、《误导广告监管修正法规》(2000)、《广播电视法》(1990,1996)、《消费者保护〈远程销售〉法规》(2000)、《贸易描述法》(1968)、《消费者保护法》(1987)、《数据保护法》(1998)、《消费者信用法》(1974)。

英国法定的广告监管机构主要有:(1)英国公平贸易办公室,主要负责非广播电视媒体的《误导广告监管法规》的执行;(2)独立电视委员会,是商业图文电视服务的法定管理者,负责《误导广告监管法规》的执行;(3)广播管理局,是国家广播服务、地方广播服务、卫星广播服务、有线广播服务、依据《广播广告和赞助特许标准》持照经营的附属广播服务和受限广播服务的法定管理者,负责监督这些媒体执行《误导广告监管法规》的情况;(4)金融服务管理局,是监督和管理金融公司和金融市场广告的管理机构;(5)当地政府的贸易标准部门。

2. 德国

德国适用于广告监管的法律主要有《反不正当竞争法》(1909)、《医疗广告法》(1978)、《药品法》(1994)、《折扣法》(1934)、《附赠法令》(1932)、《价格表示法令》(1985)、《食品和日用品法》(1974)、《食品标签法令》(1974)、《商标法》(1995)、《数据保护法》(1990)。

(三)日本的广告监管

日本是广告大国,也是广告强国。日本电通多年雄踞世界第一大广告公司的位置,此外,日本还有博报堂、旭通、大广等世界知名的广告公司。和许多欧美国家的一样,日本的广告监管采取"以企业和行业自律为主,相关法律法规为辅"的政策。

日本广告监管的三层构造分别如下。第一层是广告的基准、自律规则。一般包括:(1)广告主自身的自律规则;(2)企业之间、行业内的自律规则和约定;(3)媒体的基准、伦理纲领等;(4)广告行业共同的伦理纲领。第二层是公正规约与商业惯例。从广义上讲,它属于广告行业自律范畴,但一般认为,其介于法律和行业自律的中间位置,《景品表示法》的具体化。第三层是广告关联法律法规。日本广告的法律监管最早由民事规制开始,真正的广告法律规则从20世纪60年代开始,主要法律有《景品表示法》《独占禁止法》《公正竞争规约》《不正当竞争防止法》。另外,《刑法》《轻犯罪法》的一般规则,特殊法的《药事法》《医疗法》《食品卫生法》《家庭用品品质表示法》《消费者基本法》等也可用于约束广告。虽然日本没有类似中国的《广告法》,但广告监管已渗入各种法律法规之中,有学者将日本广告法律法规体系比作"毛细血管"。

日本的广告自律有三种类型:广告主、广告公司的自律;报社、杂志社、电波媒体等的自律;广告审查机构的自律。主要自律组织有:(1)日本广告主协会(Japan Association of Advertisers,JAA)及《JAA 纲领》;(2)日本广告业协会(Japan Advertisting Agencies Association,JAAA)和《广告伦理纲领》《广告创作规则》;(3)日本报业协会及《报纸广告伦理纲领》《报纸广告揭载基准》;(4)日本杂志广告协会及《杂志广告伦理纲领》《杂志广告揭载基准》;(5)日本民间放送联盟及《放送基准》;(6)网络广告推进协议会;(7)全日本广告联盟及《广告纲领》;(8)日本产业广告协会;(9)全日本 CM 放送联盟(All Japan Commerical

Message)及《CM 伦理纲领》;(10)日本广告审查机构;等等。

日本广告审查机构(Japan Advertising Review Organization,JARO)是成立于 1974 年的民间自律机构,由内阁省(公正交易委员会)及经济产业省认可的社团法人,由广告主、媒体、广告公司、广告制作公司等广告关联企业以会员制构成。常设部门四个:(1)审查处理部门,接受消费者、企业、媒体、广告公司等的咨询,进行审查和处理;(2)运营部门,包括总务、财务、公共关系、关西部会;(3)咨询部门;(4)事务局。

JARO 对广告、表示的审查基准有:(1)广告和表示必须公正、真实;(2)广告和表示不能给受众造成不利;(3)广告和表示必须考虑对儿童和青少年的影响;(4)广告和表示必须保持品位,尊重风俗习惯;(5)广告和表示必须遵守关联法规和社会秩序。早在 1908—1911 年,日本政府分别制定的《治安条例》和《广告物品管理法》中就规定废除夸大和虚假广告,监督管理有损环境美观和有伤风化的户外广告,排除破坏公共秩序安定的广告物品等。

制定于 1934 年,并于 1975 年修订的《不正当竞争防止法》从防止不正当竞争的角度对广告作了禁止性规定:一是在广告中对商品的质量、内容、制作方法、用途或数量做出令人误解的表示;二是在广告中对商品原产地作虚假表示;三是在广告中做出使人错认为该商品是在制造或加工地以外的地方制造或加工的表示;四是陈述虚假事实,损害有竞争关系的他人信用。根据该法规定,对实施上述行为的处以三年以下劳役或 20 万元以下的罚金。给他人造成损害的,承担赔偿责任。

制定于 1962 年的《不当奖品及不当标示防止法》规定,奖品是"作为招揽顾客的手段,无论是直接的还是间接的,是抽奖的还是其他方法,企业在销售商品或业务交易中,附加提供给对方的由公正交易委员会制定的物品、金钱及其他经济上的利益"。该法还将在广告、商品的容器及包装上等用来诱导消费者产生误解的标示视为"不当标示",主要包括:(1)"在有关商品、服务质量、计划及其他内容上,使一般消费者误认为其明显优于实物或竞争对手,以此招揽顾客、阻碍公平竞争"的质量误导标示;(2)"在商品或服务的价格及其他交易条件上,使一般消费者误认为其明显优于实物或竞争对手,以此招揽顾客、阻碍公平竞争"的价格误导标示;(3)其他由公平交易委员会认定,并发出限制或禁止令的不当标示。比如,使一般消费者难以辨别商品的原产国表示、无法进行交易或无销售意图的物品,却通过广告不正当招揽顾客的标示等。

日本还有一些特定行业的专项法律涉及对特定内容广告的管理,比如《药事法》规定,禁止医药品、医药部门外有关产品、化妆品、医疗用品的虚假、夸大广告,禁止医师做证明的广告,限制表现治疗某些特定疾病的广告,禁止没有许可证的医药品广告。

日本厚生省根据《药事法》制定《医药品广告标准》。《医疗法》对医疗行业、医院、诊所及助产房的广告进行限制。《住宅建筑行业交易法》禁止住宅建筑行业的夸大、虚假广告。《职业安定法》限制招工广告。《分期付款销售法》规范分期付款广告的表现业务。《访谈销售法》规范通信销售广告的表现业务。《滞销商品及其不正当宣传防止法》中规定滞销商品的推销中隐瞒事实真相诱人购买的,除取缔外,付款30 000日元。《进出口保险法》规定对日本企业到国外投放广告的效果予以"海外广告保险",保护在国际竞争中的本国企业利益。此外,日本有关知识产权法方面的法律有《著作权法》《商标法》《创意法》《实用性新发明法》,这些法律规定:禁止擅自使用他人的著作物;禁止擅自使用他人的注册商标;禁止擅自使用他人已有的创意构思和实用性新发明。

(四)港台的广告监管

1. 香港广告监管概况

香港是广告产业发达地区。香港强调对广告进行严格监管,形成由广告行业自律和政府部门监管有机结合的监管体制,这是广告产业得以蓬勃发展的重要保障。香港行业自律组织有:(1)香港广告商会,负责制定及维护广告专业操守,执行业务守则,充当广告公司的纠纷仲裁人,为广告公司和广告从业者提供交流意见的机会等;(2)香港华资广告业商会,会员以报界广告部为主;(3)香港广告业联会,会员多为与中国内地有广告业务的公司,其实质是广告同业俱乐部;(4)广告商会,该会是广告主的组织,主要任务是协调保护广告主利益。此外,消费者对广告进行监督是香港消费者运动的重要内容。

香港特区政府监管机构主要有影视及娱乐事务管理处、广播事业管理局、广播事业检讨委员会、电影检查委员会、医务卫生处。香港涉及广告管理的各项法律法规散见于各专业法律法规中,主要有《电视条例》《商标条例》《公众娱乐场所条例》《药剂及毒药条例》《诊疗所条例》《吸烟条例》《不良医药广告管理条例》《商品说明条例》《售卖货品条例》《版权条例》《毁谤条例》《赌博条例》《博彩税条例》《性病条例》等20多项。此外,还有一些专项广告管理法规,比如《电视广告标准》《香烟及烟草广告标准》《物业广告标准》《医药广告标准》《广告与儿童标准》《戏院广告标准》。香港电视电影咨询委员会还就市民对电影、电视广告的意见定期进行抽样调查,根据抽样调查结果,向电视监督机构提供意见,并就技术、节目、广告方面的标准及有关事项向政府部门提出建议。电检处根据这些意见修订有关的管理条例,一般半年至一年要修订一次。个别或单项的电视广告如公众有意见,可以随时停播或修改。

2. 台湾广告监管概况

台湾广告业起步于20世纪50年代。70年代,伴随着台湾经济起飞,企业大规模增加广告投入,广告进入快速发展时期。台湾主要行业自律组织有广告商同业公会、台北市广告代理商同业公会以及各新闻媒介专业协会。主要自律规则有《广告人自律纲要》《报业道德规范》《无线电广播道德规范》《电视道德规范》《新闻事业广告规约》《会员承揽广告协约》。

台湾广告管理主要是由各行政主管部门实施。药品、食品广告由卫生行政主管部门管理,实行广告内容审批制度,房地产广告由建设主管部门管理,报刊、广播、电视广告由新闻主管部门管理,电视广告实行事前审查制度。

台湾没有专门的广告法,现行的广告管理法律法规有《广播电视法》《广播电视节目供应事业管理规则》《电视广告制作规范》《广告物管理办法》《食品卫生管理法》《化妆品卫生管理条例》《药物药商管理法》《户外广告管理办法》《公平交易法》。

(五)域外广告监管模式的总体分析

1. 不同国家或地区的广告监管模式,具有特殊性和合理性

上述各种广告监管模式往往在特殊条件下形成,具有特定的合理性,一旦形成,就难以改变。总体来说,主要有自律主导型广告监管模式和政府主导型广告监管模式。自律主导型广告监管模式的典型代表是美国模式和日本模式。美国模式坚持政府监管与行业自律相结合,注重社会监督,形成有张有弛、配合紧密的广告监管体制。日本模式以"企业和行业自律为主,相关法律法规为辅"。政府主导型的广告监管模式,以政府监管为主,以行业自律和社会监督为辅,法国、中国等是政府主导型广告监管模式的代表。

2. 关于中国广告监管模式的若干争论

围绕政府行政监管与广告行业自律的关系问题,国内学者长期以来争论不

休,观点不尽相同,大致有三种情况。一是主张政府主导型广告监管模式。张金海等对其背后的原因进行了较为详细的阐述。二是主张政府监管与行业自律并重。比如吴予敏、刘林清。三是主张"弱行政,强自律"。比如马中红等。实际上,过分强调一方面忽视另一方面,都不符合国内外广告监管的现实情况与未来趋势。从全球范围看,只有改进社会治理方式,鼓励和支持社会各方面参与,实现政府治理和社会自我调节、居民自治良性互动;坚持综合治理,强化道德约束,规范社会行为;调节利益关系,协调社会关系,才能从根本上解决广告监管难这一问题。

二、"漂绿广告"监管的相关规定[①]

(一)立法规制和引导方面

发达国家的政府部门首先通过相关立法对涉及"绿色"的相关概念进行立法解释,确立"漂绿营销"的判断标准,划定法律规制的范围,增强市场监管者和消费者的辨识能力。1992年,美国联邦贸易委员会率先发布《环保营销指南》,其旨在明确该委员会对市场上出现的欺骗性或误导性环保声明或者"绿色"营销声明等不正当竞争行为的执法权。该指南包括立法目的、适用范围、立法结构(总则和分则)、审查程序、环保营销声明的界定与依据、一般原则、具体环保营销声明、环保评估等八部分内容。其以消费者对环保声明的理解为基础,对所涉及的环保营销声明的术语与行为表现进行界定和解释,但并非从纯技术角度对相关术语进行科学定义,也未规定科学的环境绩效标准和检测程序,其目的主要是帮助消费者准确辨识广告宣传中的环保声明,以避免陷入认知混淆和被骗。

美国联邦贸易委员会的《环保营销指南》规定,企业对其产品、包装与服务所进行的任何明示或暗示的声明都必须属实,如果涉及环保声明,则需提供充分可信的科学依据,如权威的测试结果、分析数据或研究报告,以证实其所披露的信息;企业的环保声明还须阐明其具体内容,到底涉及产品本身,还是涉及产品包装,或者两者兼有,又或者仅涉及产品或包装的成分。如果环保声明含混不清或者夸大其词,都涉嫌存在欺骗性或误导性的漂绿营销。由于指南所涉及内容会随着社会生活环境的变化和科技发展而不断更新,指南还赋予有环保声

---

① 本节主要内容源自郑友德和李薇薇的《漂绿营销的法律规制》一文,见《法学》2012年第1期,特致谢!

明需求的企业向美国联邦贸易委员会申请变更或者修改指南内容的权利,只要申请者能提供充分有效的证据证明该指南规定的具体内容已发生变更,联邦贸易委员会便会对其进行修订。

2011年10月,该指南的最新修订草案进一步规定,环保声明必须有充分的、真实的证据加以证实,不能夸大其环保特征或效果,具有比较性的环保声明必须注明其比较结果所赖以产生的依据,且应附具体例证加以说明。此外,美国联邦贸易委员会要求生态标志及环保认证标志的授权部门应当事先准确界定其标志所标示的环保声明的具体适用范围及内容。当企业为其产品申请该标志时,应当向相关授权部门提供充分的、真实的科学依据以证明其具备相应的环保性能。同时,指南还对七大类一般性环保声明的术语——可降解、可堆肥、不破坏臭氧层、无毒、可再生材料、可再生能源、碳补偿或碳中和(比如植树造林、增加温室气体的吸收)进行具体界定,以多项实力加以说明,以有助于相关主体准确理解一般性环保声明的内容,避免产生混淆或者误解。美国广告法则明确规定绿色广告的内容和法律责任。因此,美国企业在做出环保声明或者以"绿色广告"宣传其产品或服务时通常非常谨慎,一旦被认定为漂绿营销,不仅会被执法部门课以重罚,也会失信于公众和消费者。

除美国外,加拿大商业公平竞争局也发布《环保绿色营销指南》并于2008年进行更新,旨在减少消费者对环保标签的错误理解。1994年新西兰颁布的《环保声明规范条例》则要求所有环保声明必须真实可信,声明的内容必须符合相关的地方标准或国际标准,且必须对所声明的内容进行确定性解释,不得含糊不清。澳大利亚竞争和消费者委员会则通过直接修订《1974年贸易行为法》的方式鼓励绿色营销,明确赋予消费者和竞争者对违规企业采取法律行动的权利。2010年3月,英国广告业委员会和广告宣传广播委员会公布了其职业守则的更新版,旨在减少广告中的漂绿行为。挪威于2007年颁布的《汽车广告规范条例》也是比较典型的进展漂绿营销的立法。

(二)司法诉讼的价值导向方面

在发达国家,消费者针对漂绿行为的诉讼案件日益增多,且通常是购买特定产品或某类产品的消费者提起集团诉讼来补偿经济损失,也有消费者个人起诉虚假广告发布者并要求其采取补救措施。这类诉讼中,如果法院认定某种产品或者某类产品的绿色环保声明系虚假广告,就会依据各州和联邦有关消费者保护法、反不正当竞争法、商业惯例或者不当得利等传统财产法理论，判令漂绿者补偿消费者的损失。2009年3月消费者韦恩·柯诉家居清洁剂威特斯的制造商强生公司一案中，被告利用其标示于威特斯标签上的Greenlist商标向消费者声称其是可以促进环保原料使用的分级系统，故威特斯清洁剂的成分是纯天然且安全环保的。但事实上，该清洁剂的成分中含有化合物乙二醇醚，这是一种非天然的对环境和动物有害的毒性化学物质。原告依据美国加州有关法律，认为威特斯的制造者在其产品标签上使用的Greenlist商标近似于第三方认证机构所授权的环保认证标志，容易误导消费者对其清洁产品的"环保安全性和可靠性"的理解，其行为违法。虽然此案目前还在审理中，但法院在立案后驳回了被告以"无证据显示存在被Greenlist商标误导而购买清洁剂威特斯的消费者"为由提出的不起诉动议。法院认为此案的关键在于清洁剂的成分是否真正环保，如果不是，Greenlist标签可能用于漂绿。但是，在市场环境下，消费者个体的力量还是太弱小，其在与强大的生产者的对抗中明显处于弱势。消费者的诉求是消除漂绿营销，弥补个人因为漂绿营销而蒙受的损失。这类损失通常仅针对被告就单一产品或服务的虚假绿色广告或环保声明所造成的后果而言，社会普适效应并不理想，且法院也并非都能做出对消费者最为有利的赔偿判决。比如，在诉本田汽车（美国）公司案中，法院虽认为被告做出的有关新思域混合动力车燃油效率的环保声明是虚假和令人误解的。但双方最终达成和解，法院并未对被告涉嫌漂绿营销的广告发布禁令。其后的盖塔诺、帕端诺诉本田（美国公司）案中，法院认定被告漂绿声明的核心内容是虚假广告，要求被告不得规避就其声明对误导消费者应承担的潜在责任。该案尚未最终判决，如果法院能够针对本田汽车涉嫌虚假陈述燃油效率的漂绿营销发布禁令，将能更有效地制止漂绿营销。

另外，在绿色消费者群体日益庞大的市场中，真正拥有绿色商标或环保标志、生态标志的绿色企业也会遭遇假冒伪劣的侵权。商标权利人在涉及生态商标的诉讼中，为了维护自身生态标志的品牌价值，通常诉请法院颁布禁令以在最短时间内有效阻止侵权人的侵权行为并要求予以赔偿。在诉讼过程中，商标权利人通过诉讼过程向社会公众陈述其产品或服务具有真正环保或生态的特征，法院的最终判决则是对其环保声明的最佳证明，进一步彰显其生态标志的品牌价值。同时，这类诉讼能够通过确立环保标准或者驱逐漂绿行为来实现保护消费者的目的，使其获益。

（三）政府监管方面

发达国家政府职能部门负有依法监管绿色营销行为的职责，其通过自行调查，或者经消费者权益保护团体或消费者个人举报，调查涉嫌误导消费者的滥用绿色认证标志的行为和虚假广告宣传行为，对漂绿营销进行有效打击，包括美国联邦贸易委员会、英国广告标准管理局、澳大利亚竞争和消费者委员会在内的各国政府监管部门，均通过制定指引性规范，如《环保营销指南》，明确告知企业不得在其广告中发布虚假或误导性的环保声明，且广告商可以事先审查企业要求发布的广告内容，发现其中存在违规情形，可依法通知企业调整其营销信息，以杜绝漂绿营销行为。这些政府监管部门还有调查和执法职能。例如，澳大利亚竞争和消费者委员会调查昆士兰州太阳能系统有限公司发布的广告内容时发现，其环保声明称消费者将能通过安装一个一千五百瓦的太阳能系统来免除其家庭电费开支，实际上该系统不可能自行产生足够的电量和满足大多数家庭三分之一以上的能源消费量。由于此类广告可能存在误导和欺骗，违反《澳大利亚贸易行为法》，昆士兰州太阳能系统有限公司和国家太阳能服务公司最后被迫修改方案，对消费者进行补偿。美国联邦贸易委员会曾对四家服装纺织品销售商在其广告和纺织品标签中宣传产品是用可生物降解的竹纤维制造的行为进行处罚，因为其声明所称的竹纤维实际上只是经过热处理的人造丝。该委员会同时明令禁止服装和纺织品经销商在其广告和商品标签中声明其产品的原料是竹纤维，除非确有证据证实其原料来源，否则构成对消费者的欺骗，违反法律。英国广告标准管理局则指责荷兰能源巨头壳牌公司因在广告中宣称"能保证有一个盈利和可持续发展的未来"，所以其加拿大油砂开发项目会在环境影响方面误导公众。原则上，如果广告宣传中有含糊不清的陈述，导致消费者相信广告商或产品本身所标榜的环保属性，就可能构成漂绿营销而受到处罚。易言之，广告宣传中的环保声明不应以明示或暗示的方式夸大其环保利益。

发达国家相关法律大多将环保标志注册登记为商标，使之受商标法的调整和保护，环保标志所有者通过与申请人签订环保标志使用合同而赋予其标志使用权，须防止其错误使用标志，保证标志认证计划顺利实施。政府监管部门通过规范环保标志的审批和使用来监管企业的漂绿营销，在执法实践中不断积累经验,适时制定出有效的消费者补救措施。美国联邦政府和LG公司之间的一次合作行动即是通过规范绿色认证标志为消费者服务的成功范例。该案源自美国联邦政府推行的"能源之星"项目,LG公司多款型号的冰箱均获得"能源之星"认证,该标志被张贴于产品外观的醒目位置。但是,相关市场调查和使用结果表明,LG冰箱的实际能耗值比其宣传的要高,未达到认证要求的节能标准。易言之,消费者相信其认证标志而购买的节能冰箱实际并不节能,这已涉嫌虚假标示和欺诈。显然,LG公司需要向消费者提供补救措施。后来,美国能源部和LG公司达成协议,共同实施合适的补救措施:首先,LG公司自愿撤回其已获得认证的有关冰箱款型上的"能源之星"标志,认证部门取消其认证备案;其次,在协议的约束下,LG公司为相关消费者提供免费上门服务,改善其产品的节能效果;最后,LG公司向消费者一次性支付赔偿款,以弥补产品的实际能耗与原来标签上所述数值之间的能耗差距。如果经过改良后的冰箱仍然无法达到"能源之星"规定的标准,LG公司将每年支付给相关消费者一笔费用,以弥补改良后的能耗值与原先标示的能耗值之间的差额。由于绿色认证标志的不当使用是漂绿营销企业时下惯用的营销手段,这就需要政府部门和认证组织严格执行认证程序,积极监管已获认证的企业正确使用认证标志,并在其产品或服务不达标时及时予以发现和采取补救措施,有效制止其违规行为。目前针对多种多样标榜绿色包装的标志和令人混淆的标签,立法机构尚无明确的消费者指引,甚至连美国联邦贸易委员会关于包装的准则也大多针对回收再利用问题,特别声明其没有足够的信息关于可持续包装的指引,也没有用来确定包装的实际环保性能的公认方法,即使是通行的可循环利用的包装标签也只是方便消费者对废物进行分类,而不能证明包装物的环保性。为此,美国可持续包装联盟正在制定一项标准,用于评估绿色包装(是否名副其实),帮助包装公司设计更加符合绿色要求的包装。其他行业团体也正致力于解决绿色包装标签领域的混乱问题,如消费品论坛通过全球包装项目参与相关测试和准则制定工作,并同欧洲包装与环境组织合作,将其推广至欧洲,其目标旨在减少绿色包装领域的漂绿营销,指引消费者合理消费。

(四)社会监管方面

监督漂绿营销的社会力量是环境(Non-Govermental Organization)NGO组织和公众。一方面,环境NGO组织致力于推动政府和企业环境信息公开与信息披露,建立环境信息网站与专业数据库,监测环境违规行为和涉嫌漂绿的营销活动,定期公开发布环境公益信息,针对漂绿营销行为对公众的影响开展广泛的调查研究,以其专业性研究成果为政府环保立法与监管工作提供科学建议,参与环境政策法规制定,引导企业建立绿色营销战略。另一方面,环境保护公众参与是各国环境保护基本法中不可或缺的基本原则,其以行之有效的激励机制来保障公众参与的有效性,赋予公众对公共环境和企业经营中出现的漂绿声明以直接的监督权,环境 NGO 组织作为公众与政府和企业之间互动对话的桥梁,进一步帮助公众有效行使有关环境的知情权、参与权、监督权,将公众的意见和建议及时提供给政府和企业,使其在重大的公共环境决策与企业绿色生产经营中听取和吸纳公众的意见。除此之外,环境 NGO 组织还积极参与国家环保标志计划的实施与宣传,提高公众和消费者的绿色意识。德国"蓝天使"标志认证在审查过程中即允许代表公众利益的环境 NGO 组织参与,其旨在提高审查的透明度和公平性,并在有关标准制定时听取相关环境 NGO 组织的专业建议。由日本环境协会(JEA)下属的生态标志促进委员会和生态标志专家委员会负责实施的日本生态标志计划,则注重在日常生活中向公众宣传生态标志,以快速提高公众的绿色意识。

第七章 "漂绿广告"监管有效性的分析框架

沿袭以往监管新出现的"问题广告"的做法,"漂绿广告"即使进入政府监管和社会监督的视野,也未必会有多大的改变。就广告监管现状来说,改变"漂绿广告"监管缺位这一情况,无疑相当重要,但基于对我国40多年广告监管的洞察,找到有效监管"漂绿广告"的一整套办法才是问题症结之所在。相对于监管不足和监管缺位,对包括"漂绿广告"在内的各种"问题广告"的监管有效性问题,可能更加突出,更加迫切。所谓监管有效性不足,指监管的过程达不到监管的目标和效果。我国广告产业恢复发展的初期,采取的是边发展与边规范的思路。无论当初还是如今,政府对广告监管的工作思路,更多是回应式的,之所以要实施广告监管并出台各种法律法规,主要是因为广告市场混乱,公众不满情绪非常激烈,不监管不足以平民愤。在相当长一段时间,国家工商管理部门鲜有监管有效性的指标体系和判别标准。第五章从四个维度讨论了"漂绿广告"监管有效性的意涵,本章重点讨论"漂绿广告"监管的目标以及监管有效性的指标体系问题。

一、"漂绿广告"监管目标的三重维度

(一)广告监管目标的界定

长期的监管实践证明,只有明确监管目标,准确无误地将实现监管目标的责任委托给监管机构,监管才有可能有效进行,才有可能围绕这一目标而有针对性地对具体监管内容、对象、方式、技术、方法、手段以及监管组织形式进行选择取舍,才能够确保监管效率。实际情况是,明确监管目标并不容易。在当下法律制度中,不同领域的政府监管的目标不同。

环境监管的目标是"保护和改善环境,防治污染和其他公害,保障公众健康,推进生态文明建设,促进经济社会可持续发展"①。

药品监管的目标是"保证药品质量,保障人体用药安全,维护人民身体健康和用药合法权益"②。

食品监管的目标是"保证食品卫生,防止食品污染和有害因素对人体的危害,保障人民身体健康,增强人民体质"③。

但是,什么样的环境才能够保障人体健康,何种药品才算安全,食品要卫生到何种程度才能保障人民身体健康,这并不能从法律条文中获悉答案。

广告的监管目标,我国2015年施行的新《广告法》认为是:"为了规范广告活动,保护消费者的合法权益,促进广告业的健康发展,维护社会经济秩序。"这一目标无疑是总括性的、根本性的,对于不同类型的广告监管,比如针对医药广告、户外广告,其目标不能与之冲突,只能是《广告法》规定的广告监管目标的具体化和深化。

(二)"漂绿广告"监管目标的三个层次

"漂绿广告"监管目标的确定与划分,应当遵循整个广告产业健康发展和监管工作有效进行的一般规律,还要充分考虑我国市场经济发展水平及历史文化等实际国情。"漂绿广告"监管旨在实现提高企业的市场绩效和环保绩效,保护消费者的合法权益,充分发挥绿色广告在传播绿色理念、引导绿色消费方面的作用,维护广告产业健康发展,促进社会健康发展。

上述都是"漂绿广告"监管目标,只不过在监管整体活动中处于不同的地位和层次,共同组成"漂绿广告"监管多重目标体系。

从宏观上说,"漂绿广告"监管是消解生态文明建设中负的传播能量,为生态社会发展营造健康有序的消费环境。

从中观上说,就是更好、更绿色地推动广告产业发展,推动城市或社区的生态化转向。

从微观上说,就是促进广告主、广告公司、广告媒体正确开展广告传播行为,把绿色诉求变为切实可行且可信的生产经营行为,通过绿色生产构建企业竞争优势。

---

① 参见《中华人民共和国环境保护法》第一条。
② 参见《中华人民共和国药品管理法》第一条。
③ 参见《中华人民共和国食品卫生法》第一条。

二、"漂绿广告"监管有效性的构成要素

"漂绿广告"监管目标的实现,有赖于监管实践中各种要素的重新组合与资源的重新配置,以下八个方面是构成有效监管的要素。

(1)监管主体:从依靠政府的单一力量走向多元社会力量整合,实施社会治理。

(2)被监管主体:从侧重厂家(广告主)到厂家、广告公司与媒体三方并重。

(3)监管客体:从大众媒体广告到一切广告形态特别是新媒体广告。

(4)监管理念:从注重短期实效的"堵"转向注重综合效果的"疏"。

(5)监管目标:从"漂绿"转向真绿,从推进广告行业自身发展到促进全社会生态文明建设。

(6)监管制度:从过于倚重立新法转向法律修订、法律解释与现有法律法规资源的整合运用。

(7)监管过程:从事后回应式处理到全过程管控。

(8)监管结果:漂绿者受到应有处罚,广告市场秩序归于正常和有序。

三、"漂绿广告"监管有效性的指标体系

制定"漂绿广告"监管指标体系,是衡量广告监管水平、监测广告监管进程、制定广告监管目标、明确广告监管工作方向与重点的基础性工作。

(一)指标体系框架

考察"漂绿广告"监管问题,仅仅就广告谈广告,这样的监管多半是局部的、事后的,其效果很难保证。构建"漂绿广告"监管指标体系,要延长"监管链",扩充"监管面",从产品生产、营销、消费等环节全方位着手。但是,产品或服务纷繁复杂,不太可能将生产环节、营销环境和消费环节的所有与环保约束有关的事项考虑进来,只能将营销系统中的广告环节细化。

完整的监管指标体系包括四个一级指标,分别是:

其一,生产绿化监管指标体系,主要包括环境属性指标、资源属性指标、能源属性指标、经济性指标。

其二,营销绿色监管指标体系,主要包括理念系统指标、执行系统指标、控制系统指标。

绿色营销监管指标体系则主要讨论产品出厂到消费开始这一中介环境的绿化程度及其绩效。在产品绿化程度一定的前提下,评估产品营销环节绿化的

程度,包括下列三项:绿色价格(用于生态和社会环境方面的支出计入成本,而对绿色产品制订的价格)、绿色分销(分销过程中所采用的环境友好措施)、绿色促销(在人员推销、广告、公关等促销中强调绿色特征,使之与消费者的绿色需求相协调)。

理念系统包括企业进行绿色营销活动前就必须确立的基本准则体系,设计基本思想基础,主要指企业在营销过程中对利益相关者的态度,这是企业实施绿色营销的前提和基础。

执行系统包括绿色产品提供、绿色价格制定、绿色促销选择、绿色渠道构建、绿色信息提供、员工绿色教育等。

控制系统是企业对营销活动中产生的不良后果的自觉补偿行为的集合。

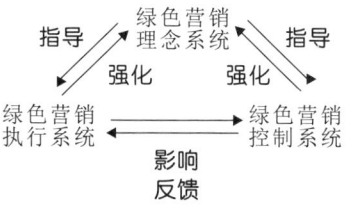

图 7-1 企业绿色营销系统构成①

其三,绿色广告监管指标体系。

其四,绿色消费监管指标体系,主要包括绿色消费理念的生成与践履②、消费者利益保护指标、绿色城镇建设情况、家庭住宅绿色化建设。

(二)绿色广告监管指标体系的详细内容

1. 事前监管指标

主要指标有广告经营许可制度完备情况、广告内容行政审查制度完备情况、广告出证制度完备情况。目前,我国先后出台食品广告、美容类化妆品广告、专利广告、医疗广告等出证制度,尽管绿色诉求广告与上述类别的广告存在交集,但制定专门的出证制度依然有必要,因为几乎所有类别的广告都在内容诉求上打"环保牌",这已经不是个别现象。

---

① 魏明侠:《绿色营销绩效管理》,经济管理出版社 2005 年版,第 58 页。
② 主要体现为"5R"原则:Reduce(节约资源,减少污染);Re-evaluate(绿色消费,环保选购);Reuse(重复使用,多次利用);Recycle(垃圾分类,循环回收);Rescue(救助物种,保护自然)。

2. 事中监管指标

广告监测是对个案广告、类别广告、全部广告法律执行状况进行的跟踪检查。有效的事中监管一方面能够及时发现"漂绿广告",酌情采取暂停发布、停止发布等措施,同时为广告监管机构的事后责任追究提供证据。另一方面,通过监测,可以发现和总结"漂绿广告"的规律和特征,有助于事前监管对症下药,提高监管水平或效率。

"漂绿广告"有效监测指标,包括下列五个:

(1)广告监测制度的法律地位适中。

(2)广告监测机构功能定位合理,既能保证广告监测的客观、公正、完整、独立性,又有相当的政策把握能力和公益性。

(3)广告监测标准具有统一性。避免出现"漂绿广告"在甲地发布被认定为不合法,而在乙地则被视为合法的情形。

(4)公告与行政告诫的及时到位。公告制度具有震慑力大、教育效果明显等特点,对于消费者也有警示和引导作用。行政告诫制度指暂不需要直接诉诸事后的法律责任,通过告诫达到监管目的的行为。行政告诫的表现载体通常是"监督意见书""行政建议书",发文对象可以是广告主,也可以是广告经营者(广告公司)和广告发布者(广告媒体)。

(5)行政强制措施的有效施行。

3. 事后监管指标

包括三者:行政处罚相对人的合理确定;过罚相当,具有足够威慑力;异地联手处罚得到有力施行。

美国学者保罗·R. 伯特尼等人曾经指出:"只要在生产和消费过程中存在外部性和不完全信息,我们就难以想见到自由竞争的结果会导致最适的污染水平、产品安全度和工作场所对健康影响的风险水平。"[①]只要生产和消费过程中存在外部性和不完全信息,就很难让"漂绿广告"消失在人们的视线中。作为虚假广告特殊形态的"漂绿广告",需要加强和改进监管,做到标本兼治,一定要全方位整合社会力量。国务院总理李克强曾经在《关于深化经济体制改革的若干问题》一文中指出:"要进一步强化事中事后监管、完善监管体系的具体措施。

---

① [美]保罗·R. 伯特尼、罗伯特·N. 史蒂文斯:《环境保护的公共政策》,穆贤清等译,上海人民出版社2004年版,第17～18页。

地方政府在职能转变和机构改革过程中,要把加强监管作为重中之重,建立横向到边、纵向到底的监管网络和科学有效的监管机制。现在往往是平时监管不及时、不到位,一出问题就搞'突击',搞'大检查',结果是雨后地皮湿,监管一定要制度化、规范化、常态化。要抓紧建立科学的抽查制度、责任追溯制度、经营异常名录和黑名单制度,对违法违规者,要严厉惩处,以儆效尤。"[1]

李克强总理的论述当然不是针对广告(特别是"漂绿广告"监管)而言的,但也与我国广告监管实践完全吻合。就"漂绿广告"监管而言,如果错误归因和单一归因,监管有效性难以真正实现。

---

[1] 李克强:《关于深化经济体制改革的若干问题》,《求是》2014年第9期。

第八章 政府监管创新与"漂绿广告"有效监管

"漂绿广告"日渐盛行且危害甚重,至少表明:我国当下的广告监管存在缺憾与不足。机械照搬以往监管理念、监管政策及其监管方式,很难对"漂绿广告"进行有效监管。

前面章节虽然对"漂绿广告"的危害进行了较为详细的分析,但必须承认这样一个现实:只有社会上对"漂绿广告"及其危害有了一定的认知,表现出"扩散的忧虑和初始的紧张迹象"[①],相关政策才会被提上议事日程,随后的政策制定、政策执行、政策评估与政策监控等也才会相继发生,"漂绿广告"的有效监管才有实现的可能。

一、广告监管理念的转换与创新

(一)广告监管理念的含义

广告监管理念经过长期实践而逐步形成,它是对广告监管实践经验的总结、归纳和提炼,是广告监管的行动指南和行为准则。

广告监管理念总是以"应然"来反映和规约现实广告活动的"实然"或"已然",要求广告活动主体接受其价值取向和相应的行为模式。

广告监管理念的生成,或者说,广告理念是什么或者应该是什么,都集中体现在对四个方面问题的回答:(1)为何监管。也就是监管的目的何在,反映监管主体在价值目标上的追求。(2)谁来监管。也就是监管主体构成问题。(3)监管什么。也就是,哪些该实施监管,哪些交由市场自发调节。(4)如何监管。这四个方面共同构成广告监管的完整理念。

---

① [美]威廉·N.邓恩著:《公共政策分析导论》(第二版),谢明等译,中国人民大学出版社2010年版,第120页。

广告监管理念一旦形成,就会相对保持稳定,但也会随着广告市场的发展变化,特别是随整个社会的发展变化而变化。

(二)广告监管理念创新的内容

监管理念创新表现在:调整过去的监管理念,提出新的监管理念。广告监管理念创新的主要任务是,以解决广告失范行为为逻辑起点,以增进公共利益为核心追求,促进广告产业健康有序发展,不能仅有 GDP 维度,更不能搞 GDP 主义。就"漂绿广告"监管而言,广告监管理念创新至少包括以下内容:

1. 环境保护的理念

广告监管的法律法规、广告监管的工具及实施全过程,都要把环境保护纳入进来,不可或缺,并作为重要维度和考量因素,就像什么时候法律都不能丢掉公平正义一样。1994 年《广告法》第二章"广告准则"第七条中列举了 9 种不得出现的情形,第 8 种是"妨碍环境和自然资源保护"。《〈广告法〉注释本》对该项的解释是:

> 实行环境和自然资源的保护,是我国的一项基本国策,为此我国制定了一系列的法律、行政法规。广告中涉及大气、水、土地、森林、矿藏、草原、野生动植物等环境和自然资源的,不得违反有关法律、法规的规定,特别不得出现不利于保护和改善环境,破坏生态平衡的表现,不得出现不利于防治污染和其他公害的表现。[①]

在新《广告法》第九条列举的 11 种情形中,第 10 种情形是"妨碍环境、自然资源或者文化遗产保护"。根据文献以及对广告行业的经验观察,这一项常常被忽略或被遮蔽,而且在理解上显得肤浅和偏狭。现实中,为设置巨型广告牌而占用耕地,破坏河流,毁灭森林,显然是法律法规不容许的,而且这种违法事实显而易见。但是,如果广告宣传及其负载的消费理念有可能误导人们占用耕地,破坏河流,毁灭森林,算不算不当广告行为?在生态环境普遍恶化的当下,人们应该对此引起关注和警惕。

环境保护是广告监管理念创新的重要内容。就"漂绿广告"监管而言,尤其

---

① 法律出版社法规中心编:《中华人民共和国广告法注释本》,法律出版社 2008 年版,第 8 页。

如此,所以要全面客观地分析广告直接或间接对环境和自然资源的影响与破坏。这绝不是牵强或者赶时髦,而是现实所逼、人类自身生存状况所逼。随着我国生态文明建设的推进,环境保护的维度在广告监管中会应受到重视。

2. 合作治理的理念

从发达国家的监管实践看,监管主体从单一性向多元性转变、转换,是明显的趋势。党的十八届三中全会公报指出:"全面深化改革的总目标是完善和发展中国特色社会主义制度,推进国家治理体系和治理能力现代化。"著名法学家江必新教授认为,这"是一次国家、社会、公民从着眼于对立对抗到侧重于交互联动再到致力于合作共赢善治的思想革命;是一次政府、市场、社会从配置的结构性变化引发现实的功能性变化再到最终的主体性变化的国家实验;是一个改革、发展、稳定从避免两败俱伤的负和博弈、严格限缩此消彼长的零和博弈再到追求和谐互惠的正和博弈的伟大尝试"①。我国广告监管 40 年的实践表明,广告监管不仅仅是政府部门的事,也是各类机构和社会公众的事,需要多元参与和合作治理。听证会、专家咨询、社会公示等形式的公众参与,是当今社会公共决策过程中的一道风景。这一方面来自于政府对公众参与的需求的激励、引导与整合,一方面来自公众的权利自觉和充权要求。环保或与环保有关的话题,总是最能牵涉公众的参与热情。"漂绿广告"是广告,但又不仅仅是广告,其中牵涉产品的节能环保功能,这就不可避免地涉及环保技术、环保法律、产品用途、科学常识等方面。这个世界上没有知全能的政府,离开公众参与,"漂绿广告"监管很难取得应有成效。虽然非政府组织的监管措施不及政府监管强硬,但在很多时候更为有效,比如环保公益施行独立的第三方监督,消费者协会对虚假环保节能产品的投诉与处理,都为"漂绿广告"的识别提供重要线索,对被监管者起到震慑作用。

3. 平衡立法的理念

既要有"综合立法",又要有"要素立法"和"环节立法",前者强调一般性、指导性,后者强调针对性和实践性。在未来立法实践中,一方面要把《广告法》事实上上升为《广告基本法》,然后再逐步针对不同媒体形态、不同行业、特殊产品和广告活动不同阶段等,制定更为具体的广告法律法规。

---

① 江必新:《推进国家治理体系和治理能力现代化》,《光明日报》2013 年 11 月 15 日。

4. 动态治理的理念

在全球化日益加剧、技术日新月异的时代,动态治理是成功的关键。两位新加坡学者在《动态治理:新加坡政府的经验》一书中构建了"动态治理系统的框架"并指出:"动态治理的两大障碍是不能认识环境变化和不能进行保持有效性所必需的制度调整。第一个指文化功能,第二个指能够识别当前问题、学习他人经验和开发政策响应以有效应对变革的能力。"①"支持性制度文化与超前的组织能力互动,产生整合持续学习和变革的适应性路径,进而导致规则、政策、激励和结构持续演进,以迎接环境的不确定性和技术发展带来的新挑战。动态治理来源于开发适应性路径、政策及其有效实施的能力。"②他们还认为,政策适应不只是被动地对外部压力做出反应,而是超前的创新、对背景的把握及重视实施方法。就"漂绿广告"监管而言,期冀一劳永逸、一成不变的政策发挥持久效率是不可能的,只有强调制度动态性,重视新思想、新观念,持续更新、快速反应、灵活适应和创造性创新,才有可能实现监管目标。

二、广告法律法规的生态化改造

20世纪中叶,全球范围兴起政治生态化、法律生态化、社会生态化思潮。法律生态化改造是系统工程,需要精心设计并进行全方位的机制解构。因为,"制度供给固然重要,更重要的是既已确立的制度在现实生活中得到贯彻落实"③。应该说,现行广告法律体系存在诸多不足,基于本书的研究宗旨,我们重点从生态化改造方面谈法律体系的完善与法律的实施。

(一)法律法规生态化改造是生态文明建设的重要保证

良法应该反映市场和社会的需求,并且随着社会情势的变迁而变迁。良法包括法的实质良善性和形式良善性两个方面。前者体现为法的人文性、价值性、合目的性,后者体现为立法、执法、守法和护法各环节中普遍遵守的基本原则④。在全球范围内日趋严重的环境恶化和资源短缺背景下,环境问题成为检

---

① 梁文松、曾玉凤:《动态治理:新加坡政府的经验》,陈晔等译,中信出版社2010年版,第7页。
② 梁文松、曾玉凤:《动态治理:新加坡政府的经验》,陈晔等译,中信出版社2010年版,第7～8页。
③ 江必新:《"把制度建设摆在突出位置"的若干思考》,《中国社会科学》2013年第1期。
④ 李龙:《良法论》,武汉大学出版社2005年版,第1～2页。

验传统法律制度功能与运作实效的标尺以及法律变革的"催化剂"。[①] 任何法律法规如果不把生态环保理念蕴含其间,都很难称得上是"良法";离开"良法",生态文明建设的目标终究难以实现。环境资源法学者孙佑海充分肯定了法治在生态文明建设中的地位、作用和所取得的成绩,从四个方面指出必须正视的问题[②]:

一是立法上,立法科学性比较差。已经制定出来的法律法规不能适应社会发展和人民群众对生态文明建设的要求,表现在:(1)有的立法过于空洞,被戏称为"豆腐法";(2)存在立法空白,有的重要领域无法可依;(3)法律修订工作迟缓;(4)配套法的制定跟不上法律实施的需要。

二是执法上,执法不严的问题更为突出,表现在:(1)执法的地方保护主义盛行;(2)执法能力不足;(3)权力寻租严重,执法效果不佳。

三是司法上,生态环境司法的公信力不足。生态环境案件立案难、取证难、胜诉难、执行难的问题较一般民事诉讼更为突出。

四是守法上,社会尚未形成自觉遵守生态环境法律的氛围,一些排污单位以消极的态度对待环境保护,片面追求 GDP 增长的现象在许多地方都不同程度存在。

哈佛大学教授斯帕罗在《监管的艺术》一书中指出:"监管实践的性质和质量取决于监管人员选择实施的法律和实施的时机,他们关注的焦点和运用自由裁量权的技巧以及他们所选择的旨在促使监管对象服从其执法行为的手段。"[③]很显然,斯帕罗教授认为,好的监管效果与法律、时机、技巧和手段直接相关,只要一个方面存在明显不足,监管的质量或效果就很难得以保障。斯帕罗把法律放在最优先的位置,假定法律是适用的,但现实中并非如此。法律的不完备性是常态,法律对千姿百态、变化不断的社会生活的涵盖性和适应性不可避免地存在一定局限。法律法规的生态化改造是全球范围内面临的重要课题。具体到广告监管领域,监管理念的落后必然体现在立法理念中。我国广告

---

① 张宝:《环境规划的法律构造》,北京大学出版社 2018 年版,第 1 页。
② 孙佑海:《生态文明建设需要法治的推进》,《中国地质大学学报》(社会科学版)2013 年第 1 期。
③ [美]马尔科姆·K.斯帕罗:《监管的艺术》,周道许译,中国金融出版社 2006 年版,第 2 页。

学者和部分法学专家对现行广告立法缺陷的分析已经持续很多年,甚至可以说,自从《广告法》颁布实施之日起,对其不足或者不完备性就一直讨论不断,但几乎不涉及生态化改造。有包括《广告法》在内的诸多法律法规的生态化改造,"漂绿广告"的监管才有根本的制度保障。

(二)广告法律法规生态化改造之要点①

"漂绿广告"诉求的内容,包含各种与节能环保有关的信息或符号。这些信息或符号本身没有错,且其传播必须益于环保科普,采取完全抹杀或者视而不见的态度,都不是合理的,问题的关键在于,这些信息或符号与产品事实不符合,欺骗和误导消费者,造成一系列的危害。政府对"漂绿广告"的监管不能仅仅停留在表面上,要从生态文明建设系统工程来思考和应对这一问题。

1. 广告立法的生态化改革与生态文明法治建设相兼容

立法是时代的反映,作为立法内在精神品格的立法原则,总要随时代的发展而变化。相对于农业文明、工业文明而言,生态文明强调的是:人类要自觉地遵循人、自然、社会和谐发展的规律;法律必须接受生态规律的约束,法律的制定、执行和遵守都应当着意于人与自然和谐共处的客观要求。党中央把生态文明建设放在突出地位,要求将其融入经济建设、政治建设、文化建设、社会建设各方面和全过程。这要求法治系统必须体现生态文明和生态伦理的价值诉求,要对工业文明时期的法律进行生态化改革,最重要的是将生态理念纳入法治系统,建立整体主义法律观,以可持续发展为核心,形成良好的法治秩序。

2. 用生态理性拓展法律价值观

要建立符合生态文明要求的法治系统,必须拓宽法律价值观,将生态理性纳入法律体系。生态环境是不可分的公共资源,具有多重功能和价值,任何个人对生态环境的开发利用行为产生的后果,都涉及影响者和被影响者、人与自然、当代与未来,因此,个人的行为必须受到整体公平与正义的约束。以这种价值观为基础的法治体系,必须超越个人的、眼前的、局部的经济利益,将人类的、长远的、整体的利益纳入法律的范畴。其表现形式是整体主义思维、人与自然和谐共荣理念,以可持续发展、公共利益保护、社会责任为原则的生态法治秩序。中国要完成发展社会主义市场经济和建设生态文明的双重任务,处理好两

---

① 本节写作受《中国生态法治建设的路线图》一文启发,详见《中国社会科学》2013年第5期,特向作者吕忠梅教授致谢!

者关系是全新的挑战,可持续发展观为妥善解决这个难题提供了途径和方法。

3. 以可持续发展为核心构建生态法治体系

生态环境问题不仅是技术问题,生态法治问题也不单纯是部门法问题,而需要所有法律共同参与并建立新的运行体制和机制。在可持续发展观下建立的法治系统,法律上的"人"应是既会计算经济利益又知道不保护环境等于自杀的"理性人";法律不再是简单调整人与人之间关系的社会规范,而是将"人—自然—人"的关系纳入法律调整范畴的社会规范与自然规范的结合;法律保护的对象也不再仅仅是个人的、单一的经济行为及其所带来的利益,而要将个人多种行为所产生的公共性、多元性利益纳入。对工业文明时代的法律进行生态化改造,在保持其本质属性的同时,通过建立新制度和对已有制度按照可持续发展观的解释而为其注入绿色元素,使人的社会生存规则适应时代发展的要求。

4. 将生态理性纳入法治的载体和形式

生态法治建设包括立法、执法、司法、守法及法律文化建设等诸多方面内容。

第一,按照生态文明建设的要求,制定新的生态环境立法规划,陆续启动相关法律的制定和修改工作,建立完善的生态环境保护法律体系。

第二,对现行法律进行可持续发展评估,通过立法技术将生态理性纳入相关法律制度。近年来,我国的民事和经济立法在生态环境保护要求方面做出积极回应,如新制定的《物权法》《侵权责任法》和新修改的《民事诉讼法》都体现生态环境保护的要求。但是,很多法律对可持续发展要求体现和贯彻得不够,甚至与之相悖。因此,有必要开展对现有法律的可持续发展观进行评估,通过修改法律、制定特别法等形式完成生态化改造。

第三,建立政府生态环境质量问责机制,明确政府行政首长以及行政机关的法律责任,建立生态环境综合考核制度,完善对地方政府及政府官员的考核体系。

第四,完善生态环境司法机制和公众参与机制。近年来,中国生态环境司法有了长足进步,但其法律实施功能尚未充分发挥,生态环境案件立案难、审理难、判决难、执行难的问题依然存在,环境公益诉讼制度在《民事诉讼法》中仅是原则性规定。生态环境司法不同于传统司法,需要从立法上完善生态环境诉讼制度,更需要司法机关及时出台司法解释,制定司法政策,建立生态环境司法案例指导制度,加强法官司法能力培训等,保证法律的有效实施。生态环境保护事关当代人和后代人的利益,涉及生产和生活的各个环节,广泛的公众参与是法律实施的必要保证。这就需要进一步完善公众参与机制,切实保证公民的环境知情权、参与权、表达权、监督权,设立公众参与平台,明确公众参与程序及效力,明确政府和企业信息公开的义务与责任,大力推进环境民主,同时,发展生态环境保护的社会组织,鼓励社会公益性中介服务,推进生态环境保护文化建设。

5. 环境信息披露工作的法治推进

近年来,我国政府行政主管部门、各级监管机构以及行业协会相继颁布环境信息披露相关法规和规范。例如,全国人大颁布的《环境保护法》(2014)、《证券法》(2014)、《清洁生产促进法》(2012)、《公司法》(2018);国务院发布的《关于落实科学发展观加强环境保护的决定》(2005),原国家环保总局发布的《关于企业环境信息公开的公告》(2003)、《环境信息公开管理办法(试行)》(2007);深圳证券交易所发布的《上市公司社会责任指引》(2006);上海证券交易所发布的《上市公司环境信息披露指引》(2008);证监会福建监管局发布的《福建上市公司、证券期货经营机构、证券期货服务机构社会指引》(2008);中国纺织工业协会发布《CSC9000T 中国纺织企业社会责任管理体系总则及细则(2005 年版)》;国务院国有资产监督管理委员会发布的《关于中央企业履行社会责任的指导意见》(2008);中国银行业协会发布的《中国银行业金融机构企业社会责任指引》(2009);环境保护部发布的《上市公司环境信息披露指南(征求意见稿)》(2010)等诸多法律法规和行业规范中有关于企业承担环境保护责任和披露环境信息的原则性规定。

2013 年 10 月 25 日,第十二届全国人大常委会第五次会议通过《全国人民代表大会常务委员会关于修改〈中华人民共和国消费者权益保护法〉的决定》,该修改决定自 2014 年 3 月 15 日起施行。新消费者权益保护法第 47 条规定,"对侵害众多消费者合法权益的行为,中国消费者协会以及在省、自治区、直辖市设立的消费者协会,可以向人民法院提起诉讼"。根据这一制度设计,在未来出现大规模消费侵权案件时,消费者组织就能以原告身份直接向人民法院提起诉讼。消费者毋需出资聘用律师,也毋需亲自出庭,消费者只需把身份证号码、银行卡信息与受损证据提交给原告消费者组织,就可坐享胜诉利益,进而实现零成本维权梦想。但是,这次修改着重明确消费公益诉讼的诉讼主体,没有就诸如诉讼的具体程序、判决的效力、诉讼费用的承担、判决的执行等作具体规定。这有赖于通过司法解释等方式予以明确，逐步总结实践经验。

应该说，我国企业环境信息披露内容和披露力度均有明显改善，但是，我国上市公司在环境责任领域整体水平不高，企业缺乏披露环境信息的主动性、自觉性，法律力量并不能推动企业公布环境信息，还需要从以下四个方面加以完善。①

第一，修订相关法律法规，提高企业环境信息披露法律文件的权威性。我国应尽快修订《宪法》《环境保护法》《证券法》《公司法》《会计法》等相关法律法规，建立以强制披露为主、自愿披露为辅的企业环境信息披露制度，明确规定定期披露环境信息的法定义务以及不履行环境信息披露义务的法律责任，加大对企业隐瞒或错报环境信息行为的处罚力度，明确规定公民的环境知情权，使企业环境信息披露有法可依，有法必依，违法必究，为我国环境信息披露的建立与实施提供法律保障机制。

第二，统一企业环境信息披露制度规范与环境绩效的评价标准。当前我国企业环境信息披露与环境业绩评价既缺乏统一标准又缺乏可操作性，为企业采取主动应对策略提供了空间。因此，我国应尽快修订《环境信息公开办法（试行）》，完善绿色产品标识制度，建立绿色产品信息可追溯制度等。关于绿色产品的标识制度，可以参照国外有关食品安全的做法，让消费者购买绿色产品时、食品运输和仓储者保存运输绿色产品时，绿色产品分销时，都把绿色产品标识作为重要信息源。这就需要绿色产品相应认证制度和检测制度的配合，制定标签不真实和不可靠的惩罚机制。我国从2002年起开始推进建立可追溯制度，但是收效甚微。关于绿色产品信息的可追溯制度，可以借鉴食品信息可追溯制度推行过程中的经验教训，尽快完善法律法规，真正形成对绿色产品监管起到监管作用的长效机制。鉴于企业面临的环境事故损害风险日益增加以及环境污染和破坏后果的滞后性特点，财政部应首先制定与颁布企业环境负债会计准则，规范上市公司准确及时披露环境负债，以避免低估或瞒报环境负债导致股票价格虚高和误导信息使用者决策。

第三，建立企业环境信息披露联合监管机制，提高政府监管效率。生态环

---

① 肖华等：《制度压力、组织应对策略与环境信息披露》，《厦门大学学报》（哲学社会科学版）2013年第3期。

境部与证监会应共同组建上市公司环境信息披露联合监管机构,负责协调生态环境部与证监会之间的信息通报与联动监管决策,上市公司环境信息披露指南的制订与颁布,上市公司环境信息披露数据库与网站建设与管理,上市公司环境信息披露知识的推广与培训,上市公司环境信息披露奖励与惩罚措施的具体实施。联合审计制度指根据上市公司环境信息审计的需要,采取生态环境部与证监会联合审计的方式,对上市公司环境信息进行审计鉴证。按照联合监管原则,上市公司环境信息披露联合监管机构负责制订联合审计制度并负责联合审计的实施。生态环境部主要负责上市公司环境技术信息披露的审计管理工作,证监会主要负责上市公司环境会计信息披露的审计管理工作。上市公司环境信息披露联合监管机构可委托环境专家和会计师事务所负责联合审计的具体实施并出具审计意见。

第四,设立环境信息披露年度奖项,为环境信息披露提供"最佳实践"的参照样板。企业往往倾向于模仿与其地理位置相邻的公司,与自己相似的公司,那些通过资源、信息和董事连锁关系而紧密联系的公司,那些具有较高地位和声望的公司,那些公认的更成功的公司,已获得文化—认知性的合法性。为此,建议生态环境部和证监会联合设立上市公司环境信息披露年度奖项,建立公众参与评选机制,评选和奖励环境信息披露优秀的上市公司,构建企业环境信息披露"最佳实践"的参照群体,推动企业之间的模仿行为,激励上市公司持续改进与完善环境信息披露,提高公众参与监督上市公司履行环境责任的积极性。对那些假冒伪劣的绿色产品实施警告制度,做到有奖有罚。

此外,构建鼓励行业协会和环保民间组织参与环境管理机制,提高企业和社会公众的环境意识,也是完善企业环境信息披露制度的重要环节。

(三)进一步严格执法

重点解决的问题有三个:

一是谁来严格执法。在以往的观念中,严格执法的主体主要是执法机关、司法机关等公权力组织。法律实施是(行政机关)法律执行与(司法机关)法律适用的总和,表现为国家立法后由公权力机关针对公民及其他社会主体执行或适用法律的过程。在这一过程当中,公民并不是主体性存在,最多只是启动法律实施的主体以及对法律实施进行监督的主体。著名法学家江必新认为,公民在法律实施中的主体性缺失,是由我国选择的政府推进型法治发展道路决定的。在这样的法治发展模式中,法治化的主要动力是政府,法治目标是在政府设计下人为确立的,主要借助政府掌握的本土政治资源通过强制性的方法实现①。中国走上政府推进型法治发展道路有其历史必然性,也确实取得了巨大的法治建设成果,但这种法治建设模式有其内在缺陷,最为突出的即为法治推进所需要的政府动力以及法治所内含的限制政府权力之间的矛盾。正因为这一矛盾,严格执法往往难以实现。

二是"严格"如何把握,或者何为"严格"。

三是所依之法为何?中国是成文法国家,但是规范体系错综复杂,这无疑给依法办事带来难题。就广告行业而言,除了法律(比如《广告法》《消费者权益保护法》《产品质量法》《反不正当竞争法》等)、条例(比如《广告管理条例》《广告审查标准》等)、纲要(比如《关于加快广告业发展的规划纲要》等)之外,来自宣传、新闻、出版、广电等部门以红头文件形式下发的各种命令层出不穷,执法部门和富有监督之责的社会组织、公众,往往有应接不暇的感觉,这显然不利于广告监管的顺利开展。北京大学广告系教授刘国基早在2006年就建议,对涉及广告行业的所有法律和行政法规一并进行检讨:凡是定义不清、窒碍难行的,通盘考虑;法律条文必须使用法律用语,避免政治语言,同时,对于新媒体、新技术条件下各种新的广告内容和形式也要高瞻远瞩,进行规范②。

(四)进一步公正司法

深化司法体制改革,保证司法公正,提高司法公信力,维护司法权威,是全面推进依法治国的重要保障,也是切实加强生态文明建设的坚强后盾。现实中,包括"漂绿广告"在内的各种绿色信息满天飞,充塞了人们的耳目,但是人们又不得不看到,污染环境和破坏生态的行为屡屡发生,反差强烈的两种现象之间存在很大关联,必须结合起来监管。无论"漂绿广告"监管,还是针对污染环境和破坏生态行为的监管,当前面临的共同问题是,要切实解决立案难的问题,真正保障污染受害者、生态受损人以及消费受误导者到法院打官司的诉权,降低这一行为的成本,避免受损当事人一方望而却步。大力解决司法公信力问题,通过规范司法行为,大力推进公正司法和司法公开,让人民群众在每一个司

---

① 郭学德:《试论中国的"政府推进型"法治道路及其实践中存在的问题》,《郑州大学学报》(哲学社会科学版)2001年第1期。

② 刘国基:《冷静审视〈广告法〉修订争议》,《广告大观》(综合版)2006年第6期。

法案件中都感受到公平正义,及时兑现胜诉者的权利,使胜诉者不再看到"法律白条"。

三、广告监管体制与机制的完善

(一)坚持和完善现行的政府主导型广告监管体制

《中共中央关于全面深化改革若干重大问题的决定》提出"深化行政管理体制改革,创新行政管理方式,增强政府公信力和执行力,建设法治政府和服务型政府",强调要"优化政府组织结构设置、职能配置、工作流程,完善决策权、执行权、监督权既相互制约又相互协调的行政运行机制"。

广告监管体制改革是我国行政管理体制改革的重要组成部分,是政府转变职能,转变工作方式,转变工作作风,提高工作效率的重要体现。进入 21 世纪以来,随着传统媒体和新兴媒体融合发展,广告传播的形态、业态都发生深刻变化,这对现有的广告监管体制机制构成巨大挑战,就广告监管谈广告监管,往往难以获得应有的监管效果;仅仅在广告行业、现有政府主管部门内部或政府部门之间,来讨论广告监管体制改革,远远不够,在国家行政管理体制改革和生态环境保护这两个大背景下讨论广告监管体制的改革与完善才有可能。就本书而言,"漂绿广告"监管的有效性才能真正实现。

广告监管体制的核心问题是政府监管与行业自律的地位与权责分配问题,我国目前施行的是政府主导型广告监管体制。对此,有学者提出不同看法,范志国等人认为,政府主导的广告监管体制客观上容易导致行政监管和行业自律的模糊,削弱行业自律的内在动力,抑制了行业自律力量的成长和壮大[1]。徐卫华也认为我国政府主导型广告监管体制是特定历史条件的产物,这一体制排挤了广告行业的权力[2]。

关于发达国家广告监管体制,国内学者习惯于将其分为自律主导(如美国、日本)和政府主导(如中国、法国)两种类型。前者"通过加强由广告业各方共同组建的非营利的行业自律审查机构的作用,规范广告市场竞争秩序,确保公正的市场竞争。在此基础上,辅以国家法律及行政监管、消费者及社会团体和舆论的监督形成较为完善的广告监管模式"[3]。

---

[1] 范志国等:《中外广告监管比较研究》,中国社会科学出版社 2008 年版,第 32 页。
[2] 徐卫华:《中国广告管理体制研究》,武汉大学博士论文,2009 年,内容摘要。
[3] 范志国等:《中外广告监管比较研究》,中国社会科学出版社 2008 年版,第 282 页。

政府监管与行业自律之间并非仅有互斥关系。我们讨论行业自律,关键要明确行业自律的依据。一般认为,行业自律主要通过契约约束和伦理约束两种途径,前者包括章程、公约、标准、规则等,后者包括社会公德、职业道德等手段。以美国、日本为代表的西方发达国家,法治建设相对完善,行业自律都建立在法律法规的基础之上。换句话说,首先要守法,在守法基础上讨论自律才有意义,而不是"先自律,然后辅以法律",这与西方国家广告监管的实际有明显出入。

关于政府监管的内涵与外延,国内学者的看法不太一致。在许多场合,把行政监管和政府监管作为意义相同的概念来使用。从我国广告监管的情况来说,行政处罚只是政府监管的很小一部分内容,学者们习用的行政监管只相当于行政处罚的内容,政府监管内涵很丰富,指政府行政机构依据法律授权,通过规章制度、设定许可、监督检查、行政处罚和行政裁决等行政处理行为对市场相关主体实施控制。法律由国家最高权力机关最终颁布实施,从广义来说,属于政府监管范畴。

政府监管具有十分明显的优势,按照斯蒂格利茨的说法,政府是对全体社会成员具有普遍性的组织;政府拥有其他经济组织所不具备的强制力[①]。何谓政府监管,何谓政府主导,政府主导了什么,如何主导,对这些基本概念不厘清,就没有充分的理由提出类似"行业自律为主""行业自治"等主张。无论从国外广告监管实践来说,还是从相关行业(比如食品药品监管、证券监管)的实践来看,任何淡化政府监管地位和作用的政策导向,都不会有好的监管效果。就广告监管而言(当然包括对"漂绿广告"监管),政府主导的监管体制只能坚持不能弱化,更不能否定。

(二)把广告监管纳入市场和质量监督管理体制之下

前面介绍国外广告监管实践时,提及美国广告监管部门包含美国联邦贸易委员会、联邦通讯委员会、邮政部、农业部、证券交易委员会等。问题不是多部门合作行不通,而是监管权力和资源在纵向分配与横向协调上是否科学合理。如果监管权力和资源在纵向分配与横向协调上没有做到科学合理,多部门合作很难获得应有的成效,这与多部门合作的体制机制本身没有必然关系。

2014年上半年以来,我国部分省市开始推行大部门监管体制,根本目的就

---

① [美]斯蒂格利茨:《政府为什么干预经济》,郑秉文译,中国物资出版社1998年版,第45页。

是着力解决市场体系不完善、政府干预过多和监管不到位问题,加快推进市场治理体系和治理能力现代化建设。2014年5月14日,深圳市市场和质量监督管理委员会宣告成立,将原深圳市市场监督管理局(市知识产权局)承担的工商行政管理、质量技术监督、知识产权、食品安全监管、价格监督检察等职责和深圳市药品监督管理局承担的药品、医疗器械、保健食品、化妆品监管等职责划入。深圳市市场和质量监督管理委员会属市政府工作部门。深圳市副市长兼该委员会主任陈彪表示,市政府组建市场和质量监督管理委员会,就是要"进一步整合机构、职能和监管资源,继续完善我市的大市场、大质量、大知识产权、大食品药品监管体制机制,推动政府职能和监管方式的转变"。

2014年7月30日,天津市市场和质量监督管理委员会在整合原市工商行政管理局、质量技术监督局、食品药品监督管理局后,挂牌成立,这标志着在全国省级层面率先建立起大市场大部门新体制,由探索走向实践。市场和质量监管体制改革,概括起来说,就是:

组建一个部门,将原质监、工商、食药"三局合一",组建市场和质量监督管理委员会。

建设两级队伍,整合组建天津市市场和质量监督稽查总队,组建区县市场和质量监督稽查大队。

构建三级机构,构建天津市市场和质量监督管理委员会,区县市场和质量监督管理局和街镇市场和质量监督管理所三级机构。

明确四级责任,明晰市、区县及街镇三级市场和质量监管责任,明确村居协管员责任。实行垂直管理,市场和质量监管委统一领导和管理区(县)及街镇市场和质量监督管理部门。

按照天津市委市政府行政管理体制改革,要做到"一份清单管边界""一颗印章管审批""一支队伍管到底""一个部门管全部"。市场和质量监管委员会力求做到"八个实现":(1)实现"一个部门管全程"。整合工商、质监、食药监三个部门的监管职能,将食品安全由原来的生产、流通、消费三个环节的分段监管实现统一监管,将原来产品、商品质量的多部门监管实现一个部门集中监管。(2)实现"一个流程优监管"。整合再造监管流程,将产品、商品质量的监管和企业经营行为的监管有机衔接,实现对市场主体监管和市场客体监管的统一;企业设立、质量检验、信用建设、违规处罚等环节有机衔接,实现事前预防和事中事后监管的统一;将食品药品监管职能进一步强化,实现一般监管和特殊监管统一。(3)实现"一支队伍抓执法"。对原有三个部门的执法队伍进行一体化整合,实施统一行政执法。实现市有稽查总队,区有稽查大队,街镇有监管所。(4)实现"一张网格强基层"。充实基层监管力量,突出食品药品、特种设备的专业化综合执法。(5)实现"一个平台管信用"。加快建设市场主体信用信息公示平台,建立透明诚信的市场秩序来规范企业行为。(6)实现"一个窗口办审批"。整合原三个部门行政审批职能,实现"一口受理、一表申请、一门办结",积极推进工商登记制度改革,在滨海新区先行先试"先照后证"登记制度。(7)实现"一个体系搞检测"。组建市食品安全检验检测中心、区县食品药品检验检测中心、街镇快速检验室。(8)实现"一条热线助维权"。整合"12315""12365""12331"三个举报投诉平台,形成一体化规范运作的综合执法信息平台,为群众投诉维权提供顺畅的渠道。

很显然,以上举措更多的是从食品安全监管出发。尽管广告监管和食品安全监管属于不同的监管领域,但从监管有效性角度来说,食品安全监管中出现的问题在广告监管中同样可能出现,比如多部门协调问题、分段与一体化管理问题、纵向权力配置问题、投诉与维权问题。而且,食品安全问题与广告市场出现的问题往往具有极强的伴生性。把广告监管职能作为市场监管的一部分,纳入市场监督与质量管理委员会及其下设机构中并加以强化,完全可行。

但是,无论食药监管还是"漂绿广告"监管(当然,不仅仅限于"漂绿广告"),部门职能整合的问题要辩证地看,不同的层级要区别对待。比如,在省级和地级市层次,进行职能整合具有先天优势,但到了县以下工商所、食药所这个层级,"上面千根线,下面一针穿"的矛盾就变得十分突出。街镇监管所由于人力、资源、知识能力等局限,监管职能发挥很难达到预想的结果。要从纵向衔接和横向整合两方面,确定职能的分合,做到分中有合,合中有分,分合结合。

(三)构建"漂绿广告"源头监管机制

如前所述,"漂绿广告"本质上是言行不一的经营行为,其产生源头有两个,一是企业的生产经营行为,如果企业自身确实采用最新科学技术,在合规的自然环境等条件下从事生产经营活动,其产品理所当然地可以说是环保节能产品,其营销过程中的绿色广告诉求有真实可信的前提,从这个意义上说,对生产经营行为的源头进行监管,"漂绿广告"自然就会消失。二是从"漂绿广告"的创意制作来分析。其实,这也是一种产品生产,是与"广告产品"对应的创意生产。构建源头监管机制,就需要广告主、广告公司、广告经营者和广告代言人,按照《广告法》中的相应规定,把广告信息的创意萌发、制作、传播等环节都纳入监管过程之中。

(四)改进"漂绿广告"监管的激励机制

针对当前"漂绿广告"日渐盛行,应该强调正向激励机制。鼓励监管机构及时公开广告行业动态,对"漂绿广告"等失序失范行为进行有效治理。广告行业长期受社会诟病,目前针对工商部门、大众媒体的激励机制几乎都是责任,努力监管难以得到正向激励;并不进行有效监管,处罚也并未很好地执行。因此,被动反应式监管模式成为主导。建议根据监管部门发现和查处"漂绿广告"的数量、效率,以及最终解决"漂绿广告"问题的效果给予奖励,奖励的形式可以是设立专项奖励基金。针对监管机构可能出现的机会主义倾向,可以通过建立奖励审查机制,规避监管机构的道德风险行为。

(五)改善"漂绿广告"信息引爆和传导机制

为确保广告内容真实、合法,应当明确规定由广告主、广告经营者、广告发布者负举证责任,由当事人依据法律法规的规定,提供证据证明无过错。这样将会有效地提高行政机关的监管效率,更有效地维护广告市场秩序。进一步明确行业管理部门在广告监管方面配合工商行政管理机关的职责。特别是对涉及专业技术性的广告内容,应当明确由哪一级别的行业主管部门对广告中涉及的专业技术内容的真伪依法做出鉴定,使工商行政管理机关在较短时间内采取相应措施,依法处理。

四、广告监管能力的强化与提高

(一)广告监管能力的内涵及其构成

监管能力是执政能力的有机组织部分,指"能使政府监管制度和程序的运行有利于实现企业、消费者和政府三者间利益合理平衡的能力,它主要包括监管规则的制定能力和执行能力"[1]。广告监管能力是政府市场监管能力的重要方面,就目前的体制而言,广告监管能力指各级工商管理机关及其他相关部门依据监管法律法规和技术标准,综合运用各种资源和手段,有效地监管广告市

---

[1] 肖兴志、宋晶:《政府监管理论与实践》,东北财经大学出版社2006年版,第14页。

场的能力和水平。进一步细分,监管能力可分解为监测能力、应急反应能力、信息处理能力、经费保障能力。广告监管能力建设包括:(1)监管体制机制保障;(2)监管队伍的素质与能力(文化程度、基本技能等);(3)监管制度的完善;(4)监管装备或手段的完善(执法车辆等装备、办公电脑配备、广告监测系统、商品监测车等)。

国内外学术界对广告监管的必要性、监管的体制机制、监管的法律法规等基本问题进行了广泛研究,但对广告监管能力建设的研究,一直未得到应有的重视。随着经济社会发展和传播技术的推陈出新,必然会涌现出许多新的广告传播形态。单就广告诉求内容来划分,绿色诉求广告是新的广告传播形态。它因应了全球范围的环保呼求,但商家从中只窥见点"绿"成金的认知真空与制度空隙,"漂绿广告"也因此日渐兴盛起来。应该说,在相当长时间内,国内外广告监管机构或相关社会组织对此很少觉察或束手无策,这无疑向广告监管能力提出挑战。

(二)广告监管能力建设的着力点

改革开放四十年来,我国广告监管能力建设取得显著成绩,然而,在广告监管过程中,环境保护一直未进入广告监管人员的视野,广告监管能力尚不足以支撑生态文明建设的要求。要按照生态文明建设和转变经济发展方式的要求,及时总结全国广告监管能力建设的经验和教训,充分认识加强广告监管能力建设对于广告监管事业的重要意义,把监管能力建设提到议事日程。为确保实现环保目标,原环境保护部多次编制国家环境监管能力建设五年规划,国家环境监管能力建设"十三五"规划正在实施中。这表明,环境监管能力建设已经引起国家有关部门的高度重视并已出台相关政策措施。毫无疑问,环保规划与"漂绿广告"监管是紧密关联的,鉴于我国广告监管领域存在诸多问题,仿效环境监管能力建设规划,制定《国家广告监管能力建设规划》,这将是广告监管史上重要的自身建设规划,昭示着我国广告监管理念的重要变化。

广告监管能力建设是长期而复杂的工作,目前,广告监管能力建设主要围绕食品药品、保健品等八大类特殊商品展开,而对类似"漂绿广告"等新型虚假违法广告,存在监管理念滞后、监测手段落后、经费投入不足、专业技术水平不高等问题。"漂绿广告"是未来广告监管工作中不可忽视的重要领域,要将"漂绿广告"监管和环境监管"打包"在一起,纳入地方政府年度财政预算予以保障。

以建设先进的广告监测预警体系和完备的广告执法监督体系为重点,统筹广告监测、市场监察、广告信息与统计、广告法规与知识宣教等领域。重点建设任务包括完善广告监测网络,加强广告监测能力,提高应急监测能力,推进市场监察机构标准化建设,改善各级广告监管机构基础设施和基本工作条件,整合政府、企业和院校资源,推进广告宣教、广告科研建设,加快广告信息与统计能力建设。

要从法律层面进一步明晰国家工商管理部门及相关部门的职能,以理清事权,使广告监管工作有法可依。完善广告监管的基层组织建设,使监管事项能够尽快执行和落实。要不断提高监管者的素质,树立现代监管理念,加强技术交流和培训。尤其要重视基层市场监管所人员培训,这是事关广告监管成败的关键。要根据经济社会变迁以及广告市场实际情况,适时拓宽业务培训范围,提高广告监管队伍业务水平和综合素质。重视"漂绿广告"典型案件的监测与处置水平,逐步发挥广告监管引领环境保护和约束企业行为的作用。

五、广告监管工具的整合与优化

(一)落实两项制度,强化事前防范

一是广告审查员制度。广告审查是广告经营者和广告发布者的法定义务,是预防虚假违法广告的最后一关。审查工作不到位,就可能导致虚假违法广告的发布。落实广告审查制度,重点是解决三方面的问题:(1)建立一支具有专门的广告法律知识和较好素养的合格审查员队伍。(2)要有确定的职权、工作程序、审查标准。(3)要有健全的管理制度,规避违反规定的审查行为。

二是实行特殊商品(服务)广告发布前备案制度。把"漂绿广告"和医疗、药品、医疗器械、保健食品、特殊化妆品、农药、兽药等八类"传统保留项目"一并列入特殊商品(服务)广告范围[①],实行发布前备案制度。在备案过程中,发现广告内容违法的,及时提出修改意见,建议并督促广告主修改后再发布。通过备案管理,较好地把住广告发布关,有效地降低广告违法量和违法率。

(二)建立监测网络,强化事中监督

建立起"市(局)—区(县)—街(镇)"三级广告监测网络,上下联动,立体监

---

① "绿色"产品生产不知从什么时候开始,也施行"一企两制"或"一家两制"。用来销售的产品,往往和自用、送人(包括广受诟病的"特供"现象)的不一样。后者因为分别生产、分别管理,基本做到了广告中所说的绿色,而前者则未必。这无疑加大了监管的难度。

测。在监测过程中,采取日常监测与集中检查、重点抽查相结合的办法,其中,基层市场监督管理所是三级监测网络的重心和支点,也是发挥三级监测网络效能的关键。为了调动基层市场监督管理所在整个监测网络中的作用,可以借鉴和推广有些城市的广告巡查制度,强化广告动态监管,改变以往的"事前审批的静态管理"为"广告巡查的动态监管",充分发挥基层市场监督管理所区域管理优势和市场综合监管职能,按照地域管辖范围实行区域管理,开展日常广告巡查,建立广告巡查台账,切实将广告纳入工商所市场巡查监管的范围。

专项整治存在诸多弊端,但依然有其必要性和合理性。比如开展广告市场"一季一整治",或者针对重点商品和服务广告的专项整治。只是专项整治的范围不能再局限于药品、医疗、化妆品、保健品、烟草、临时性广告经营活动等领域。专项整治的制度要逐步完善,避免走过场,自查自纠、监测抽查、媒体警示、清查整改等措施要环环相扣,真正落到实处。

(三)搞好部门配合,强化监管效果

为了实现标本兼治,达到长效管理,要坚持:一是市场监督管理系统内部之间的配合。在全国范围内建立案件协查通报制度,对跨地区的违法广告案件,积极争取相关省、市、州、县开展对异地违法广告的查处。二是行政部门之间的配合。在日常监管工作中,市场监督管理部门要加强与卫生、新闻广电、生态环境等有关部门的协调配合,理顺工作关系,做到相互间信息交流、反馈及时,形成广告监管合力。市场监督管理部门对"漂绿广告"行为做出处罚后,将《行政处罚决定书》送同级宣传、广电、环保等部门备案,由其追究有关单位和个人的行政责任。

在审查主体上,做到"三个结合"。一是行政审查和自我审查相结合。既不能用前者代替后者,也不能用后者代替前者。从行政审查来看,由于"漂绿广告"是一种绿色诉求广告,广告内容与环保、节能等关系密切,只有把环保、质量技术监督部门纳入进来,才能使得广告内容审查避免走形式或者审而不当。自我审查包括广告经营者的自我审查和广告发布者自我审查两种,相关情况将在广告行业自律中进行详述。二是常规审查和特殊审查相结合,即把证照监管、专业监管有机结合起来。三是综合监管与具体监管相结合。包括"漂绿广告"在内的各种虚假违法广告盛行,其中的一个重要根源,在于政府多部门之间不能有效地进行协作治理。必须厘清哪些政府部门应该参与广告监管中来,哪些部门要作为辅助部门而不能缺位。从表面上看,各个监管部门的职能、权限都比较清晰。然而现实情况是,监管部门往往从自身利益出发,遇事互相扯皮或推诿,造成监管的重复或真空。这表明,真正意义上的"综合监管与具体监管"的体制还没有很好建立起来,在只有分工而缺乏协作的情况下,广告监管很难摆脱"问题出现—民众投诉—专项严厉打击—问题暂时缓和—再度猖獗—再度打击"的怪圈。

(四)推广监管经验,放大监管效果

在我国,广告产业发展较为成熟的部分城市,在广告监管上探索出许多新形式。上海的主要做法有三个①:

一是针对性监管会议。针对广告监管对象的不同特点,该市广告监管部门定期召开一系列监管会议,包括针对广告媒体单位的互查会和评审会、针对广告栏目代理公司的通报会、针对保健食品生产企业和自费留学中介服务企业的告诫会。这些定期召开的监管会议在各监管主体和客体之间起沟通和协调作用,在一定程度上弥补了我国广告监管体系多头管理而造成的割裂和低效。

二是全程监测模式。在实施对媒体单位的广告监测时,采用集中告诫和事后查处相结合的全程监测新模式,定期召集各媒介集中监测:(1)预审下月即将发布的广告稿;(2)检查评审当月发布的广告,发现问题及时整改;(3)跟踪检查,对已责令整改的广告内容仍继续发布的由市场监管部门实施处罚,使媒体广告全程监管模式落到实处。

三是内部教育结合外部呼吁。上海一些广告监管部门坚持每两个月举行违法广告案例研讨会,由各部门领导参加,通过对违法广告案件当事人的认定、证据收集、定性与量罚等的讨论,提高广告监管执法者的执法素质。为提高广告监管执法效率,上海市还编印了《广告监管动态》,发至各分局,内容涉及文件传达、监管动态反映、执法情况和经验介绍等,坚持每月定期通报各分局转办案件的最新办结情况。一些执法部门以销售网点为突破口,上门宣传广告法律法规,并与多家药店、超市、保健品商店和房地产中介机构、售楼处签订《印刷品广告管理责任书》,明确企业责任和义务,达到标本兼治的效果。

---

① 孔清溪等:《京沪报业广告监管比较研究》,《现代传播》2011年第6期。

第九章 行业自律创新与"漂绿广告"有效监管

社会管理体制在组织层面上的创新,以正确处理政府与社会的关系为准则,打破社会管理主体单一化格局,促使社会管理主体由一元向多元转变,依法划定各类社会管理主体的职能范围,理顺多元社会管理主体之间的关系,发挥各类社会组织的作用,形成多元社会管理主体共同治理的局面①。

上一章论述了为实现"漂绿广告"的有效监管,政府监管在其中的应为与可为。本章着力探讨作为社会组织的广告行业协会及其他相关行业协会(即广告主所属行业协会等)自律行为对于"漂绿广告"监管有效性的重要作用。

一、践行行业自律的"脱钩"改革

政府的基本职能主要为宏观调控、社会管理和公共服务三方面,其中的"社会管理",指政府及社会组织对各类社会公共事务实施的管理活动,管理的主体不仅包括政府,也包括具有公共管理职能的社会组织②。但是,我们通常把社会管理的主体仅限于政府,实际上,社会管理的主体还有很多。随着全面深化改革战略的推进,社会管理体制改革的紧迫性日益凸显。党中央明确提出要"激发社会组织活力""引导社会组织健康有序发展""推进社会组织明确职责、依法自治、发挥作用""加快形成政社分开、权责明确、依法自治的现代社会组织体制"。行业协会是我国社会组织体系中的重要组成部分,在为政府提供决策参考,服务企业发展,促进行业自律等方面具有不可替代的重要作用。但是,由于各种原因,我国的行业协会从成立之初起,行政色彩浓厚,政社不分,导致行业协会缺乏独立性和自主性,沦为事实上的"二政府"。

---

① 石佑启:《论社会管理主体多元化与行政组织法的发展》,《法学杂志》2011年第12期。
② 应松年:《社会管理创新引论》,《法学论坛》2010年第6期。

2015年7月8日,《行业协会商会与行政机关脱钩总体方案》出台,随后,中组部、中编办、财政部、发改委、外交部、民政部等部门牵头出台十个配套文件,民政部核准确定148家全国性行业协会脱钩试点单位,强调2016年6月底完成试点任务,2016年下半年扩大试点,2017年在更大范围内试点,完善相应体制机制后全面展开。这标志着我国社会管理体制迈出关键的一步。

就行业协会"脱钩"改革而言,我们要追问的是:行业协会真的能脱钩?"脱钩"改革的条件、关键点和难点是什么,如何有序实施?践行行业协会"脱钩"改革,要着力把握好以下五点[①]。

一是确立政府和社会的职能边界,构建基于平等和信任的新型政社关系。行业协会与政府之间要从隶属关系向平等关系转型,其关键点是:行业协会的去行政化。具体而言,行政机关不能"一说了之",出台文件仅仅只是改革序幕的开启,还需要根据实际情况,出台相应的配套政策,为"后行政化"时代的行业协会健康发展提供良性的政策环境;也不能"一脱了之",要"脱钩不脱管",在清晰界定政府和行业协会两者职能边界的基础上,建构合法合规的新型协作关系。"去行政化"涉及政府职能的转变与转移两个方面,将原来由政府行使的部分社会管理职能转移、下放给行业协会。但是,转移哪些职能?不转移哪些职能?如何转移?这些问题都必须解决好,否则,政府向行业协会转移职能就可能成为一句空话。当务之急是,尽快制定政府向行业协会转移的"权力清单",有序移交相关职能,这是行业协会改革的关键一步。职能移交之后,行业协会与政府都是平等的社会管理主体,行业协会通过契约等方式,承接政府相关社会服务职能。在改革过渡期内,按照《方案》的要求,做好逐步取消财政直接拨款与政府购买行业协会服务之间的衔接,制定政府购买行业协会服务清单或指导目录,制定清晰可行的政府购买服务标准体系,保障行业协会应有的权利和正常运行。要妥善处理好政府购买服务过程中行业协会与其他社会组织之间的竞争关系,全面及时地预见政府购买服务中出现的衍生问题。

二是建立多元高效的综合监管体系。如前所述,行业协会与行政机关脱钩是"脱钩不脱管",因此,构建政府依法监管、行业协会高度自律、社会成员依法监督"三位一体"的现代化多元综合监管体系,是"去行政化"时代行业协会良性

---

① 该处重点参考北京师范大学中国社会管理研究院游祥斌副教授的论文《行业协会商会改革的几个重要问题探讨》,特致谢!

发展的制度保障。传统社会组织监管体系是基于主管部门与登记管理机关"双重管理"体制的碎片化、单向监管模式,重事前资格审查,轻事后行为监管;重行政监管,轻社会监督。监管手段单一,监管过程不透明,监管效果不佳。"脱管"改革后,政府对行业协会的监管应将重心放在对行业协会行为的监管上,通过制定权力清单与负面清单,为行政机关与行业协会各自的职责边界做出清晰的界定,并在此基础上,构建综合监管体系。与此同时,应尽快建立完善行业协会信用体系和信息披露制度,建立全国行业协会公共信息平台,及时向社会公开涉及行业协会登记、章程、组织结构、接受社会捐赠、政府委托职能和事项、政府采购服务等相关信息,接受社会公众的监督、积极探索第三方评估实施机制,通过专业化的第三方评估机构,对行业协会实施绩效评估,实现公众监督从边缘到常态的转变,使公众成为社会组织的监督者与积极参与者,营造公开、透明的良性运作环境。

三是完善法人治理结构。当前,行业协会由于对行政机关的依附性,普遍存在法人治理结构不完善等问题,各行各业协会的章程几乎千篇一律,对自身缺乏清晰的定位,组织架构设计不尽合理和规范,不能与成员单位或其他社会机构的需求相对接。此次"脱钩"改革,政府应该制定相关的章程指导意见,各行业协会根据自身功能定位和实际情况来制定章程。另外,从行业协会内部来讲,要特别注意处理好决策层和执行层之间的关系。应当清晰界定负责行业协会决策职能的理事会与承担具体管理职能的秘书处之间的权力责任边界,制定理事会议事流程及秘书处办事程序,有效解决主要以兼职为主的理事会与秘书处之间在运作上的衔接问题。防止理事会职能虚化、空转,执行层权力过于集中等问题产生。

四是加强能力建设。在现代社会治理体系中,行业协会的功能主要体现在两个层面。一是协调功能,表现为:(1)与政府的协调,即行业协会作为本行业的代表,通过一定的途径和渠道,参与政府相关政策议程,将反映本行业利益和意志的意见和建议上升为相关政策;(2)行业内部协调,即作为本行业自治组织对同业之间有序的市场竞争环境的维护和管理。二是服务功能,行业协会为本行业内的成员企业提供服务。改革之前的行业协会在两个层面的功能发挥上都存在较为严重的问题,这不仅表现为其对自身的功能定位不清晰,更表现为其自身的能力并不足以支撑其功能的发挥。能力不足也是政府向行业协会购买服务最大的隐患。因此,去行政化后行业协会要发挥应有的功能,必须强化自身能力建设。改革顺利推进的基础主要还是行业协会自身竞争力的提升,通过深化改革争取更大的资源空间。

五是做好风险防范。从"脱钩"方案看,行业协会改革的试点工作已经有路线图和时间表,尽管如此,可以预见改革一定会遇到困难和挑战,概括起来,有如下风险:(1)人才流失风险。改革前,行业协会中高层管理者的身份同时具有事业的保障性和企业的灵活性,其与主管部门之间存在较为畅通的人才交流渠道,脱钩后,行业协会的中高层管理者将不再拥有"两边都靠"的身份优势,因此,在短期内,行业协会对高层次人才的吸引力将大幅下降,有可能导致人才的迅速流失,从而制约行业协会商会改革的顺利推进。改革过渡期中,行业协会中高层管理人员职业年金的建立和薪酬水平的确定等问题,应当由政府相关部门统筹规划,解决行业协会中高层管理者的后顾之忧。(2)被特定企业或企业联盟俘虏的风险。本次改革以脱钩为突破口,力图解决行业协会对政府机关的依附性。但是,去行政化后的行业协会却有可能被另外一股力量俘获,即行业协会中的龙头企业或企业联盟,使其丧失独立立场,沦为特定企业或企业联盟的利益代言人。如何在制度上做出科学的设计,以保障行业协会的独立、非营利性,这应当是改革决策部门关注的议题。(3)内部人控制的风险。所谓内部人控制即行业协会负责人凭借自身的资历、威望与资源主导行业协会决策及管理过程的现象。在行业协会去行政化改革中,如果相关监管制度不能有效衔接,脱离主管部门监管视线的行业协会有可能被内部强人所控制,偏离改革方向。(4)基层行业协会的生存风险。由于市场容量小,资源相对匮乏,人才短缺和能力不足,基层(市县层级)行业协会脱钩后将面临严重的生存危机,一批缺乏能力和资源的基层行业协会将不可避免地陷入关停并转的尴尬境地。在此过程中,妥善转移其工作人员,尽可能降低由此带来的社会矛盾和冲突,应当引起重视。

二、明确广告行业组织的功能定位

当下的"脱钩"改革,为广告行业组织和广告行业自律提供了最新语境,也提供了最重要的制度保障。广告行业协会"脱钩"的大势已定。

广告行业组织大致可以分为两种类型:一是涵盖广告公司、广告媒体、广告主、广告教学研究机构、市场调查公司等在内的综合性行业组织,即中国广告协会以及省和市县级广告协会。二是具体门类的广告协会,包括:以广告行为主体来划分广告公司协会、广告主协会;以广告媒体来划分报纸广告协会、户外广告协会、网络广告协会。这两种类型的广告行业协会共同构建完整的广告行业组织体系。成立于1983年的中国广告协会,是中国最大的广告行业组织。其官方网站的核心信息有:

——国家工商行政管理总局直属事业单位,全国性社会团体。
——根本宗旨:为行业建设与发展提供服务。
——基本职责:提供服务、反映诉求、规范行为。
——主要工作:

(1)加强行业自律,大力推动行业诚信建设,规范会员行为,加强自我监管。协会组织制定并实施广告行业自律规范,积极开展对违法广告的劝诫、点评工作,广告发布前法律咨询工作,全国广告行业精神文明先进单位评选表彰活动。

(2)以优化产业结构,增强企业核心竞争力,推动产业升级为出发点,积极开展中国广告业企业资质认定工作,赢得业界和社会的支持和认同。

(3)以提高广告从业人员素质,维护广告行业人才市场秩序为宗旨,努力推动建立全国广告专业技术人员职业水平评价体系,使广告专业技术人员纳入全国专业技术人员职业资格证书制度统一规划。

(4)积极开展反映诉求和维权工作,为行业发展创造良好的政策环境。积极参与推动相关立法和政策制定,参与《中华人民共和国广告法》等法律法规的制定修订工作。

(5)开展行业培训、交流活动,实施多层次人才培养计划,提升行业整体服务水平。

(6)广泛开展调查研究和信息服务工作,利用行业网站、工作通信和电子刊物等形式为会员和行业提供优质服务。

(7)搭建学习展示、商务交流的平台,帮助广告企业提高业务素质,拓展业务领域,改进业务能力。

(8)加强学术研究,为提高广告从业人员专业素质和理论研究水平拓宽领域。

(9)积极开展国际交流,促进中国广告业与国际广告业的接轨和融合。

和其他许多行业协会一样,中国广告协会存在自主性不足的问题。一是组织上缺乏自主性。第一条信息"直属事业单位,全国性社会团体"就是最好的明证。既然是事业单位,各层级广协就不得不对行政管理部门产生较大的依附性。二是领导上缺乏自主性。从中国广告协会到市县一级广告协会,会长、秘书长及其他中高层管理人员,基本都由政府主管部门派出或批准,享有一定行政级别。三是经费上缺乏自主性。广协长期以来靠国家财政拨款支持,尽管有一些会费收入,但不占主导地位。四是权力来源上缺乏自主性。就目前而言,广协享有的管理权力极其弱小,仅有的管理职能也取决于政府主动退出和让渡。由于广告行业自律的非强制性,广告行业组织在行业自律时,往往需要借助政府的力量,但是,政府介入的限度,国内并没有明确的规定。因此,探讨广告行业自律,需要明确行政机关的权限。否则,行政监管和行业自律的边界依然模糊,行业自律将不恰当地受制于行政监管。

由于存在上述自主性不足,广告行政管理机关和广告行业协会之间,本应是指导与被指导的关系,却成为领导与被领导的关系,本来该反映协会会员的声音,实际上成为行政管理机关的传声筒。

中共中央办公厅、国务院办公厅发布《行业协会商会与行政机关脱钩的总体方案》,为广告协会的改革和今后的工作指明方向,为广告行业自律,促进广告业发展提供强有力的法律与政策保障。尽管本书的主题是对"漂绿广告"的监管,实际上,就整个广告行业来说,只有广告协会真正实现身份转变,广告行业自律才能在市场监管中成为不可替代的角色,发挥应有的潜能。

《方案》为广告行业协会的身份提供政策保障,2015年9月1日起实施的新《广告法》第七条首次确立广告行业组织的法律地位和职责,包括四个方面:(1)制定行业规范;(2)加强行业自律;(3)促进行业管理,引导会员依法从事广告活动;(4)推动广告行业诚信建设。旧广告法未明确广告协会的地位。

三、走向广告行业自律的崭新时代

(一)广告行业自律的内涵厘定

我们从广告主、广告公司和广告发布者三方所在行业的行业自律,来探讨"漂绿广告"监管有效性问题,单方面讨论广告行业自律显然不够,这也是我们与以往学者们讨论广告行业自律的不同之处。三方意义上的行业自律的具体意涵是：

一是广告主行业自律。主要包括：(1)作为广告付费者，围绕广告活动开展的自律行为；(2)作为特定产品或服务的提供者(比如作为空调厂商或啤酒厂商的身份)开展的经营行为的自律，诸如切实采用新技术，按照国家法律法规和行业标准实施生产经营行为，确保提供给市场的产品或服务真正具有节能环保效果。

二是广告经营者/广告公司行业自律。主要包括：(1)作为广告服务的提供者在广告经营行为中的自律行为；(2)作为一类企业类型(按照目前的产业划分，属于文化创意产业的一部分，从这个意义上说，广告经营者与空调厂商没有太大区别，都是产品或服务的提供者)。

三是广告发布者/传媒业行业自律。主要包括：(1)作为传媒企业的身份，发布广告的本质是经营行为，探讨如何自律和守法经营；(2)作为社会公器的传媒事业，如何完善自律，充分发挥媒体审查和监督职能。

"任何一个团体，为了进行正常的活动以达到各自的目的，都要有一定的规章制度，约束其成员，这就是团体的法律"[①]，就广告行业自律而言，自律规则有很多种表现形式：一是共同制定的协会章程；二是会员职业行为的道德规范；三是约束会员行为的自律公约。这些都是显性的行业规则。其实，在新制度经济学看来，价值规范、道德观念、风俗习性、意识形态等都构成制度的范畴[②]。1991年，中国广告协会制定《广告行业岗位职务规范(试行)》，确定广告行业从事不同工作人员的岗位职务规范，从政治素质、文化素质、业务素质、工作能力等方面做出具体职业道德要求。此后，相继制定《中国广告协会自律规则》《广告宣传精神文明自律规则》《广告行业公平竞争自律守则》《广告自律劝诫办法》等。为了规范中国广告业企业经营标准，经国家工商管理总局批准，2003年中广协制定了《中国广告业企业资质认定暂行办法》。

这些自律规则都是广告行业企业和从业人员应当遵守的职业道德规范的具体措施。只要对这些制度文本进行分析，就会发现，与现实要求已经有较大的距离，许多内容需要增加、补充和完善。

---

① 邹永贤：《现代西方国家学说》，福建人民出版社1993年版，第322页。
② 卢现祥：《西方新制度经济学》，中国发展出版社2003年版，第38页。

(二)完善广告行业协会自身建设

广告行业自律通过广告行业协会推动并实施,由于广告行业协会权力不足,服务不足,代表性不足,广告活动主体(广告主、广告媒体、广告经营者三者的合称,下同)对于广告行业协会的态度是"激励不积极,惩戒不在乎"。由于缺乏权威,广告活动主体退出的成本很低,在行业协会层面上,看不出自己不自律能受到哪些切实的损失。这表明,广告行业协会目前还没有找到改变广告行为主体自律的成本和收益的有效办法。

1.完善广告行业自律机制

第一,广告行业自律规章的有效供给。主要内容为广告自律规章体系的建设,有五个方面的要求:一是意见整合的充分性。通过调研、咨询,了解行业成员的实际情况和利益诉求,经过充分讨论,反复修改,全会表决后生效。这是广告行业自律规章提升接纳度和自动实施的重要前提。二是规章制度的合理性。拟出台的规章制度既不可定得过高又不可定得过低,这样才能确保行业规章制度在实际中的可执行性。三是减少搭便车行为,提高自动实施性。比如,召开记者招待会、利用新闻媒体对社会公众做出自律保证,发挥承诺的作用,让会员以信誉作为担保,以解决事后履行可能不一致的问题。四是内容的完整性。特别需要把具体的惩戒措施、监督条款和企业社会责任条款等纳入进来。五是规章制度体系的完备性。包括规定会员权利、义务的总规章,规范会员公平竞争的自律公约,引导会员履行社会责任的行业道德准则、纠纷解决办法、自律审查程序等一系列组织制度。

第二,广告自律规章的有效执行。广告自律规章的有效执行,需要有组织上、人力上和财力上的保证。履行自律职能,是行业协会成功的重要方面。行业自律工作内容庞杂,涉及违规审查、违规惩戒、纠纷协调等许多方面,广告活动主体的不自律行为带有隐蔽性,不易被发现。因此,需要不时地走访、暗查、协调,这些工作耗时耗力,需要设置专门的自律机构,安排专人专项负责。同时,安排会员代表在行业协会自律机构轮岗,一方面解决人手紧缺的问题,另一方面便于及时了解会员情况,减少自律工作中的信息不对称。

第三,广告自律规章的有效控制。包括两方面:违规审查和违规惩戒。要做到这一点,需要打通违规审查渠道,做到自上而下的例行审查渠道和自下而上的检举渠道彼此兼顾,同时发力,实现政府对行业协会的监督、行业协会对会员单位的监督相结合,以保证对广告自律规章的有效控制,同时解决内部人滥权及会员违章问题。

2.增强广告行业协会的公信力建设

公信力建设是广告行业协会生存之本、立足之基。提高广告行业协会公信力,增进会员单位对广告行业协会的期望和信任,解决由于公信力不足导致的权威弱化与话语权弱化问题,要重点从以下三个方面着手:

第一,通过提高行业代表性来进行公信力建设。当前,各级各类广告行业协会普遍存在会员覆盖率不高、大企业话语权过大、行政色彩浓厚、会员归属感不强等问题,这些因素直接影响广告行业协会的公信力。针对这些状况,下一步需要:(1)扩充会员规模,提高会员在行业中的覆盖面;(2)设置合理、公平的会员进入门槛,保证大中小企业具有平等的入会资格;(3)改善行业协会的决策机制,增强决策的透明度,合理分配投票权,防止大企业过度控制;(4)减少对行政机关,特别是对市场监督管理部门的依赖性,形成自筹经费、自我管理、自我教育、自我约束的社会中介组织。

第二,通过提高服务质量进行公信力建设。行业协会的服务质量好坏,直接影响会员的认可度和归属感。主要从两个方面来改进服务质量:(1)通过宣传教育、培训,提高工作人员基本素质来提高服务意识,提高服务的针对性、及时性、时效性;(2)激活会员活力,调动会员潜能,通过真心、热心、贴心和专业的服务,来换取会员单位的信任、支持和参与,只有这样,才能促使会员自愿支付会费或付费参加协会举办的各种活动。充足的资金支持,反过来又为服务质量的提高提供了保障。

第三,通过加强自我约束来进行公信力建设。协会及其工作人员必须对自身行为进行约束,这也是进行公信力建设的重要环节,主要做法有:(1)自觉遵守协会规章,以身作则,坚持按照最高道德标准行事;(2)增加工作透明度和会员知情权,定期在全体会员会议上公布资金流向,塑造清廉、高效的组织形象;(3)定期开展有意义的对话和互动活动,鼓励会员对协会工作提出改进建议,以此缩小协会与会员之间的距离。

(三)完善行业自律的激励惩戒机制

激励可以增加广告活动主体的预期收益;惩戒的作用在于增加不自律广告活动主体的预期成本。下面分别从激励和惩戒两个方面阐述。

1.激励机制及其内容

各级各类广告协会(广告主所在行业协会也类似)要促进行业成员的自律,必须对其进行激励,否则,作为理性经济人,广告活动主体就不会主动为了行业全体成员的利益而付出个人的努力。要保证激励的有效性,必须进行选择性激励。这是因为"只有一种独立的和'选择性'的激励才会驱使潜在集团中的理性个体采取有利于集团的行动……激励必须是'选择性的',这样那些不参加为实现集团利益而建立的组织,或者没有以别的方式为实现集团利益做出贡献的人所受到的待遇与那些参加的人才会有所不同。这些'选择性激励'可以是积极的,也可以是消极的,就是说,他们既可以通过惩罚那些没有承担集团行动成本的人来进行强制,也可以通过奖励那些为集团利益而出力的人来进行诱导"[①]。就"漂绿广告"监管而言,选择性激励要做到三点:一是赏罚分明,对该奖或该罚的事项毫不含糊;二是奖赏的排他性,避免搭便车;三是权变性,依据不同的时空条件,针对不同行业、不同会员采取不同的激励手段或激励强度。

激励机制的重要方面是建立企业信用评价体系,重点包括:(1)信用指标体系建设,做到全面性和开放性的统一,把企业违背行规行约的记录、获信记录(企业获得的各类荣誉)、产品质量监管记录、环保监管记录、工商纳税记录、银行授信记录、消费者投诉记录等都纳入指标体系之中,这是了解会员企业信用状况的最核心数据。当然,收集这些数据不需要也不可能全部倚靠行业协会,可以借助工商、税务、社保、环保、技监、银行等部门的配合来实现。(2)建立企业信用数据库,拥有反映企业信用全貌的档案系统,通过企业信用信息网络查询平台,使每一个登录用户都可以直接查询到相关企业的信用信息。(3)信息披露机制建设。经验事实表明,企业最怕的就是信息披露。企业之所以敢创意、设计、刊播"漂绿广告",除了受利益驱动外,还因为这种行为具有隐蔽性,企业的各种信用记录能通过信息披露机制对全社会开放,则是促进其诚实守信的有效办法。

具体激励方式有四个:(1)声誉激励。通过评比、定级、授牌,给予自律企业一定的荣誉,对其进行形象宣传。(2)政策激励。以行业内自律良好的企业为准,要求其他企业向其看齐,自律的企业因此树立了在行业内的地位,从而更加

---

① [美]曼瑟尔·奥尔森:《集体行动的逻辑》,陈郁等译,上海人民出版社1995年版,第41~42页。

自律,其他企业为渴望标准制定中的政策倾斜,也将更加自律。(3)绩效激励。包括给予物质奖励,获得更多合作机会,得到更多被宣传的机会,连带地获得绩效收益。(4)优先权激励。优先获得来自协会和政府给予的培训、考察、品牌推荐、优惠政策等。

2.惩戒机制及其内容

美国社会学家科尔曼在《社会理论的基础》一书中说:"如果任何行动者不服从规范,必须对其实施惩罚。只有这样,规范方能行之有效。"[①]因此,惩戒机制和激励机制一样,都是行业自律不可缺少的重要方面。一般而言,行业协会的惩戒可以分为业内惩戒和第三方惩戒。业内惩戒的形式主要有监管谈话、书面批评、业内通报、限期整改、强制培训、罚金、集体制裁、开除会员资格等。第三方制裁则主要是行业协会借助政府、新闻媒体对行业成员进行的惩戒,包括:建议监管部门予以警告、停业整顿、吊销营业执照、向新闻媒体曝光。

惩戒机制有:(1)自律担保。各个企业在加入协会之前必须签订担保协议,否则不予入会。担保的形式可以多种多样,比如名誉担保、罚金担保、担保人担保等,担保的实质是对企业自律行为的事前控制。(2)一票否决。是指涉及投票选举或表决中,比如取消年度评比资格及品牌推荐资格等。这种惩戒形式实质是以限制服务的方式进行的制裁。(3)失信信息的披露。这样做的结果是,国内外企业、消费者团体、个人和政府都可以查询到企业信用的记录,从而直接影响他们的合作和消费选择机会。(4)建立协会之间的联动机制。一家企业同时可以加入多个不同的行业协会,这是因为其所有制性质、地理位置、产品或服务等有多种分类。建立联动机制以后,企业只要不自律,在一个行业协会待不下去,在其他行业协会也同样被驱逐。为了避免这样的尴尬局面,企业就必须谨言慎行。

---

① [美]詹姆斯·S.科尔曼:《社会理论的基础》,邓方译,社会科学文献出版社1999年版,第314页。

第十章　社会监督创新与"漂绿广告"有效监管

有效的广告监管,应该是政府监管、社会监督和行业自律三方面的有机统一。但是,长期以来,广告监管一直走公权主导的法律实施路径,表现在:广告监管过度依赖执法机构,把广告法律法规的实施等同于执法机构(主要是工商部门)的执法,这导致运动式执法与选择性执法,且效果往往不尽如人意。广告法律法规的施行和广告监管本身是系统工程,不仅仅是执法机构或工商部门的事,需要建立和完善社会监督的制度,与政府监管形成合力,促进广告监管绩效的提升。

本章着力讨论"漂绿广告"的社会监督问题。社会监督创新旨在通过规范化、制度化和强制化的手段,对广告活动主体进行监督,以确保广告市场正常而有序开展,实现广告市场规范化、高效化,不断提高广告信息资源的真实性,形成有利于社会监督信息的共享和充分利用。下文将从氛围营造、制度保障、协同机制和技术支撑四个方面展开对社会监督创新的讨论。

一、社会监督创新的氛围营造

(一)建设信任社会是当务之急

法国当代著名学者阿兰·佩雷菲特的《信任社会》一书考察了自亚当·斯密、卡尔·马克思、马克斯·韦伯直到费尔南·布罗代尔以来,人们对国富或国穷根源的探寻。与大多数思想家强调资本、劳动、自然资源、气候等要素不同,佩氏特别证明欧洲的发展缘于他称作"信任品性"的东西。佩氏对发展中国家发出忠告:经济腾飞并非简单的技术和资本引进,也不是刻意模仿富国的物质成功,而应以建设信任社会为富国强民之道①。

通俗地说,信任社会指一个时时处处充满信任的社会。当今中国社会最严重的社会问题就是信任稀缺,有人甚至认为,中国社会已逐步陷入"塔西佗陷阱"②,优化社会信任结构,建构信任社会,成为当务之急。本书认为,信任社会建设的内涵主要包括四个方面:

从信任的主客体看,应包括消费者对企业的信任、消费者对政府的信任、消费者对媒体的信任、消费者对其他社会机构的信任、政府对企业和其他社会机构的信任。

从信任的内容看,应包括消费者对企业履责的动机及企业伦理的信任、消费者对企业经营能力和创新能力的信任、消费者和社会组织对政府监管意愿与监管能力的信任。

从信任的对称性看,应从单方面的信任转向相互的信任。以前,消费者对跨国公司、大型企业及其产品的信任程度往往比较高,而对小企业、国内企业的信任程度就明显不够。

从信任建立和获得保障的依据看,要以制度信任为主,兼顾非制度信任。制度信任建立在正式的、合法的法律法规与政策基础上,依靠法制系统、行政系统作为保障的信任关系。非制度信任则以交往双方的了解(所谓熟人社会)、依靠一定道德规范的约束和舆论力量作保障的信任关系。

对于"漂绿广告"监管而言,发挥声誉机制的治理功能尤为重要。广告行为主体因为"漂绿广告"而招致声誉机制的负面评价,企业所期冀的长远利益将丧失殆尽。西南财经大学吴元元教授把声誉机制比喻为"弱者的武器",那些绿色诉求所推销的产品,因为是真正意义上的节能环保产品,在消费者心目中牢固占有"信任品"的地位,从而使得企业在市场上赢得竞争优势。

(二)生态公民教育的全面展开

生态公民是具有生态文明意识且积极致力于生态文明建设的现代公民。对于环境保护来说,公民的消费美德以及私人领域的其他美德(如节俭)是生态文明的制度体系得以创建的前提,也是这些制度体系得以良性运行的润滑剂。

---

① [法]阿兰·佩雷菲特:《信任社会》,邱海婴译,商务印书馆2005年版,译后记。
② "塔西佗陷阱"是西方政治学的定律之一,得名于古罗马时代的历史学家塔西佗,用在政府公信力问题中,指当政府不受欢迎的时候,好的政策与坏的政策都会同样得罪人民。

由于政府有关环境保护的制度供给总是有限的,环保法律法规的制定具有滞后性,在这种情况下,公民更需要采取主动行为,其消费方式对商家是否选择资源节约型的生产方式有重要的导向作用。在建设生态文明的过程中,必须把生态公民的培养当作重要的战略任务加以重视。

1.生态公民教育的时间展开

个体发展的历时性决定了生态公民教育的节奏、速度和方向。童年时期的生态公民教育是准公民教育,重在个性和品格的奠基,需要从小就激活他们内心对蓝天、白云、河流、群山等的热爱,奠定他们亲自然、亲社会的情感基础,为公民历练打下良好的基础。青少年时期正是逐渐通过直接或间接的公共参与方式历练个体的公共理性,提高对公民身份与公民品性的认识,促使其努力践行这种认识。青少年还只是潜在的公民,言说和行动的场域主要是在学校和家庭。成人时期的公民教育重在公共生活中的自我教育,成年人在社会生活中真正承担起公民职责的同时,需要在公民实践中养成一种价值性的反思态度。要尽量超越一己私利,从公共利益角度看待问题。

2.生态公民教育的空间展开

家庭、学校和社会之间存在立体的公民教育系统,在个体自然性和公民性发展中扮演各自的角色,三者彼此相互补充,造就健康的个体。家庭教育重在从家庭小德中培育出家庭大德;学校是公民教育的主要场所,学校公民教育的路径与方法包括:一是通过课程建构想象中的公共生活。二是通过课外活动历练公民的实践品性。三是师生交往中的公共生活。社会中的公民教育,一方面要引导个体面对各种社会复杂现象,获得恰切的社会认知和社会认同,另一方面也要提高个体参与社会实践能力。

3.培育生态公民的举措

一是不断改进宣传内容、形式和手段,做好环保主题宣传、成就宣传和典型宣传。通过理论研究、博物馆建设、组织社会活动、环保教育、环保资源开发与共享、大众传媒环保传播能力建设等,有针对性地开展环境政策和法制宣传,提高公众预防环境风险意识,鼓励公众依法参与环境公共事务,维护环境权益。要支持环境文化创意产业的发展,鼓励环境文化产品创作生产,面向社会推出一批优秀环保宣传品。

二是加强舆论引导。建立环境舆情收集机制,及时收集、分析国内外环境舆情,为政府科学决策提供依据;加强环境新闻发布工作,健全新闻发言人制度,及时发布环境信息;规范新闻采访工作,提高新闻传播能力,不断扩大环境信息覆盖面;定期发布环境状况白皮书,推动环境信息公开,满足公众环境知情权;加大对外宣传力度,维护我国负责任环保大国的形象;开展有利于生态文明建设的社会表彰和国际环境奖项的推选工作。

三是激发公众环境行为。生态公民教育最终的落脚点是激发公众环境行为。公众环境行为有四方面特点:(1)属于日常生活行为,公众随手就可为之;(2)主动实施的,没有或很少外在强制因素;(3)动机多元,或出于经济考虑,或出于身份考虑,或出于健康考虑,等等;(4)行为结果的正向性。激发公众开展环境行为,需要构建社会多元主体共同参与的环保模式,调动社会阶层积极性,为环境行为奠定坚实的阶层基础,充分发挥大众传媒在环境保护中的作用,为公众提供环境信息支持。此外,还要善于借鉴国外环境保护的成功经验。

(三)消费教育注入绿色元素

生态公民首先是公民,而公民与消费者之间存在明显差异。英国学者迈克·费恩塔克以食品行业为考察对象并指出:"公民会对食品行业使用的生产方式抱有具有合法性的关注,包括相关的环境问题和可持续问题、动物福利问题、以及由于生产和分销方法以及雇佣关系实践所产生的社会成本问题,而消费者的视角则不一定会包括这些关切中的任何一个,或者即使包括也顶多处于边缘位置。因此,消费者的目标主要甚至全部都关注在自我利益上,而公民的目标则会包含更广泛的一系列考量因素。"[①]尽管如此,我们除了从生态公民角度讨论之外,还得从消费者角度讨论消费教育问题。

加强绿色消费教育,是保护消费者合法权益的有效途径,是建设资源节约型社会和环境友好型社会的客观要求。通过加强绿色消费教育,促进实现绿色消费与绿色生产的积极互动,发挥绿色消费的拉动和导向作用。

长期以来,人们对价格欺诈、短斤少两或强买强卖等属于消费者权益受损的诸多形式,已经达成共识。在生态文明建设的当下,消费者权益已经被赋予更丰富的内涵。节能环保的诸多特性也被纳入产品质量范畴,这是以往消费教育从未出现过的情形。以食品消费为例,"吃得绿色""吃得环保"成为提高生活

---

① [英]迈克·费恩塔克:《规制中的公共利益》,戴昕译,中国人民大学出版社2014年版,第93～94页。

质量重要指标。

完善绿色消费教育的基础和条件,概括起来,就是"五个一":(1)设立一批基础设施完备的绿色消费教育基地;(2)创办一批绿色消费教育的电视节目和报纸专栏;(3)建立一批公共的绿色消费知识阵地;(4)培养一批绿色消费教育骨干师资力量;(5)编印一套通俗易懂的绿色消费教育读本[①]。

其中,建立各类绿色消费教育基地最为重要。按地域和城乡分,在县级以上的中心城区建立社区绿色消费教育基地,在广大农村建立农民绿色消费教育基地;按年龄分,建立老年绿色消费教育基地、青少年绿色消费教育基地;按行业分,建立汽车绿色消费、家电绿色消费、食品绿色消费等教育基地。无论建立何种绿色消费教育基地,并不提倡投入大量资金修建新的专门基地,因为这些措施本身就具有反环保的意味,而可采取结合依托的方式去建立基地。如建立农民绿色消费教育基地,则可依托村委会办公地点。建立老年、青少年绿色消费教育基地,则可依托老年活动中心、社区居委会、中小学的教室等场地。行业教育基地可依托各个行业协会的办公地点、会议室,挂上消费教育基地的牌子即可运行。

绿色消费教育的载体形式要力求做到丰富多样:

一是社区绿色消费教育。有针对性地开展衣、食、住、行等日常物质文化生活的绿色消费教育,倡导科学、健康、安全、文明、理性、绿色的消费理念和消费方式,增强社区消费者的主体意识、法制意识和消费维权能力。

二是农村绿色消费教育。结合科技下乡、家电下乡、文化下乡、健康宣传等多种活动载体,依托农贸集市广播、墙报展板、资料图片、乡村集会咨询、电影映前展播、文艺演出、网络信息发布等平台,加强绿色消费教育与引导工作。

三是学校绿色消费教育。深入开展绿色消费教育和绿色消费引导"进校园"工作,把绿色消费教育作为学生的必修课纳入德育教育内容,设立一批青少年绿色消费教育基地。在学校开设绿色消费教育讲座,制作绿色消费教育展

---

① 进行消费教育时,完全可以借鉴吸收发达国家有关环境保护普及读本的做法。在世界地球日二十周年纪念日到来之际,美国推出有关环保的普及读物,比如:《绿色生活方式手册:治愈地球病患的1001种方法》(杰里米·里夫金著)、《大家的地球:助你保护并保全环境的行动指南》(露丝·卡普兰著)、《购物购出一个新世界》(经济要务理事会编)、《从我做起,拯救地球:50件简单事情》(地球工作组编)。

板,发放绿色消费教育资料,开展校外消费体验,组织暑寒假社会实践等活动。

四是企业绿色消费教育。适时联系联合行业主管部门,组织开展针对不同行业的企业管理者、经营者的培训教育,引导企业自觉贯彻"中消协"《良好企业保护消费者利益社会责任导则》,自觉履行法定义务,营造自律、诚信、文明经营的浓厚氛围。

五是媒体绿色消费教育。充分发挥电视台、广播电台、报刊、网站等媒体的作用,开展系列报道,加强宣传引导。举办"年主题"宣传,举办现场咨询服务、电视嘉宾访谈、现场答疑、消费维权论坛。根据不同季节和时间节点,发布消费提示、消费警示、比较实验、专项调查和发布案例,及时传递消费信息,解答消费者的疑问。

奥美集团中国区首席知识长辛默提出"绿色差距"概念①,所谓绿色差距,指消费者想获得的可持续发展的食品与市场提供之间的差距。他认为,全社会都有责任来填补和缩小这个差距。据他提供的数据,70%的消费者认为他们的环保努力没有得到认可,40%愿意支付10%以上的差价。前提是广告中的绿色食品更可持续,确实是绿色食品。那么,哪些人会真正青睐绿色食品?这主要取决于教育水平的高低、收入的多寡。要逐步提高消费者的健康灵敏度和环保敏感度,并影响其他人。仅就绿色食品而言,要赢得消费者的信赖,需要从整个供应链、包装、新鲜与否、来源地着手,另外,光这么说远远不够,俗话说"眼见为实",广告经营者、广告主都要具有讲故事的能力,从用户体验的角度来讲,消费者参与度越高,对绿色食品的认同度越高,绿色品牌形象的提升也越快。

绿色消费教育的顺利开展,有待于各种机制的完善:(1)政府牵头,建立领导统筹机制。争取政府支持,组成领导小组,宣传、工商、司法、教育、民政等部门的领导作为成员,每年召开一至两次工作联席会议,研究部署工作。由消费者权益保护机构负责做好日常性的事物和协调工作。(2)整合资源,建立协作配合机制。在当地党委、政府的统一领导下,探索构建部门协作的长效机制,建立完善绿色消费教育引导工作的各项制度,明确各自职责和任务,齐抓共管,不断提升工作水平。(3)纳入预算,建立经费保障机制。争取各级政府、牵头部门和参与部门支持,以保证消费教育和消费引导教案、教材、资料的编印,培训、讲

---

① 辛默:《有机食品行业,广告公司的一个金矿》,《中国广告》2015年第7期。

座、教学、宣传等必要的经费开支。(4)贴近群众,建立创新特色机制。要集思广益,凝心聚力,积极探索实践消费教育引导工作的新形式、新方法。要根据各地的消费传统、消费热点和消费走势,有针对性地设计消费教育引导的主题,做到贴近实际、贴近群众。(5)注重实效,建立评价考核机制。由工商、司法、教育、民政等部门共同研究草拟完善消费教育引导工作的评价标准和监督考核制度,列入当地党委政府年度工作目标责任制的重要内容进行考核评估,确保消费教育引导工作取得实实在在的效果。

(四)广告舆论环境的整体优化

广告舆论是社会舆论中的一种,是事关广告监管成效的重要资源。讨论广告社会监督,不可绕过广告舆论。杨海军认为,广告舆论有广义和狭义之分[①]。前者指由广告传播引发的公众关于现实社会以及社会中的各种现象、问题所表达的一致性信念、态度、意见和情绪表现的总和。后者指广告发布者通过特定的媒介,借助权威认证、明星代言、形象比附、事件关联等方式向其特定的具有一定规模的目标受众传播广告信息,强化立场主张,引导消费观念,营造营销氛围,进而形成舆论事实或表象,并在受众体验、交流和反馈的基础上,形成对广告产品及服务认知的导向性意见。

无论广义广告舆论还是狭义广告舆论,杨海军似乎忽略了广告舆论的另一重要方面,即社会公众对广告行业自身的总体性或相对一致性的看法。比如,社会公众对广告或广告行业普遍持有既不信任又逃避不了的矛盾心理。"广告是吹牛的""广告上面说的你也相信呀""别在我面前做广告了""最好的产品在广告里"等。我们认为,这是弥漫在社会各个角落里的有关广告或广告行业自身的最普遍最深重的广告舆论,或者称为广告意识形态。

站在公共利益和广告产业自身健康发展角度,广告舆论有正向和负向之分。正向广告舆论是重要的资源,具有修正、发展和健全意识形态的作用,在提高政府的执政能力,推动社会变革,提供决策参考,增强社会凝聚力,加强道德建设,预测社会动向等方面产生积极的影响[②]。广告舆论的最高形式是行动的表达。公众舆论一旦演变成公众行为,说明舆论所反映的主体和客体的关系进入比较紧张的状态。

---

① 杨海军:《广告舆论传播研究》,复旦大学博士论文2011年,第53~54页。
② 刘建明等:《舆论学概论》,中国传媒大学出版社2009年版,第218页。

在当下生态文明建设背景下,广告舆论迫切需要在四方面发挥作用:以环保组织为代表的舆论塑造;大型民意测验的舆论论证;思想库的舆论作用;压力集团的舆论施压。

国内服饰品牌森马的"全球变暖"篇——"我管不了全球变暖,但至少我好看",甫一面市,就引来公众的质疑。作为知名企业的森马,在全球变暖的严峻形势下,利用环保这个社会瞩目的焦点问题来哗众取宠,被网友指责为缺乏公德心和社会责任感。中国社会科学院可持续发展研究中心的庄贵阳指出:"全球变暖是困扰当今世界的一大难题,把温室大气浓度控制在较低范围是经济可行的,需要每个人的共同努力。森马的广告是对公众的一种误导,它在误导公众放弃拯救全球变暖。森马作为一个面向年轻消费群体的企业,公然宣扬全球变暖与我无关论,是一种没有社会责任感的表现。"①

(五)环保公益广告的普及推广

公益广告以"公益"定位,无论是话题,还是表现话题的文字话语、艺术话语,都紧扣着"公益"展开,渗透在社会生活的方方面面。随着全球范围内环境破坏、资源短缺和生态危机的加剧,环保公益广告在其中占据越来越大的比重,而且涉及环保更细微的领域。

苏立把日本环保公益广告进一步细分为维护公共环境、自然环境保护、环境污染、资源问题等四大类别和三十一个具体项目(如表10-1所示),从自然到社会,从公共场所到家庭,从节约到循环利用,从区域的环境治理到全球环境问题,视野非常宽阔。日本的社会规范和人的素质的提高,在一定程度上也得益于环保公益广告,而这种效果得以实现,就是因为有这种持续的宣传,再顽固的恶习,也要向持久的教育屈服。

---

① 严翠、黄晶:《一则商业广告引发"80后"集体声讨》,[2007-09-06](2008-01-07),http://zqb.cyol.com/content/2007-09/06/content_1884361.htm。

表 10-1　日本公益广告中环境教育的内容分类①

类别	具体项目
维护公共环境	乱扔垃圾、乱扔文具、乱扔易拉罐、乱扔口香糖、边走边吸烟、乱扔烟头、践踏草坪、乱贴广告、宠物粪便
自然环境保护	环境意识、人与自然的关系、动物保护、植物保护、文化遗产保护、美化环境、地球环境问题
环境污染	大气污染、河川污染、海洋污染、海滨污染、水质污染、乱扔垃圾、家庭污水、家庭噪音
资源问题	资源意识、节约能源、节约资源、节约粮食、水资源保护、森林资源保护、循环利用

要发挥环保公益广告的教育功能必须做到以下四点：(1)反映社会热点，体现时代性，尽量与现时代的社会热点问题息息相关；(2)重点突出，集中进行宣传教育；(3)从小事入手，以小见大；(4)重视协作，扩大环保公益广告的国际影响。

二、社会监督创新的制度保障

"社会管制机构宽阔的管理跨度，往往使得管理绩效不尽如人意，因为这种管理要求每一个管理机构知悉特定问题的社会敏感性及各个行业的生产技术状况，要做到这一点是相当困难的。"②调动和整合全社会成员的力量，发挥社会监督作用，需要社会监督创新的制度保障。

（一）建立社会监督员制度

社会监督员是从广大消费者/广告受众中产生的代表，是广告活动主体、消费者和政府部门之间沟通的桥梁。社会监督员分布在各行各业，通过自身的消费体验和切实感受，把问题、意见和建议提供给有关部门，能够为消费者表达迫切的需求甚至争取到切实的利益。广告主也分布在各行各业，广告宣传的产品或服务更是五花八门，仅就绿色诉求广告来说，各种冠之以新技术、新名词的诉求层出不穷，既需要法律的规范，也需要全社会的充分参与。社会监督员的工

---

① 苏立：《日本公益广告中的环境教育》，《内蒙古农业大学学报》（社会科学版）2009年第5期。
② [美]保罗·R.伯特尼、罗伯特·N.史蒂文森：《环境保护的公共政策》（第2版），穆贤清等译，上海人民出版社2004年版，第17页。

作具有公益性，代表着社会各界对广告产业发展和广告市场进行监督。社会监督员作为第三方代表，可以站在中立的立场发现问题、思考问题，提出相应的意见或建议，引导更多的消费者理性维权，识别"漂绿广告"及其危害，还可以帮助化解误解和矛盾，使"漂绿广告"在更广的范围内引起关注。社会监督员要积极主动，以强烈的社会责任感敏锐地发现广告市场中出现的不良现象，在监督过程中树立法制意识，注重自我规范，不得利用监督员身份谋求利益。各级工商行政管理部门要创造条件，让社会监督员尽可能参与工作，对监督员反映的问题和提出的意见、建议，要及时反馈、妥善处理，做到件件有回音。

社会监督员制度要重点解决四个方面的问题：（1）从哪里来。由各级消费者协会从人大、政协、媒体、专家学者、社区居民等社会各界中选聘。（2）应该具备的条件，包括：了解广告的基本常识，关注广告市场发展动态；主动学习相关法律法规，避免盲目监督，随意用"权"；国家相关部门要对监督员进行必要的培训，帮助他们明确自身的权利和义务，掌握监督的方法和技巧，更好地履责；建立健全系统性的问题反馈机制，做到纵横联合、及时处理，注意反馈的同时，通过适当途径向全社会公示，以提升全社会的监督氛围，促进监督制度的落实；建立监督员奖惩及退出机制。（3）做什么。主要职责是：监督广告经营者及其从业人员的广告经营行为和服务，规范广告市场秩序，提高广告服务质量，提出意见和建议；协助开展广告法律法规宣传活动；引导消费者依法合理维权和社会公众理性反映诉求；监督广告主管部门或相关部门及其工作人员依法履行职责。（4）怎么做。社会监督员要积极主动，以强烈的社会责任感敏锐地发现广告市场上出现的各类问题。把广告市场信息、广告监管信息、节能环保信息等通过电视、报纸、广播、电台等新闻媒体向公众公开，就像创建文明城市一样，力争做到"我知晓，我参与，我奉献"。借用社会公众舆论和公众监督，对刊播虚假广告者、对环境污染者和生态破坏者，施加压力。通过热线电话、网络电子查询系统、公共场所大屏幕、网站、报纸、电视及宣传栏、宣传册、横幅标语等，公开法律法规和相关规范性文件，各种虚假广告的形式及其特点，节能环保产品标准及其鉴别，投诉流程及违法案件处理和整改情况等。

（二）社区参与制度

生态文明建设是顶层设计，但其实现要社区的参与。社区既是生态文明建设的短板，也是"漂绿广告"监管的重要着眼点。筑牢社区环保防线，需要健全的社区工作制度。

社区是聚居在一定地域范围内的人们所组成的社会生活共同体,其基本特点包括:居住在一定的地理区域;有一定数量的人口;居民之间有共同的意识和利益;有着较密切的社会交往。为了解决由于工业化而引发的一系列社会问题,社会工作率先在西方出现。社区工作具有促进居民参与解决自己的问题,提高社区居民的社会意识;调整或改善社会关系,减少社会冲突;解决或预防社会问题,改善社区生活质量;培养互相关怀、互助互济的美德等多项功能[①]。

社区工作制度包括三方面:一是会议制度。建立绿色社区,需要社区居民、社区内的机构、社团通力合作才能开展,因而需要通过召开各种会议,交流意见,求得共识,获得参与与合作的承诺。二是教育和宣传制度。其基本目的是,使社区群众了解社区工作,鼓励居民积极参与。通过海报、黑板报、宣传栏、公告、通知、家访等形式,强调绿色消费及其消费维权的重要意义,普及环保知识和技能。三是成效评估制度。

日常生活中,各类广告走进社区,已是司空见惯。社区防线的筑牢,虽然以社区工作人员为主,但需要大量社区居民参与,属于社会监督范围。这种监督的实施,必须依托于社区组织,它与社会监督员、一般公众的监督存在显著区别。

(三)推行举报有奖制度

消费者要逐步养成说"不"的维权习惯,看到损害公益、破坏环境的事情应当生气,不再沉默,不再逆来顺受,而是积极行动起来,向损害者、向社会、向执法机构说出自己的主张。北京大学何怀宏教授很赞成这种"生气"——这种"生气"和理性结合起来,将给社会带来有益的结果,它也体现出作为一个人的尊严和负责任的态度[②]。来源于消费者对产品质量、功能、款式、品牌等的偏好,能构成倒逼效应,这种偏好水准愈高,给企业带来的竞争压力愈大。本书甚至认为,在我国,消费者维权意识的最集中体现,就是消费者说"不"的力度、强度与数量规模。如果整个社会都对企业的漂绿行为说"不",那将是一股强大的力量!

激励绿色消费者维权的措施,主要有三方面:一是设立专门的举报电话、网

---

① 王思斌:《社会工作概论》,高等教育出版社2006年版,第139页。
② 何怀宏:《中国人的忧伤》,法律出版社2011年版,第75页。

站；二是国家对消费者投诉和维权的申诉，要积极予以受理和处理，并把处理结果向全社会公布；三是对揭露伪绿色节能产品和"漂绿广告"有功的消费者，要从企业税收或罚款中抽出专项资金予以奖励。

这其中，降低绿色消费者维权成本十分重要。当前，消费者因为维权成本高而望而却步的现象十分普遍，因此，降低维权成本是提高绿色消费者维权的根本性问题，主要措施有三方面：解决鉴定费用高的问题；解决法律配置资源问题；完善代表人诉讼制度。可以借鉴欧美发达国家较为成熟的经验，增加当事人参与代表人诉讼的便利性，提高判决后当事人参与最终赔偿的便利性，降低代表人诉讼中代表人选出的难度。

政府要出台举报奖励办法，明确奖励原则、标准和程序，奖励资金由同级财政安排。奖励举报制度有助于从违法违规者的身边、"内部"发现和提供线索，对广告违法行为进行精确打击。这一监督形式的效果很容易得到社会认同，但是实施起来很有难度。完善和规范这一社会监督形式需要：消费者维权意识进一步增强，在事关消费者权益和社会公益的问题上，克服"怕得罪人"的思想误区；扩大奖金来源，可以从广告违法案件的罚没资金中划拨相应费用；明确奖励对象，比如违法案件所在单位职工的举报行为可以列入举报奖励范围；等等。

三、社会监督创新的协同机制

任何个社会监督主体，都无法具备解决绿色诉求广告中存在的各类复杂问题所需的全部知识、工具、资源和能力。实现社会监督绩效的优化与倍增，一方面要动员更广泛的社会成员参与，另一方面要多元化社会监督主体之间的高度协同，建立广告社会监督的协同机制，实现社会监督的自组织秩序。

社会监督创新的协同机制，指社会监督协同主体以社会监督客体为协同活动对象，运用社会监督协同手段，进而朝着实现社会监督协同目标而努力的运行过程。主要包括五种机制。

（一）政府主导机制

随着全能性政府格局被部分打破，特别是"脱钩"改革的启动，社会组织将逐步拥有更多可支配的社会资源与工具，参与社会监督的意愿也不断提高。尽管如此，政府在广告监管中的核心主体地位并未发生改变，政府对其他社会监督主体的"挤出效应"依然存在。政府要发挥统揽全局、协调各方的作用，当好支持者、倡导者、组织者。从近年发生的各类环境突发事件、食品安全事件看，政府主导作用发挥明显。在生态文明建设语境下,政府对"漂绿广告"的关注度目前还比较低。如果政府在理念转变、政策输出上没有实际的改观,社会监督创新就很难实现,各社会主体之间的协同也会流于形式。

(二)责任分担机制

政府主导很重要,责任分担也不可或缺。社会监督的责任分担机制有助于促进各类社会组织的自身发展,实现责任的社会化,提高全社会的责任意识及社会监督的广泛性与实效性。有了政府监管创新、广告行业自律创新,从责任分担的角度来看,还要把各级消费者协会、环保组织等整合进协同队伍,构建主体之间的沟通、联系、协作机制,确保社会系统的各项诉求能够得到充分讨论,形成良性互动。新修订的《消费者权益保护法》第三十七条明确规定了八项社会监督职责[①]。很显然,要履行好这些职责,单纯依靠各级消协是很难做到的,还需要构建多元主体复合、协同行动的机制。

(三)信息分享机制

前文讨论过信息公开和信息披露在"漂绿广告"监管中的作用。实际上,仅有政府信息公开的自觉与充分远远不够。有效的信息互动和分享,是实现社会监督协同的基础。没有信息互动和分享,就没有社会监督的协同。政府要为社会公众的信息分享和自由流动提供平台和渠道,主要包括社会监督综合信息平台、公众投诉信息管理平台、公共危机应急联动平台,这些平台不仅有助于共同利益的达成,还有助于各类社会组织和社会公众对市场上出现的各类绿色诉求广告进行系统分析,通过比较、鉴别与评估等,做到及早发现、及时施策,提高"漂绿广告"监管的有效性。

(四)合作动力机制

合作意愿和合作动力不足,是我国社会公众和各类社会组织中较为普遍的

---

① 包括:(1)向消费者提供消费信息和咨询服务,提高消费者维护自身合法权益的能力,引导文明、健康、节约资源和保护环境的消费方式;(2)参与制定有关消费者权益的法律、法规、规章和强制性标准;(3)参与有关行政部门对商品和服务的监督、检查;(4)就有关消费者合法权益的问题,向有关部门反映、查询,提出建议;(5)受理消费者的投诉,对投诉事项进行调查、调解;(6)投诉事项涉及商品和服务质量问题的,可以委托具备资格的鉴定人鉴定,鉴定人应当告知鉴定意见;(7)就损害消费者合法权益的行为,支持消费受损的消费者提起诉讼或者依照本法提起诉讼;(8)对损害消费者合法权益的行为,通过大众传播媒介予以揭露、批评。

现象,也是我国社会治理能力现代化建设要着力解决的问题。要通过诱导性因素对各社会监督主体进行激励。一是对政府合作行为的激励。在绩效考核、行政奖励和行政处罚等方面,促使政府自觉参与并主动维护多元主体的协同行为,改变自上而下的命令—控制式惯性思维。二是对企业合作行为的激励。通过一定优惠政策吸引企业参与公共事务、践行环保社会责任。三是对社会组织和社会公众的激励。主要是通过价值观引导和合作文化的宣传等手段,培育社会的开放性和包容性,为社会成员参与社会治理提供便利的参与渠道。

(五)集体行动机制

社会监督的协同既在于各方主体之间充分有效的协商,还在于各尽所能,采取切实的行动,建立集体行动的机制显得尤为重要。就"漂绿广告"监管而言,需要各社会监督主体发挥比较优势,根据自身拥有的资源和能力的不同,确定牵头主体、实施步骤和行动要点,彼此呼应和配合,打好组合拳。研究发现,"漂绿广告"行为主体大多是重污染大户、高耗能大户。对"漂绿广告"的社会监督,往往与环保社会监督之间有紧密关系。浙江省绍兴市上虞区由财政出资,确定权威技术核查单位开展高耗能、重污染行业整治核查工作,对企业实施全面核查和整治绩效评估,为企业整治提供技术支持,在规避"漂绿广告"行为方面发挥不可替代的作用。

四、社会监督创新的技术支持

社会监督对信息的依赖程度越来越高,对"漂绿广告"实施有效的社会监督,离不开信息服务的社会化发展,离不开技术标准、技术手段的支持。只有通过技术的科学性、便捷性,才能保障社会监督的可行性和有效性。当下,尤其要利用大数据、人工智能等新技术,做到监测数据自动采集,实时监督。要健全完善监测数据的管理,建立起多途径、高效率的广告档案检索和查询体系。

(一)拥抱大数据时代,加快广告监测网络建设

在大数据作用不断得到彰显的当下,收集好、利用好海量的广告监测数据是提高广告监管效能的机遇。当前,我国广告社会监督所需的信息网络还不够完备,有关广告业自身的市场信息收集、监测、评估的技术还比较落后,而且地区之间发展也很不均衡,政府部门、社会组织和消费者个人还难以快速掌握广告市场存在的问题,这些因素都严重影响社会监督工作的有效开展。运用大数据可以极大地促进广告监管标准制度、广告效果评价制度、广告限期整改制度

的完善和有效执行。

在国家生态文明体制改革的背景下,广告监测大数据分析将在未来广告监督与管理中发挥更加重要的作用。首先,广告监测网络本身就是庞大的信息网络,离不开各种监测设备、存储服务器、应用服务器、各类应用软件的支持。同时,随着时间累积,数据量会越来越大。其次,在包括"漂绿广告"在内的各种"问题广告"层出不穷的情形下,社会各界对广告监测数据为决策提供支持服务有强烈要求,有针对广告监测数据做深度挖掘分析的需求。广告监测信息共享不只是行政部门之间共享,也包含与社会公众之间共享,共享也不是单一流向的信息发布,而是双流向的信息互动。加强广告监测网络建设,主要有三方面:

一是建立覆盖全国的广告监测数据平台。具体内容包括广告监测数据的采集、传输、汇集和管理、评估与共享,由类似国家环境监测、食品安全监测等的全国广告监测总站全面负责,建立中心数据库,各省(自治区、直辖市)建立上报数据库,市县监测数据由省级自行汇总整合后上报。

二是实现广告监测大数据融合。数据不整合,就发挥不了大数据应有的作用,这就需要社会公众、企业、政府和社会组织的各类数据和信息通过稳定的信息系统方便地融合。仅就"漂绿广告"而言,既要与环境监测数据进行融合,又要融合那些分布在各行各业的绿色诉求广告信息数据。

三是推动广告监测大数据挖掘分析工具。当前,我国广告监测信息化建设存在区域不平衡、数据质量和数据规范有待完善、数据共享不够等诸多问题,只有通过技术进步和方法改进,才能实现跨行业、跨区域和跨地区的数据共享,真正发挥大数据的价值。

为了实现上述三方面,当前和今后相当长一个时期内,迫切需要做到:

一是做好顶层设计和制度建设。在全国市场监督管理部门的指导下,中国广告协会会同中国消费者协会、中国环境保护协会、中国环境保护产业协会、中国节能协会等机构,制定全国广告监测大数据应用的发展战略。

二是完善广告监测数据的标准规范,提高数据质量。随着自媒体空前繁荣,未来广告监测网络的源头可能会从单纯的广告监测网络站延伸到每一个企业和消费者个体。

(二)完善环境监测数据,与广告监测数据对接和互动,做到综合施治

经过20多年的努力,我国环境监测中存在的时间频率低、覆盖区域不广、

数据不足的状况,已经有了很大改观。目前,"全国有一万多个重点污染源,数万套连续自动监测系统在运行"①。把这些海量的环境监测数据和广告监测数据整理出来,很容易发现哪些企业对环境造成了或现实或潜在,或大或小的环境破坏,再反观这些企业在营销广告行为,特别是在产品性能诉求上怎么说的,就大致可以缩小"包围圈",从而识别哪些企业在发布"漂绿广告"。这就为社会监督提供了重要信息。

(三)建立完善的第三方节能环保认证服务体系

社会监督的好坏,需要技术的先进性和手段的可靠性。在广告的社会监督中,通过技术监督部门对广告产品的分析,可以发现产品的环保节能指标及其质量等级,继而为实施惩处提供信息。事实上,能够提供产品信息的主体或机构有很多种:一种是有信息优势者提供信息,比如经营者提供信息;二是政府提供并传播特定信息;三是由中立机构来提供信息。比较而言,中介机构认证克服了前两者之弊端,更为客观、公正和合理。当前,我国第三方节能环保认证还存在诸多不足,政府应重视第三方认证机构整体建设,加快节能环保认证服务体制建设,突出第三方特质,加强认证人才培养,提升节能环保认证水平,从而充分发挥第三方机构的支撑作用。此外,需要建立不同领域第三方节能环保认证服务联盟,建立中介机构数据库,提高第三方认证机构的业务能力及水平,规范第三方机构收费标准,以保证第三方认证的科学性、公正性和合理性。

---

① 魏复盛:《环境监测数据首要解决哪些问题》,《中国环境报》2015年12月21日。

第十一章 企业绿色创新与"漂绿广告"有效监管

讨论了政府监管创新、行业自律创新和社会监督创新后,最后还必须讨论企业绿色创新。道理很简单,只有绿色转型,才能消除"漂绿广告"的源头。

在相当长的时间跨度内,绿色产品或服务,与非绿色产品或服务将长期并存,这是难以改变的现实。如果所有的企业都变成真正的绿色企业,"漂绿广告"的问题就会消亡。探讨"漂绿广告"有效监管,一方面是合理引导——绿化企业[①],打造越来越多的绿色企业,这是消灭"漂绿广告"的最理想状态。换句话说,企业绿化越彻底,越全面,企业履行环保社会责任的程度也越高,"漂绿广告"消亡得也越干净。另一方面是有效规避——对"漂绿广告"进行监管。毕竟,并不是所有企业都能做到或真心想绿化自己,也不是所有企业的绿化程度都一样。针对业已存在的"漂绿广告",需要促其转化,从而远离虚假、误导和失之片面。毫无疑问,这是一项长远的挑战。

一、推进绿色创新,践行绿色生产

(一)绿化设计与再生设计

产品对环境的影响,很大一部分在设计阶段就已确定。"一旦你确定了产品的规格,能源、水、化学物质、有害废弃物等 90% 的环境足迹就已经确定了。"

[①] 按照《现代汉语》的解释,绿化指"种植树木花草,使环境优美卫生",很显然,绿化企业的内涵,不是种植树木花草。作为动宾结构的词组,它是指企业在制定战略、制造产品或提供服务的过程中,采取对自然环境危害最小的方式进行的各种行为的总称,这种行为的结果是企业变成绿色企业。

设计是真正确保产品环保性的环节①。绿色设计包括四方面内容：一是产品功能，要对产品的具体功能进行全方位分析，做到能耗和功能特性之间的平衡。二是产品结构，要尽量使用绿色材料，禁止使用有毒有害材料。三是产品生命周期，充分考虑产品全生命周期的能耗，最大限度地降低产品对环境的影响。四是产品零部件，对严重影响环境或者造成资源浪费的零部件，要改进生产工艺或者寻求替代品，也可以在行业内实行通用标准件，比如手机充电器兼容就是一个很典型的例子。

随着我国经济的飞速发展，物品更新换代速度加快，堆积如山的垃圾、废弃物让人头疼不已，变废为宝催生再生设计。所谓再生设计，简单地说，就是把那些堆积如山的垃圾变成有趣和有用的绿色产品。中国首家环保、再生产品设计电子平台合伙创办人邦尼说："再生设计店的每个产品背后都有故事，有些有着独特的原料来源，有些迸发着让人惊喜的灵感，而有些是有着不同寻常的生产者。"②再生设计不仅仅是设计，更是对环保的提倡和热爱，每个设计师都是生态界的"星探"，异想天开地为那些绿色和再生资源导演并设计属于它们的角色。

（二）环保流程再造

以陶氏化学为例，他们重新设计了制造有机氯化物所使用的盐酸的分离流程，重新设计后的流程能够重新提取出盐酸，使公司每年的腐败性废料减少了6 000吨之多。荷兰以鲜花闻名于世，为了减少化肥和杀虫剂的使用对附近江河的污染，他们开发了新的方法，在水中和一种被称为岩棉的材料中栽培鲜花。在这种封闭的循环系统中，肥料和杀虫剂都在水中循环使用，减少了所需用量，并且消除了对地下水的污染。这种新方法还降低了病害的风险，减少栽培种植环境的变化，提高鲜花的质量。此外，鲜花的采摘和搬运成本也降低了。重新设计以后，荷兰鲜花的产品价值提高了，投入成本降低了，废料减少了，资源生产率提高了。对于这个缺乏稳定日照和面临激烈竞争的国家来说，这一切成果都转化成了提升的竞争力和在全球市场上的领先地位。

---

① ［美］丹尼尔·埃斯蒂、安德鲁·温斯顿：《从绿到金》，张天鸽、梁雪梅译，中信出版社2009年版，第181页。

② 秦先普：《每个人都是生活的设计师》，《中国广告》2016年第1期。

（三）绿色供应链

绿色供应链的基本含义是"把环境因素整合到传统供应链中的产品设计、采购、制造、组装、包装、物流和分配的各个环节，并且在传统供应链的基础上加上再制造、回收和再利用等活动流，形成一个扩展型供应链"①。

宜家家居一直被称为真正的环保和企业社会责任标兵，但在20世纪90年代早期，宜家也曾因供应链丑闻而遭到攻击。一部瑞典纪录片展示了巴基斯坦儿童工作的情景，据说制造的就是宜家家居的产品。而在环保方面，他们也因为使用濒危雨林的木材而受到指责。这种公关噩梦往往能造成数百万美元的损失。虽然仅有比利书架一款产品被发现甲醛超出法定标准，但仅在丹麦，宜家家居的销售业绩就下降了25%。这些问题令宜家家居的管理团队备受打击。在深入反省之后，他们构建了世界上最为严格的供应商检查系统，称为"宜家家居产品采购原则"，这是一项广泛、深入、严格彻底，且经过深思熟虑的计划。这项计划仅在规模方面就令人瞠目。全球各地的"交易工作室"（即采购部门）共有约80名员工，他们会拜会供应商，评定其社会及环保绩效的等级。他们还有18名经过培训的林务员，他们的工作就是专门了解宜家产品使用的所有木材来自何处。他们的林务员队伍甚至比某些国家的林业部规模还大，这些检查人员联合行动，已经对数千家供应商进行了检查。

（四）绿色标志认证

绿色认证制度是世界环保运动迅猛发展下的产物。德国是最早开始绿色认证的国家。从1978年到现在，绿色认证的范围越来越大，针对性也越来越强，除了一般性的环境标志外，各国实行的绿色认证还有节能标志认证、节水标志认证等。

我国绿色认证最初是从绿色食品认证开始的。1993年我国发布中国环境标志图案；次年5月，中国环境标志产品认证委员会成立；1995年年初发布首批环境标志产品目录；1997年中国环境管理体系认证指导委员会成立；1998年11月中国节能产品认证管理委员会和中国节能产品认证中心成立。

绿色标志或绿色证书是经过权威机关审查的对产品环境性能的公正评价，其标示于产品或产品包装上，不仅为消费者选购商品提供准确、可靠的绿色信

---

① 谢来辉：《APEC框架下的绿色供应链议题：进展与展望》，《新华文摘》2016年第5期。

息,而且为企业打造绿色形象及产品绿色形象,有利于消费者培养品牌忠诚。

绿色标志是企业的绿色身份证,是企业获得政府支持、消费者信任的重要因素。绿色认证也是系统工程,审核、取证环节是对整改过程所产生结果的评价,由独立第三方完成。取证固然重要,因为它能证明企业符合绿色生产的标准,但也应该认识到,企业通过绿色认证的实施,奠定可持续发展的基础,这才是绿色认证真正的价值和意义所在。绿色认证更是一项严肃的工作,有很多严谨的程序,需要有完善的管理措施,不可能花钱买证。绿色生产的要求主要包括原材料的无毒或少毒,低碳技术和管理措施的采用,物资或能源的有效利用和节约等几个方面,它与企业日常生活并不脱节,而是密不可分。由于绿色认证源自政府或第三方的权威机构,在一定程度上会增加消费者对获得绿色认证企业和产品的信任

二、开展绿色营销,打造绿色品牌

(一)恰切的绿化水平是绿色营销的前提

在当下生态文明建设的语境下,"绿色"取代(至少是部分取代)"经久耐用""马力强劲"等以往标示产品质量和性能的词汇。绿色成为产品新的、最重要的质量维度。鉴于"漂绿广告"盛行,虚假绿色产品充斥市场,真正的绿色产品和绿色厂家应该提高绿色显示度,让信号显示功能得以发挥。

企业绿色创新是系统工程,贯穿于企业生产经营活动的全过程。特别需要说明的是,在运输绿化、产品绿化、包装绿化等环节也不能一蹴而就,它只能是一个逐渐逼近的过程,"没有最好,只有更好"。当企业绿化进程到了一定程度时,企业就可以向外界宣告自己正在进行绿化的事实。于是,绿色营销以及包含其中的绿色广告就呼之欲出。

这里,涉及两个关键问题:一是绿化到何种程度才算足够? 二是绿色广告诉求中绿色程度何以彰显?

关于第一个问题,卡尔森认为,判断企业的绿化是否达到可向外界宣告的程度是非常主观的行为。他直言不讳地说:"关于企业的绿化是否已足够并没有一个万全的衡量公式。"[①]我们以为,卡尔森的确讲了一个大实话。但是,需要进一步追问的是,如果企业的某一环节绿化得很到位,是否就可以对外宣告?

---

① [美]基姆·卡尔森:《绿色战略:超越红海竞争,实现持续经营》,王华译,电子工业出版社2009年版,第155页。

比如,一家用电器制造企业将竹子当作可持续性材料引入产品线中,但是其企业大楼却在毫无社会责任感地消耗着其他资源,那么,营销时给自己贴上绿色企业的标志,肯定是很危险的。

很显然,某一环节的绿化即使做得再好,也不能对外宣告,这才是卡尔森的看法。他还告诫人们:"在设计产品时选用绿色材料确实是一个不错的绿化开端,但要记住一点,市场认可的是整体、全面的绿化。许多企业已经因为试图通过这种单一绿化的方法来绿化企业而受到责备……在你开始进行营销宣传之前,能取得的最完美的绿化结果应该是:绿色充满组织的每一个角落。"对于企业来说,这无疑是巨大的挑战。"因此最好的办法还是选定一个合理的绿色水平,当绿化达到该水平后,就可以着手营销宣传了。"①

那么,如何确定一个合理的绿色水平呢?换句话说,合理的绿色水平到底该以什么为参照?卡尔森介绍了一个操作性强的方法,调查同行业内其他企业的绿化进展情况——其绿化状况如何,是否已成功地实施绿色宣传,成功的绿色宣传是怎样的。

(二)绿色营销的关键:构建绿色营销的完整体系

主要包括以下十一个方面:

一,树立全员绿色营销观念。不仅营销部门,整个企业都应该以绿色营销为指导思想,从高层到一线员工,从战略制定到具体实施,都要把绿色营销作为第一要务落实好。

二,搜集绿色信息。企业应通过多种渠道来搜集绿色消费信息、绿色资源信息、绿色科技信息、绿色生产信息、绿色法规信息等,判断其对于本企业而言的适用性。

三,制定营销计划。该计划应该说明在营销过程中的环保努力方向,以之为日常决策的指导。

四,开发绿色资源。在营销过程中,对于资源开发与利益方面应贯彻环保的理念并付诸实践。

五,研发绿色产品。做到产品设计、生产、使用过程中最大限度地节约资源、保护环境。

---

① [美]基姆·卡尔森:《绿色战略:超越红海竞争,实现持续经营》,王华译,电子工业出版社2009年版,第155页。

六,使用清洁技术生产。

七,绿色产品包装。做到包装简单又能保证产品洁净、安全、可回收或可降解等。

八,制定绿色产品价格。综合考虑当前和未来成本变动趋势、消费者价格敏感度和市场绿化程度等多种因素,制定合理的价格。

九,开展绿色促销。即通过绿色广告、绿色公关、绿色人员和营销推广等树立企业绿色形象。

十,开发绿色渠道。选择环保理念强、实力雄厚的批发商、零售商作为合作伙伴,设立绿色专卖店、专柜或者绿色连锁店,配以崇尚自然的氛围营造,使得产品在铺货、售卖、运输等过程中,既能保证质量又能检视资源耗损。

十一,实施绿色监管。在整个营销过程中,企业应该从始到终管控好每一个环节,做到系统全面地考虑节能环保问题,否则这样的绿色营销就是不完整的;正因为不完整的绿色营销盛行,才导致"漂绿广告"纷纷走进人们的视野。

(三)全面有效地看重绿色信息传播

1.从诉求内容上要注重绿色产品的功效和便利性

绿色信息的真实性是广告传播的前提,但必须意识到,产品绿色并不能成为产品或服务功效下降的借口,产品的基本功能依然是最重要的。绿色产品或服务的功效应该和非绿色产品或服务的一样好。例如,利用回收材料制造的卫生纸的柔软度和吸水性应该和人们喜爱的传统品牌卫生纸一样好。此外,便利性也很重要。大多数消费者在便利性方面都不愿意倒退回去。如果在设计产品或服务时考虑不周,绿色营销计划就不可能成功。例如,节能灯泡如果使用寿命太短,即使节能效果明显,消费者也会离它远去。

2.在广告创意上善于建立故事背景

营销实践一再证明,时尚有趣的绿色信息传播方式可以激发消费者购买欲望,从而达到企业赢利目的。同时,我们还要看到,企业在宣传绿色产品或服务时遇到的困难之一,就是人们不太了解环保问题。消费者普遍认为,产品环境利益的概念可能过于复杂而令人迷惑。卡尔森认为,解决的办法之一就是为产品或服务建立故事背景。通过产品的标签或相关网站即可以告诉人们该产品的产地,甚至可以附上正在制造该产品的相关影像资料,赢得消费者的感情。

3.在广告策略上针对不同消费者或者不同产品有的放矢

绿色广告是从诉求信息的特征来定义的。正如绿色按照成色的不同,可以分成多种层次一样,消费者对绿色消费的认知和需求也可以分成很多种层次。而且,绿色产品在产品生命周期中的不同阶段也应该有不同的广告诉求重点,因此,我们应该根据通知、说服、提醒、强化的作用来分别实施广告传播行为。具体如下:

(1)通知广告。企业为新推出的绿色产品或现行产品经过改良呈现节能环保新特点的产品做广告,意在创造品牌知名度。

(2)说服广告。其用意在于创造对一种产品或服务的喜欢、偏好、信任和购买。正如科特勒所言:"有些说服广告属于比较广告范畴。通过与同类产品进行比较来建立该产品的优越性。"① 比如恒大冰泉,其广告诉求的核心是产品来源于长白山上原始森林中的天然深层矿泉,经过地下深层火山岩长期磨砺、循环、吸附、溶滤等环节,并给产品定义为"珍贵的火山岩冷泉"。其支撑点是pH值为7.25—7.80,呈天然弱碱性,且含有多种天然矿物质及微量元素。

(3)提醒广告。其用意在于刺激消费者重复购买该绿色产品或服务。这也是那些环保领域领导品牌持续做广告的目的之所在。

(4)强化广告。强化广告和提醒广告与说服广告,在功能上有联系,但是之间也存在明显区别。强化广告意在告诉消费者:"你的购买是明智的、正确的!"

另有专门机构统计,在所有产品或服务的购买过程中,85%以上的购买决策或购买行为都由女性做出。因此,若想成功地将绿色产品和环保服务销售出去,其广告就必须能有效地吸引女性。

4.在传播借势上善于开展事件营销

这是赢得媒体(特别是强势媒体、网络媒体)免费报道的有效途径。

(四)开展互动营销,培育绿色品牌忠诚

绿色产品是信任品,也是经验品。由于信息的不对称性,消费者识别绿色

---

① [美]菲利普·科特勒、凯文·莱恩·凯勒:《营销管理》,梅清豪译,上海人民出版社2006年版,第638页。

产品靠生活经验或者察看产品的表象特征来作判断,显然做不到,靠提高自身足够的产品知识、节能环保知识和评估能力,实际上也行不通。奥美集团中国区首席知识长辛默提出"绿色差距"的概念,即消费者想获得的可持续发展的食品与市场提供之间的差距[①]。前几年的三聚氰胺事件发生后,全国乳品行业遭受重创。在整个产业处于低谷时期,蒙牛启动消费者参观工厂活动,增进消费者对蒙牛的直观了解。2014年,蒙牛发布2008—2013年社会责任报告,将蒙牛5年的社会责任足迹娓娓道来,以故事化的文字和细节呈现来抓住读者的心。2016年,时隔两年,蒙牛又一次率先发布中国乳业首份GRI4标准,以可持续发展为核心撰制2014—2015年可持续发展报告。围绕营养健康、成长共赢、绿色发展、有你最美四大责任领域,系统披露公司可持续发展管理实践及绩效。在《中国广告》2016年第1期知名广告人李光斗曾经说,"品牌营销需要被动表扬,更需要主动炫耀","表扬与自我表扬相结合,形成口碑效应才能够使企业利用互联网+思维成为高段位走心的点赞营销高手"。

三、加强绿色管理,规避环保风险

(一)预防为主,防治结合

企业的生产经营活动不可避免地会对环境造成影响,都有可能造成现实的或潜在的,或深或浅的环境污染,因此,几乎所有企业都面临一定程度的环境风险与环境负债责任,稍有不慎,就会影响企业生产经营目标的实现,甚至阻碍企业可持续发展进程。不少知名企业在环境问题上栽跟头,这样的案例不胜枚举。与事中控制、事后救济相比,事先防范成本较低,且能够有效避免或减少环境事件发生的可能性。

(二)部门联动,权责统一

由"漂绿广告"引发的环境事件具有突发性,这向企业合理应对提出更高的要求。企业各部门要明确分工,做到权责统一,在各自的职责范围内排查隐患。

(三)信息畅通,快速响应

一旦"漂绿广告"事件被引爆,企业必须保持信息畅通,对内要求各部门信息共享,实时发布监测数据与应急状况,及时通报可能受到危害的单位和居民,并向相关环境保护部门报告。

---

① 辛默:《有机食品行业,广告公司的一个金矿》,《中国广告》2015年第7期。

(四)多措并举,排除风险

完善应急管理体系;要做好应急准备环节相关工作;完善突发环境事件中企业的应急处置制度;从事后恢复环节完善突发环境事件应急管理体系。

美国著名法学家理查德·波斯纳指出:"生产者对其商标的投资就像一种抵押品:它增加了偷偷摸摸降低产品质量或以其他方面试图欺骗消费者的生产者的成本,因为他们一旦被抓住就可能损失其全部投资。即使他们不被抓住,也有可能损失其全部投资,因为如果他们不保证质量控制就会在法律上难以对抗侵权竞争者而实施其商标。"[1]我们相信,在不远的将来,会有越来越多的绿色企业出现在神州大地上。美丽中国、生态中国的梦想实现之时,或许再来讨论"漂绿广告"会成为一个不合时宜的陌生话题。

---

[1] [美]理查德·波斯纳:《法律的经济分析》,蒋兆康译,法律出版社2012年版,第543页。

结语　累积环保优势，实现永续发展

在《丰裕的寓言：美国广告文化史》一书中，美国广告学者杰克逊·李尔斯写道：

> 广告意味着什么呢？这里面有许许多多的含义：广告不仅可以激励人们去购物，也是某种幸福生活的象征，同时还可以推广某种生活方式。广告关注民众个体的幻象，对现存的经济政治结构能够起到宣扬或者颠覆的作用[1]。

这段话透露了有关广告的几个关键信息：一是"可以激励人们去购物"；二是"某种幸福生活的象征"；三是"可以推广某种生活方式"；四是"对现存的经济政治结构能够起到宣扬或者颠覆的作用"。很显然，这部考察美国广告文化史的论著是站在工业主义话语下来描述和定义广告的。

人类进入 21 世纪，迈向生态文明的步伐明显加快。从工业文明走向生态文明，是人类文明的重大转型。作为正在生成和发展的文明范式，它不仅重新定义人与自然的关系，还要求人们在思维方式、生产方式、生活方式上进行变革和调整。在当前生态文明的语境下，李尔斯的论述不可避免地被赋予了新的意涵，虽然广告的企图心和功能并未发生变化，但是，李尔斯所指称的购物的对象、有关幸福生活的定义、广告所欲推广的生活方式，已经和工业文明时代不可同日而语。

---

[1]　[美]杰克逊·李尔斯：《丰裕的寓言：美国广告文化史》，任海龙译，上海人民出版社 2005 年版，前言。

广告传播的绿色转向因应了生态文明的时代要求,体现广告产业的未来发展方向。但让人们始料不及的是,"漂绿广告"也如影相随地走进人们的视界。

在本书接近尾声的时候,我们展读两位诺贝尔经济学奖得主合作的新著《钓愚:操纵与欺骗的经济学》一书,在该书中,乔治·阿克洛夫和罗伯特·席勒语重心长地提醒人们:

> 我们需要正视市场的缺陷,以使人们更好地解决市场中遇到的麻烦。经济制度中骗局无处不在,每个人都需要对此有所认识。只有清楚地认识到市场的缺陷,我们才能正确引导市场经济,保有自己的正直与尊严,有勇气直面无数危机。

紧接着,这两位经济学巨人又指出:

> 如果我们不奋起抗争,这种陷阱与欺骗将大行其道……正是这些英雄人物不计个人得失地抗争,才使得经济中的各种丑恶行为得到了遏制[1]。

"漂绿广告"是虚假广告在生态危机背景下的崭新形态和崭新形式,它具有广告的很多共同品性,本书的研究大约也算一种理论上的抗争。

在前面的研究中,我们对"漂绿广告"产生的背景及其危害、"三大机制"(发生机制、运作机制和引爆机制)等进行了阐述,还对问卷调查进行了统计分析。在借鉴域外广告监管经验的基础上,提出"漂绿广告"监管有效性的分析框架。政府监管创新、行业自律创新、社会监督创新和企业绿色创新四位一体,是实现"漂绿广告"有效监管的重要保障,这四者之间既替代又互补,都不可或缺。

累积环保优势是生态文明建设对国家、地区/城市和每个企业提出的必然要求。单就企业而言,我们讲环保优势,意在改变企业环保绩效差、环保意识不强、环保后劲不足的状况。环保优势的累积是渐进的过程,是一点一点地干出来的,需要企业生产经营管理的全环节参与。从时间上考量,包括近期优势、中期优势和远期优势;从产品生命周期来考量,包括生产、运输、使用、保存或维

---

[1] [美]乔治·阿克洛夫、罗伯特·席勒:《钓愚:操纵与欺骗的经济学》,张军译,北京:中信出版社2016年版,前言。

护、回收等环节的环保优势。

哈佛大学教授迈克尔·波特在著名的"钻石模型"中,强调公司以降低成本或产品差异化的方式来获得竞争优势,但是随着市场全球化,靠这两种方式建立和保持竞争优势变得越来越困难。环保战略"作为竞争环境中一个相对较新的变量以及重塑市场的一个要素","恰恰就能提高这种获得竞争优势的契机"①。

企业环保优势是企业各层级员工共同努力的结果,但是"来自高层的决心是成功的关键,也是使中层经理和一线员工投入环保事业这一挑战中来的唯一方法。如果没有首席执行官的要求,英国石油炼油厂的厂长如何能主动降低排放?如果没有最高层的指令,3M的产品经理怎么能等待数年之久才让强力即时贴上市"②?

绿化企业是企业履行环保社会责任的重要内容和目的所在。绿化企业一定是履行了环保社会责任的企业。要把环保社会责任内化为企业常态价值观。2016年伊始,环保部、国家发改委联合发布《关于加强企业环境信用体系建设的指导意见》,明确提出加快建立企业环境保护"守信激励、失信惩戒"机制,力争到2020年,覆盖国家、省、市、县的企业环境信用系统基本建成。

清华大学胡鞍钢教授的《中国:创新绿色发展》一书指出③,自1750年以来,由西方国家主导的三次工业革命都属于"黑色工业革命",即在经济增长的同时,资源消耗、环境污染及温室气体排放相应增长,成为全球环境变化、气候变化的主要因素。当今世界正迎来绿色工业革命的时代,其基本要义就是从根本上改变传统现代化的发展模式,实现经济增长与水资源消耗、化石能源消耗、污染物排放和二氧化碳排放全面脱钩。维护生态系统与企业的生存和发展休戚相关。如果没有企业的切实践履,绿色工业革命是不可能真正到来的,不能顺应绿色工业革命时代的企业也将难以生存。

虽无精确的市场数据,但我们可以肯定地说,绿色产品和服务的市场是很

---

① [美]乔治·阿克洛夫、罗伯特·席勒:《钓愚:操纵与欺骗的经济学》,张军译,中信出版社2016年版,第257页。
② [美]丹尼尔·埃斯蒂、安德鲁·温斯顿:《从绿到金》,张天鸽等译,中信出版社2009年版,第143页。
③ 胡鞍钢:《中国:创新绿色发展》,中国人民大学出版社2012年版,第10页。

庞大的、不断成长的。"没有人能够确切地测量出这一市场数据,因为对这个市场的统计是基于消费者心理学而不是人口统计学。也就是说,它是基于不可量化的行为因素,而非可以衡量的社会经济学因素(如消费者年龄、性别、教育水平、收入水平和政治立场等人口统计因素)"①。美国退休人士协会的研究及其他研究机构发明了一种识别绿色行为的工具,即将行为用从棕色(毫无环保观念)到深绿色(非常关心环境保护并付诸行动)节约能源是企业的一大绿色致胜战略,不光可以节省经营成本,还减少了电厂发电时排放的温室气体对空气和水造成的污染。

哈佛大学教授桑斯坦在其著作中说:"理论上的论证是一回事,真实世界中的改革又是一回事。"②上述提到的"四个创新"(政府监管创新、行业自律创新、社会监督创新和企业绿色创新)能否实现以及在何种程度上实现,在一定意义上不仅关乎"漂绿广告"能否实现有效监管,还关乎生态文明建设的实际进程。

2015年9月1日,新《广告法》颁布实施,9月18日,互通国际传播集团在武汉承办"2015中国广告东湖论坛"。论坛的核心主题之一,就是对新《广告法》的解读。很遗憾,我没能亲临论坛。2015年10月22日,借到北京出差之机,我来到位于海淀区88号大楼的互通国际传播集团总部。董事长邓超明先生陪同我参观,邀我在留言白板上签名留念。短暂寒暄后,我们即展开交流。邓总提了三个观点:(1)新《广告法》不是用来限制广告,而是有利于广告产业发展的;(2)在新《广告法》约束下,中国广告人可以推出更好的广告,而不是相反;(3)新《广告法》保护了消费者、企业的合法权益,而广告代言人行为却受到限制。违反广告法应受到的处罚也变得明确,力度也明显提高。邓总说:

> 如果没有新《广告法》出台,中国广告人就完全没有尊严没有地位,新《广告法》的施行,让人们切实地感受到,政府在依法治国的背景下,对广告行业的管理是动真格了,对广告产业发展是福音。

针对部分广告业内人士说的"在新《广告法》约束下,广告怎么说都不行了"

---

① [美]基姆·卡尔森:《绿色战略》,王华译,电子工业出版社2009年版,第21页。
② [美]凯斯·R.桑斯坦:《权利革命之后:重塑规制国》,钟瑞华译,中国人民大学出版社2008年版,第83页。

的观点,邓总认为这并非事实。实际上,在新《广告法》正式施行前后,原国家工商行政管理总局联合各省市的工商部门,举办了50场培训和宣传活动,其目的是让越来越多的人明白,只要做到了符合法律法规,符合消费者要求,广告才能得到认可,广告人、广告行业的地位才能得到提升。广大广告人在新《广告法》背景下,要加紧调整战略、规范操守,不断推出行之有效的优秀广告作品。同时,本土广告人还要借鉴西方成熟广告市场的技巧和表现手法,做到广告创意在夸张、诙谐中不忘守法。邓总还就我提出的"三棵树,马上住"的广告发表了看法。他认为,油漆含有气味并对人体健康有害,这是不容怀疑的,只能说危害程度是否能降到最小或者符合国家有关标准,三棵树油漆在广告中诉求"马上住",显然违背常理,夸大了该油漆环保效果,拿不出相关标准或依据,这个广告就属于"漂绿广告"。邓总还建议说,对这类打擦边球的广告,相关部门、消费者和社会组织要高度警惕。

邓总大学本科曾就读于中国人民大学新闻专业,公司经营得十分红火,但他不忘深造。2014年获得武汉大学广告学博士学位,应该说,他对广告行业的观察是有一定代表性的。

附录一　调研问卷

绿色环保诉求广告调查问卷
（媒体篇）

尊敬的先生/女士：

　　本调查是中国地质大学(武汉)公共管理学院刘传红教授主持的国家社会科学基金项目"环保类虚假广告的危害及其监管有效性研究"(编号：11BXW039)的部分研究内容。该项目旨在通过对我国广告传播活动中业已盛行的漂绿行为所造成的危害及其监管展开研究，并提出若干对策建议，从而加快推进我国生态文明建设的整体水平，促进资源节约型、环境友好型社会建设步伐。

　　本次调查纯系学术研究需要，目的是了解您对以绿色环保为诉求的广告的认识和看法，从而为我们的研究提供重要参考。您不必担心个人和家庭隐私。问卷不需填写姓名，所有问卷填写后将密封并进行数据处理。

　　请您耐心、仔细阅读题干及选项，认真客观作答，这将有助于研究结果的准确性。您对问卷的回答将为本研究提供极为宝贵的数据，对此，我们深表谢意！

中国地质大学(武汉)公共管理学院研究课题组
2012 年 3 月

　　概念释义：绿色环保诉求广告，是指在广告传播活动中以绿色、环保、节能等为诉求内容的广告。

第一部分 基本信息

1. 您的性别:
   A. 男　　B. 女

2. 您的年龄:
   A. 30 岁以下　　　　　　B. 30 至 40 岁
   C. 41 至 50 岁　　　　　D. 51 岁以上

3. 您的文化程度:
   A. 中专及以下　　　　　B. 大专
   C. 本科　　　　　　　　D. 本科以上

4. 您的月平均收入(含工资、补贴、奖金等):
   A. 5 000 元以下　　　　B. 5 001 至 8 000 元
   C. 8 001 元以上

5. 您的工作岗位是:
   A. 新闻采编　　　　　　B. 广告经营
   C. 专职行政或党务管理

6. 贵媒体属于:
   A. 电视媒体　　　　　　B. 网络媒体
   C. 广播媒体　　　　　　D. 报纸媒体
   E. 杂志　　　　　　　　F. 其他_____

7. 您是否关注广告中的绿色环保信息?
   A. 非常关注　　　　　　B. 比较关注
   C. 较少关注　　　　　　D. 不关注

8. 您是否有广告专业背景或实务工作经验?
   A. 有专业背景,也有实务工作经验
   B. 有专业背景,但无实务工作经验
   C. 无专业背景,但有实务工作经验
   D. 无专业背景,也无实务工作经验

9. 贵媒体新闻采编人员是否有承接广告的任务?(非采编人员不答此题)

A. 有规定任务　　　　　　　　B. 没有规定任务,但承接广告会有提成

第二部分　绿色环保诉求广告的社会认知

10. 您觉得广告中说的"纯天然""无污染"可信吗?
    A. 可信　　　　　　　　　　B. 有点可信
    C. 不可信　　　　　　　　　D. 说不清

11. 您觉得广告中说的"可降解""节能30%"可信吗?
    A. 可信　　　　　　　　　　B. 有点可信
    C. 不可信　　　　　　　　　D. 说不清

12. 同样是在广告中强调绿色环保,您觉得大品牌(比如格力、可口可乐等)和小品牌给人的信任程度一样吗?
    A. 信任程度一样　　　　　　B. 大品牌的信任程度高些
    C. 小品牌的信任程度高些　　D. 都不信任

13. 除了上述提到的"纯天然"等说法之外,在贵媒体刊播的含有绿色环保信息的广告中,还有哪些词会经常出现?请列举1个以上:
    A.　　　　B.　　　　C.　　　　D.

14. 您是否听说过"漂绿广告"一词?
    A. 听说过　　　　　　　　　B. 没听说过

15. 您知道"漂绿广告"的大致意思吗?
    A. 知道　　　　　　　　　　B. 不知道

16. 双汇集团对外宣称"绿色生产、绿色产品、绿色基地",并于2011年获得省级"绿色企业"称号,但是在2011年3月15日被曝销售含有"瘦肉精"成分的毒猪肉。您觉得双汇的行为是"漂绿"吗?
    A. 是　　　　　　　B. 不是　　　　　　　C. 说不清

17. 某公司一方面声称"要金山银山,更要绿水青山",另一方面在生产经营中导致了严重的汀江污染事件,该企业名称是:
    A. 厦门金龙汽车　　　　　　B. 紫金矿业
    C. 福建捷联电子　　　　　　D. 厦门华侨电子　　　　　　E. 不知道

18. 作为新闻采编人员,您认为"漂绿广告"现象普遍吗?(非采编人员不作答)

A. 非常普遍　　　　　　B. 比较普遍

C. 偶尔会出现　　　　　D. 不存在"漂绿广告"现象

19. 作为广告经营者,您认为"漂绿广告"现象普遍吗?(非广告经营人员不作答)

A. 非常普遍　　　　　　B. 一般程度

C. 偶尔会出现　　　　　D. 不存在"漂绿广告"现象

20. 据您观察,在贵媒体刊播"漂绿广告"的主要是哪些行业(多选):

A. 家电　　　　　　　　B. 食品饮料

C. 房地产　　　　　　　D. 医药或医疗器械

E. 旅游景点　　　　　　F. 其他

21. 您觉得目前企业对环保的重视程度是:

A. 普遍很重视,尽量采用有利于环保的生产技术

B. 口头上重视,但尚不能真正做到环保

C. 普遍不够重视,环保意识普遍很差,全凭经济利益驱动经营

22. 在您看来,目前国内企业宣称绿色环保的广告:

A. 大多数真实可信　　　B. 真假大致各半

C. 少数真实可信　　　　D. 都是虚假的

23. 如果企业在广告中宣称有利于环保,但事实并非如此,您认为:

A. 纯系虚假广告行为,应该受到严厉制裁

B. 不赞成,但可以理解

C. 无所谓,大家都这么做

D. 其他

第三部分　漂绿广告的危害

24. 广告中常常出现"纯天然""可降解""无污染"等说法,这是否促成您购买该种产品:

A. 会促成购买　　　　B. 不会促成购买　　　　C. 很难说

25. 您认为,漂绿广告现象出现的原因有哪些,请说出两点以上。

A.＿＿＿＿＿＿＿＿＿＿＿＿＿＿＿＿＿＿＿＿＿＿＿＿＿＿＿＿＿＿＿＿＿＿

B. _____
C. _____
D. _____
E. _____

26. 您是否认同漂绿广告损害了消费者利益?
    A.认同　　　　　　　B.不认同　　　　　　C.说不清楚

27. 广告主(企业)刊播漂绿广告是否存在市场风险?
    A. 风险很大。理由是:_____
    B. 有一点风险。理由是:_____
    C. 无风险。理由是:_____
    D. 说不清楚。理由是:_____

28. 漂绿广告对生态文明建设造成影响?
    A. 只有负面影响
    B. 漂绿广告表达的环保诉求具有环保启蒙的作用,有一定正面作用
    C. 漂绿广告以牺牲社会诚信为代价,即使有正面作用也应该禁止
    D. 说不清楚

29. 消费者明知某企业广告中有漂绿的嫌疑,但还是购买其产品,请您说出1个或以上的原因:
    A. _____
    B. _____
    C. _____

第四部分　漂绿广告的监管

30. 企业产品或者服务并非绿色环保,却要以环保为卖点发布广告,贵媒体的做法是:
    A. 无论企业出多少广告费,都坚决抵制
    B. 如果广告投放量大,就会发布
    C. 只要不与法律规定冲突,就可发布
    D. 其他_____

31. 近三年来,据您所知,贵媒体读者(观众、听众)对漂绿广告有投诉吗?

    A. 很多投诉　　　　　　　B. 有投诉,但不是很多

    C. 没有投诉

32. 接到消费者或者环保组织(个人)关于漂绿广告的投诉。贵媒体通常是:

    A. 予以否认

    B. 向消费者解释,由于没有违背现有法律法规,所以继续刊播该广告

    C. 及时通知广告主(企业),停止刊播该广告

    D. 通知广告主(企业)及时改正,重新设计新广告

    E. 其他_____

33. 刊播广告时贵媒体是否制定了针对"漂绿广告"的审查条款:

    A. 有专门的审查条款　　　B. 没有专门的审查条款

34. 您认为贵媒体对刊播广告的审查:

    A. 非常严格,严格审查其内容的真实性等信息

    B. 较为严格,按照法律规定的程序进行

    C. 不太严格

    D. 不审查

35. 您认为,漂绿广告监管是否应该保障环保组织和个人的有效参与?

    A. 应保障　　　　　　　　B. 可保障,也可不保障

    C. 不应保障

36. 您认为,在互联网时代消费者参与漂绿广告监管的作用:

    A. 非常大　　　　　　　　B. 比较大

    C. 比较小　　　　　　　　D. 非常小

37. 您认为,通过对消费者进行环保意识、环保知识的培训与教育,是否有助于漂绿广告的有效监管?

    A. 非常有帮助　　　　　　B. 有一定帮助

    C. 没有帮助　　　　　　　D. 说不清楚

38. 有人认为治理漂绿广告,要把媒体作为首要监管对象,您的观点是:

    A. 非常认同　　　　　　　B. 比较认同

    C. 不认同

39. 您认为在漂绿广告监管上媒体最能发挥什么作用?

40. 在您看来,在漂绿广告监管中政府最应该采取什么措施?

41. 在您看来,各级广告行业协会在漂绿广告监管中的作用:
  A. 非常大   B. 比较大   C. 一般

42. 您对漂绿广告监管有效性所持观点是:
  A. 相信能监管好
  B. 漂绿广告现象很复杂,很难监管好
  C. 尚未引起政府和社会的应有重视,监管还无从谈起
  D. 不管效果如何,有监管总比没监管好

绿色环保诉求广告调查问卷

(消费者篇)

各位朋友:

  随着消费者的环保意识不断加强,企业也越来越重视在广告中添加环保信息,即作绿色环保诉求广告。如果企业没有真正做到环保生产,或者在环保上的投入远远少于广告投入,那么企业不是真正环保的,其行为被称为"漂绿"。作为国家社科基金项目的组成部分,本次调查目的是,了解您对以绿色环保为诉求的广告的认识和看法,从而为我们的研究提供重要参考。请您耐心、仔细阅读题干及选项,只需打√或简短作答即可,这将有助于研究结果的准确性。

您对问卷的回答将为本研究提供极为宝贵的数据,对此,我们深表谢意!

环保广告研究课题组
2012年6月

基本概念释义:绿色环保诉求广告,是指在广告传播活动中以绿色、环保、节能等为诉求内容的广告。如果广告诉求的绿色信息真实可信,就是当下大力提倡的绿色广告;如果广告诉求的绿色信息夸大失实或者误导了消费者,我们就界定其为"漂绿广告"。

第一部分　基本信息

1. 您的性别:
   ①男　　　　　　　　　②女

2. 您的职业:
   ①企事业单位职工　　　②公务员　　　　　　③公司职员
   ④私企老板　　　　　　⑤工人　　　　　　　⑥农民
   ⑦家庭主妇　　　　　　⑧其他_____

3. 您的年龄:
   ①20岁以下　　　　　　②21至30岁　　　　　③31至40岁
   ④41至50岁　　　　　　⑤51至60岁　　　　　⑥61岁及以上

4. 您的家庭所在地:
   _____(省、直辖市、自治区)_____(市/州)_____(县)

5. 您所受的最高教育程度是(包括在读):
   ①初中以下　　　　　　②高中或中专　　　　③高职高专
   ④大学本科　　　　　　⑤研究生及以上

6. 您的月平均收入(含工资、补贴、奖金等):
   ①2 000元以下　　　　　②2 001至4 000元　　③4 001至6 000元
   ④6 001至8 000元　　　 ⑤8 000元以上

第二部分　对绿色环保诉求广告的认识

7. "漂绿"通常是指企业以环保为名进行广告宣传,而并没有开展实际的环保行为,甚至是反环保行为。您对这种现象:
   ① 完全不了解　　　　　　　② 听说过,但是了解不多
   ③ 经常听说,比较了解　　　④ 有亲身体会,很了解

8. 双汇集团对外宣称"绿色生产、绿色产品、绿色基地",并于2011年获得省级"绿色企业"称号,但是在2011年3月15日被曝销售含有"瘦肉精"成分的毒猪肉。您觉得双汇的行为是"漂绿"吗?
   ① 是　　　　　　② 不是　　　　　　③ 说不清

9. 根据您的观察,当前的"漂绿"广告主要存在于哪些行业?（可多选,打√）
   ① 家电　　　　　　② 食品饮料　　　　　③ 房地产
   ④ 汽车行业　　　　⑤ 医药或医疗器械　　⑥ 旅游景点
   ⑦ 其他（请注明：_____）

10. 总体而言,您觉得目前企业对环保的重视程度是:
    ① 普遍很重视,尽量采用有利于环保的生产技术和管理措施
    ② 口头上重视,但没能真正做到环保
    ③ 普遍不够重视,环保意识普遍很差,全凭经济利益驱动经营

11. 下列关于"漂绿"广告的说法中,你比较赞同的是（可多选）_____,不赞同的是（可多选）_____
    ① 损害了消费者的知情权　　　② 损害了消费者的公平交易权
    ③ 扰乱了市场秩序　　　　　　④ 对环境的变相损害
    ⑤ 有一定的环保启蒙作用　　　⑥ 提供了必要的生活信息

12. 您认为"漂绿"广告出现的原因是（可多选,打√）:
    ① 企业为了追逐利益,缺乏自律性
    ② 政府工商部门缺乏有效监管
    ③ 市场机制不健全,缺乏相关的法律条款
    ④ 消费者对"漂绿"广告的危害认识不足,公众监督缺乏
    ⑤ 企业在产品生产和销售环节未做到信息透明,消费者无从得知真实情

况,维权无方

⑥其他(请注明:_____)

第三部分　对绿色环保诉求广告的态度

13. 您觉得广告中说的"纯天然""无污染"可信吗?
    ①可信　　　　　　　　　②有点可信
    ③不可信　　　　　　　　④说不清

14. 同样是在广告中强调绿色环保,您觉得名牌产品和普通产品给人的信任程度一样吗?
    ①信任程度一样　　　　　②名牌的信任程度高些
    ③普通产品的信任程度高些　④说不清楚

15. 您认为当前的国内企业的环保诉求广告:
    ①大多数真实可信　　　　②真假大致各半
    ③少数真实可信　　　　　④都是虚假的

16. 电视、报纸、网络等媒体中的环保诉求类广告让你感到:
    ①无聊,很反感　　　　　②部分广告还是值得一看
    ③大部分都还可以接受　　④无所谓,没什么感觉

17. 如果企业在广告中宣称有利于环保,但事实并非如此,您认为:
    ①纯系虚假广告行为,应该受到严格监管
    ②不赞成,但可以理解
    ③其他(请注明:_____)

第四部分　绿色环保诉求广告的行为影响与监管

18. 在您家里,商品购买决策主要是:
    ①由本人决定　　　　②由配偶决定　　　　③家人协商决定

19. 与同类商品相比,您是否更倾向于购买有"纯天然""可降解""无污染"等宣传广告的产品:
    ①是　　　　　　　　②否　　　　　　　　③很难说

20. 如果您知道某公司存在漂绿广告行为,您还愿意购买其产品吗?

①与以前一样,不会有什么改变

②不会购买涉及漂绿广告的产品,但会购买该公司的其他产品

③会抵制该公司的所有产品

④依具体情况而定

21. 若您知道有下列几类产品的广告是漂绿广告,您的购买意愿会有何变化?请在您认为合适的选项框内打"√":

商品种类购买意愿	坚决不会购买	不倾向购买,但依情况而定	对购买无任何影响
①食品			
②药品			
③服装、鞋包配饰			
④家电			
⑤家居建材			
⑥日用百货			
⑦数码产品			
⑧汽车、车品			

22. 您认为下列主体对于漂绿广告能够发挥多大的监管作用?在您认为合适的选项框内打"√":

监管主体作用大小	无用或很小作用	有一定作用	有较大作用
①工商管理部门			
②环保部门			
③媒体			
④广告行业协会			
⑤民间环保组织			
⑥消费者维权组织			
⑦消费者			

23. 您对漂绿广告监管能否有效果所持观点是:

①相信能监管好

②漂绿广告现象很复杂,很难监管好

③尚未引起政府和社会的应有重视,监管还无从谈起

④不管效果如何,有监管总比没监管好

24. 您曾经参与过揭露漂绿广告的行为吗?（比如向工商部门投诉,在网站上发帖等等）

①没有参与过　　　　②参与过,仅有一次　　　　③参与一次以上

调查到此结束,谢谢您的合作!

附录二

《南方周末》"2011年中国漂绿榜单"上的企业名单及其"荣登"理由

哈药集团：哈药集团子公司制药总厂被曝光排污严重超标之前，其上市公司哈药股份的广告费是环保投入的27倍，以"健康""环保"为名的公益广告覆盖全国的10年间，针对其污染劣迹的举报、曝光亦未间断过。事发后该公司公开道歉，承诺"承担一切责任，接受一切处罚"，但却在中华环保联合会半年后的调查中，被举报仍数次夜间偷排，从"污染门"到"道歉门"。

江森自控：全球最大的铅酸蓄电池生产商身陷"血铅门"。其自称在中国的工厂安装了世界上最先进的污控系统，却疑似导致上海浦东新区几十名儿童血铅超标。该公司曾宣称其铅排放总量已下降至1996年的水平的近三分之一，却隐瞒了一条未获批准的秘密生产线，超额的铅使用量导致排放超标。

阿迪达斯、耐克：阿迪达斯、耐克被国际组织检出其服装样品含有有害物质壬基酚（NP）和壬基酚聚氧乙烯醚（NPE）。这两类物质在欧盟等一些国家和地区已被禁用，中国也已将二者列入禁止进出口目录，但其在国内的使用和排放尚无规定。此情形下，阿迪、耐克被指有打标准擦边球之嫌。

康菲中国：渤海蓬莱溢油事故的肇事者，油污祸及辽宁、河北沿海，致当地养殖业遭重创。事后，康菲先按国际惯例建立赔偿基金，承诺提供"方便、快捷和公正"的赔偿方式，后又绕开养殖户与农业部签订协议，以10亿元行政赔偿彻底取代原先承诺的赔偿基金，亦变相将非法律诉讼的赔偿总额限定在了10亿元。其环境基金总额仅2亿元，其中1亿元已明确用于修复天然渔业资源，仅剩1亿元用于其承诺的渤海环境修复。种种行径，致两基金沦为空头基金。

苹果：中国五家环境组织发布报告，披露苹果公司对其在华的数十家供应商污染环境的行为熟视无睹，违背了其在全球供应链中承担最高标准社会责任的承诺。有污染行为记录的苹果代工厂分布在太原、广州、武汉等多个城市，产生了大量含重金属、氰化物的废水，以及各种废气和危险废物，因处置不力被环保部门处罚过。据媒体报道称，苹果已愿意与NGO展开新一轮对话。

中石化：一面被质疑以利润之由阻碍国Ⅲ柴油面市，一面却在企业社会责任报告中高调宣传，将"重视生产清洁产品，以汽柴油质量升级换代最为典型"作为其"绿色经营"的主要事实，并声称"国Ⅲ柴油质量升级项目预计2012年12月全部建成投用。届时，按公司2010年柴油产量计，可减少消费环节二氧化碳排放2.3万吨"。事实上，早在2009年，国家标准化管理委员会发布的《车用柴油》强制性国家标准就规定，2011年7月1日全国应供应满足国Ⅲ标准（350ppm硫含量）的柴油。直至今日，国Ⅲ标准柴油未能如期面市的主要原因就在于生产低硫柴油的成本高、收益低，中石化、中石油等油企不愿承担油品升级带来的成本增加。事实上，国家虽然未针对低硫燃油出台深税收优惠或成本补贴政策，但高利润的石化企业完全可以消化油品升级带来的成本增加。

双汇：2011年获得省级"绿色企业"荣誉称号，2010年获得"河南省污染源第一次全国普查先进单位"荣誉的双汇集团，对外高调宣传"绿色生产、绿色产品、绿色基地"，然而在2011年3月15日被曝销售含有"瘦肉精"成分的有毒猪肉。

深圳发展银行：在其年度企业社会责任报告中，深圳发展银行声称"减少"运营能耗、支持可持续发展的商业实践模式，并开展各种公益活动，但在包括本行环境政策的制定、国家绿色信贷政策的落实，以及对国际公认的环境和社会风险管理准则《赤道原则》等进行探索和尝试上，深圳发展银行不仅所做甚少，而且相关信息披露也极少。在国内NGO进行的14家中资上市银行的"环境记录"中，深圳发展银行综合排名最后，表现欠佳。

归真堂：因虐熊遭舆论狙击上市受阻后，归真堂得到中国中药协会力挺。后者点名抨击亚洲动物基金会"受西方利益集团资助、打击民族中药"。无痛引流技术合法，但在人工熊胆粉已具备替代条件、胆汁熊未被证实得到了人道对待的情况下，阴谋论缺乏证据，因转移视线之嫌，引发舆论更大反弹。

晶科能源：被称为"2011清洁技术驱动者"的太阳能光伏企业晶科能源控

股有限公司,其生产的光伏产品旨在应对气候变化、减少温室气体排放。然而,2011年9月,晶科能源排放含有化学物质的液体,污染工厂附近水路,引发当地居民群体性事件。

主要参考文献

（按照文献出现先后）

1. [美]米切尔·舒德森：《广告，艰难的说服》，陈安全译，华夏出版社，2003。
2. 中国科学院可持续发展战略研究组：《2013中国可持续发展战略报告》，科学出版社，2013。
3. 高红贵：《关于生态文明建设的几点思考》，《中国地质大学学报》（社会科学版）2013年第5期。
4. [美]威廉·阿伦斯：《当代广告学》，丁俊杰等译，中国邮电出版社，2006。
5. [美]莱恩，[美]拉塞尔：《广告学》，宋学宝等译，清华大学出版社，2003。
6. [法]罗兰·巴尔特等：《形象的修辞：广告与当代社会理论》，吴琼译，中国人民大学出版社，2005。
7. 曹孟勤、徐海红：《生态社会的来临》，南京师范大学出版社，2010。
8. 杨通进、高予远：《现代文明的生态转向》，重庆出版社，2007。
9. 尹世杰：《消费经济学》，高等教育出版社，2003。
10. [美]丹尼尔·埃斯蒂、安德鲁·温斯顿：《点绿成金》，张天鸽译，中信出版社，2009。
11. 刘传红：《广告产业组织优化研究》，湖北人民出版社，2012。
12. [美]施里达斯·拉夫尔：《我们的家园——地球》，夏坤堡等译，中国环境科学出版社，1993。
13. 万俊人：《美丽中国的哲学智慧与行动意义》，《中国社会科学》2013年第5期。
14. 宋玉书：《商业广告的生态伦理批评》，《中国地质大学学报》（社会科学版）2011年第3期。

15.戴鑫:《绿色广告传播策略与管理》,科学出版社,2010。

16.刘瑜:《民主的细节》,上海三联书店,2009。

17.朗胜:《中华人民共和国广告法释义》,法律出版社,2015。

18.[英]安东尼·奥格斯:《规制:法律形式与经济学理论》,骆海英译,中国人民大学出版社,2008。

19.樊宏法、邹成效:《生态文明建设中消费者的"绿色表达"》,《生态经济》2009年第11期。

20.[美]基姆·卡尔森:《绿色战略:超越红海竞争,实现持续经营》,王华译,电子工业出版社,2009。

21.丁俊杰、王昕:《中国广告观念三十年变迁与国际化》,《国际新闻界》2009年第5期。

22.周培勤、薛飞:《"绿色"广告的"灰色"地带》,《新闻与传播研究》2010年第1期。

23.刘凡:《基于公共利益的中国广告监管》,中国工商出版社,2007。

24.刘传红:《"漂绿广告"的主要特征与认定标准》,《新华文摘》2016年第3期。

25.[美]道格拉斯·凯尔纳:《媒介文化》,丁宁译,商务印书馆,2004。

26.刘涛:《接合实践:环境传播的修辞理论探析》,《中国地质大学学报》(社会科学版)2015年第1期。

27.苏立、施战军:《日本公益广告诉求主题的历史变迁及其特点》,《新闻与传播研究》2008年第3期。

28.[美]保罗·福塞尔:《恶俗》(修订第2版),何纵译,世界图书出版公司,2012。

29.赵汀阳:《赵汀阳自选集》,广西师范大学出版社,2000。

30.[法]蒙田:《蒙田随笔》,马振骋译,上海译文出版社,2013。

31.吴元元:《信息基础、声誉机制与执法优化》,《中国社会科学》2012年第6期。

32.[日]棚濑孝雄:《纠纷的解决与审判制度》,王亚新译,中国政法大学出版社,1994。

33.[美]尼考拉斯·莱斯切尔:《认识经济论——知识理论的经济问题》,王晓秦译,江西教育出版社,1999。

34.[美]托马斯·弗兰克:《酷的征服:商业文化、反潮流文化与嬉皮消费主义的兴起》,胡传胜等译,南京大学出版社,2007。

35.[美]杰克逊·李尔斯:《丰裕的寓言》,任海龙译,上海人民出版社,2005。

36.[美]科尔曼:《生态政治》,梅俊杰译,上海世纪出版社,2006。

37.金定海、郑欢:《广告创意学》,高等教育出版社,2008。

38.马谋超:《广告心理:广告人对消费行为的心理把握》,中国物价出版社,2002。

39.王伟、刘传红:《"漂绿广告"监管需要建立引爆机制》,《中国地质大学学报》(社会科学版)2013年第6期。

40.熊易寒:《"问题化"的背后——对当前中国社会冲突的反思》,《社会学家茶座》2007年第2期。

41.[加]约翰·汉尼根:《环境社会学》(第二版),洪大用等译,中国人民大学出版社,2009。

42.Aerts,W.,D. Cormier & M Magnan.Corporate environmental disclosure,financial markets and the media:An international perspective [J]. Ecological Economics,2008(64).

43.Islam,M. A. & C. Deegan..Media pressure and corporate disclosure of social responsibility performance information:a study of two global clothing and sports retail companies [J].Accounting and Business Research. 2010(2).

44.Lyon,T. P. & J. W. Maxwell,(spring). Greenwash:Corporate environmental disclosure under threat of audit [J].Journal of Economics & Management Strategy.2011(1).

45.Aerts,W.,D. Cormier & M Magnan. Corporate environmental disclosure,financial markets and the media:An international perspective [J]. Ecological Economics,2008(64).

46.[美]凯斯·R.桑斯坦:《恐惧的规则:超越预防原则》,王爱民译,北京大学出版社,2010。

47.应飞虎:《信息、权利与交易安全——消费者保护研究》,北京大学出版社,2008。

48.刘春、孙亮:《法律保护、信息环境与信息传染效应:来自乳业危机的证据》,《南方经济》2012年第1期。

49.李焰、王琳:《媒体监督、声誉共同体与投资者保护》,《高等学校文科学术文摘》2014年第1期。

50.[美]保罗·埃克曼:《说谎:揭穿商业、政治与婚姻中的骗局》,邓伯宸译,生活读书新知三联书店,2008。

51.[美]丹尼尔·F.史普博:《管制与市场》,余晖等译,格致出版社,1999。

52.刘鹏:《转型中的监管型国家建设》,中国社会科学出版社,2011。

53.高炳华:《政府失灵及其防范》,《华中师范大学学报》(人文社会科学版)2001年第1期。

54.马云泽:《规制经济学》,经济管理出版社,2008。

55.王俊豪:《管制经济学原理》,高等教育出版社,2007。

56.陈洪波、潘家华:《我国生态文明建设理论与实践进展》,《中国地质大学学报》(社会科学版)2012年第5期。

57.王利明:《法律解释学导论:以民法为视角》,法律出版社,2009。

58.[美]E.博登海默:《法理学:法律哲学与法律方法》,邓正来译,中国政法大学出版社,2004。

59.范志国等:《中外广告监管比较研究》,中国社会科学出版社,2008。

60.陈绚:《广告道德与法律规范教程》,中国人民大学出版社,2002。

61.吕蓉:《广告法规管理》,复旦大学出版社,2003。

62.陈柳裕、唐明亮:《广告监管中的法与理》,社会科学文献出版社,2009。

63.张维迎:《市场的逻辑》(增订版),上海人民出版社,2012。

64.郑友德、李薇薇:《漂绿营销的法律规制》,《法学》2012年第1期。

65.梁文松、曾玉凤:《动态治理:新加坡政府的经验》,中信出版社,2010。

66.魏明侠:《绿色营销绩效管理》,经济管理出版社,2005。

67.[美]保罗·R.伯特尼,[美]罗伯特·N.史蒂文斯:《环境保护的公共政策》,穆贤清等译,上海人民出版社,2004。

68.[美]马尔科姆·K.斯帕罗:《监管的艺术》,周道许译,中国金融出版社,2006。

69.江必新:《推进国家治理体系和治理能力现代化》,《光明日报》2013年11月15日版。

70.[美]威廉·N.邓恩:《公共政策分析导论》(第二版),谢明等译,中国人民大学出版社,2010。

71.江必新:《"把制度建设摆在突出位置"的若干思考》,《中国社会科学》2013年第1期。

72.孙佑海:《生态文明建设需要法治的推进》,《中国地质大学学报》(社会科学版)2013年第1期。

73.吕忠梅:《中国生态法治建设的路线图》,《中国社会科学》2013年第5期。

74.肖华等:《制度压力、组织应对策略与环境信息披露》,《厦门大学学报》(哲学社会科学版)2013年第3期。

75.郭学德:《试论中国的"政府推进型"法治道路及其实践中存在的问题》,《郑州大学学报》(哲学社会科学版)2001年第1期。

76.刘国基:《冷静审视〈广告法〉修订争议》,《广告大观》(综合版)2006年第6期。

77.徐卫华:《中国广告管理体制研究》,武汉大学博士论文,2009。

78.[美]斯蒂格利茨:《政府为什么干预经济》,郑秉文译,中国物资出版社,1998。

79.肖兴志、宋晶主编:《政府监管理论与实践》,东北财经大学出版社,2006。

80.孔清溪:《京沪报业广告监管比较研究》,《现代传播》2011年第6期。

81.邱海雄、陈健民:《行业组织与社会资本:广东的历史与现状》,商务印书馆,2008。

82.俞可平:《论国家治理现代化》,社会科学文献出版社,2014。

83.石佑启:《论社会管理主体多元化与行政组织法的发展》,《法学杂志》2011年第12期。

84.应松年:《社会管理创新引论》,《法学论坛》2010年第6期。

85.邹永贤:《现代西方国家学说》,福建人民出版社,1993。

86. 郭薇:《政府监管与行业自律:论行业协会在市场治理中的功能》,中国社会科学出版社,2011。

87. 卢现祥:《西方新制度经济学》,中国发展出版社,2003。

88. 邵静野:《中国社会治理协同机制研究》,吉林大学博士论文,2014。

89. [美]曼瑟尔·奥尔森:《集体行动的逻辑》,陈郁等译,上海人民出版社,1995。

90. [美]詹姆斯·S.科尔曼:《社会理论的基础》,邓方译,社会科学文献出版社,1999。

91. 徐贲:《怀疑的时代需要怎样的信仰》,东方出版社,2013。

92. [法]阿兰·佩雷菲特:《信任社会》,邱海婴译,商务印书馆,2005。

93. [英]迈克·费恩塔克:《规制中的公共利益》,戴昕译,中国人民大学出版社,2014。

94. 杨海军:《广告舆论传播研究》,复旦大学博士论文,2011。

95. 苏立:《日本公益广告中的环境教育》,《内蒙古农业大学学报》(社会科学版)2009年第5期。

96. 王思斌:《社会工作概论》,高等教育出版社,2006。

97. 何怀宏:《中国人的忧伤》,法律出版社,2011。

98. 谢来辉:《APEC框架下的绿色供应链议题:进展与展望》,《新华文摘》2016年第5期。

99. [美]菲利普·科特勒,[美]凯文·莱恩·凯勒:《营销管理》,梅清豪译,上海人民出版社,2006。

100. [美]理查德·波斯纳:《法律的经济分析》,蒋兆康译,法律出版社,2012。

101. [美]凯斯·R.桑斯坦:《权利革命之后:重塑规制国》,钟瑞华译,中国人民大学出版社,2008。

102. 胡鞍钢:《中国:创新绿色发展》,中国人民大学出版社,2012。

后　记

这是我主持的国家社科基金一般项目的最终成果。

从二○一一年项目获得资助,到如今出书,时间确实有点长。不是我偷懒,而是一直做得比较艰难,也一直感觉不满意。课题以"良好"等级结项,固然让我欣慰,但是我不认为达到了写作的初衷,充其量是在这个领域迈出了一小小步!

在书稿付印之际,我要感谢的人很多很多,尤其要向下列人士致以最诚挚的谢意:

在课题申报时给予我指导和鼓励的南京大学杜骏飞教授、中国人民大学杨保军教授。当年,是我第一次报国家社科基金。清晰地记得,杜老师在电话中心直口快地说:"传红,你这个题目思辨味道太浓,很难说清楚,即使你说清楚了又怎么样?感觉不太像国家社科基金的题目,要改!"于是,我最初的题目就这样被杜教授否定了。我迅速改变研究思路,最后的本子是在十天时间里重新写出来的,在交到学校科研处的前一天晚上,我给杨保军老师打电话,希望他帮我看一下。之所以找杨老师,是因为他的几篇写虚假新闻的论文,对我很有启发。没想到,杨老师当晚就给我回邮件。在邮件中,杨老师肯定了我的课题设计,认为"内容新颖,问题明了,结构清晰,重点突出"。

收到杨老师的邮件,让我很开心,也很受鼓舞。我立马进行最后的打磨。记得交到科研处时,地大社科处李想姣老师对我说过一句话:"刘老师,您的本子又有改动啊,我感觉越改越好了,多半会中的!"

获得资助的快乐是暂时的,课题启动后的艰辛持续得有点长,甚至是折磨。

后　　记

我要感谢《南方周末》时任常务副总编辑陈明洋、时任"绿版"主编朱红军等，他们接受我的深度访谈，还连续四年邀请我担任"年度漂绿榜"评委，在和他们的交流过程中，我得到许多研究素材。

我要感谢湖北省工商局广告监管处处长代冬军、珠海市工商分局局长李三华、仙桃市工商局胡场分局张秋平等广告主管部门的官员。

我要感谢广告学界的师友们。他们是武汉大学张金海教授、辽宁大学宋玉书教授、复旦大学张殿元教授、南京大学郑欣教授、天津师范大学孙瑞祥教授、天津理工大学范志国教授、湖南商学院何鹄志教授等，在和他们或见面或电话或微信交流中，让我获益良多。

我要感谢中国地质大学的领导和同事们，特别是公共管理学院这个让我有很强归属感的大家庭。在课题研究过程中，他们给予了我多方面的帮助和鼓励，我倍加珍视这份情谊。

我要感谢那些中外文献的作者们。由于研究过程有点长，加上存在疏忽的可能，如果漏掉了部分文献，请文献作者们一定原谅，我保证：绝不是有意的！对部分章节的引用和借鉴，我都进行了明确标注。

我要感谢课题组成员和我的研究生们。你们的智慧与辛勤付出弥足珍贵！

我要感谢课题的立项评审专家和结项评审专家，虽然我至今不晓得他们是谁，但是这份感谢是必须郑重表达的！

本书得以在厦门大学出版社出版，也与王鹭鹏编辑的热心、敬业与充满智慧的劳动密不可分。二〇一九年五月，我把书稿发给鹭鹏，我问他："对选题是否有兴趣，对书稿质量是否满意？如果觉得不适合，也没关系。"我把PDF版发给他后，我们之间一个月左右没有交流。我因忙于论文评阅、学生答辩等事务，无暇顾及。偶尔想到这个事时，我就纳闷：这家伙这么长时间怎么不吭声？于是猜想：他可能忙，来不及看；或者觉得不咋地，没有兴趣看，又不好意思说书稿不行。但是六月的某一天，他突然跟我说，把书稿看了一遍，要我告诉他地址，要给我寄来。原来，他把书稿打印出来，逐字逐句校对了一遍！看见他如此认真，如此快捷，如此专业，我简直是感到震惊！鹭鹏问我："刘老师，到不到我们社出,您自己定,我已经报了选题。"我和鹭鹏是在参加全国广告教育会议上认识的,后来因我很少参加这个会议,也未曾再谋面,他们社出版了我感兴趣的书,我不怕他说我贪小便宜,直接索书,他也很慷慨地寄给我。看到鹭鹏对我的书稿如此上心,我还有什么好说的,当即口头答应在厦门大学出版社出版。

最后,我要感谢我的夫人彭磊和女儿刘抒曼。记得当时我写基金本子的时候,女儿还是武汉大学社会系的大一学生,我要她评阅本子,如果指出不足,我发评审费以资鼓励,她真的提出了两个要商榷的地方,我自然兑现承诺——发评审费三百元。今天是女儿的生日,祝她生日快乐!做课题,自然就会影响做家务和在家里待的时间。夫人的理解与支持,让我在很多时候"身在福中不知福"。

此时此刻,我是在江西师范大学新闻与传播学院的工作室写这篇后记的。从武昌东湖之滨,移砚南昌瑶湖之滨,内心里颇有些感叹。这意味着,我于二○一○年十一月开启的《中国地质大学学报(社会科学版)》主编生涯,在历经十个年头后,画上了句号,我从此由专业编辑摇身一变而为"转业编辑";我曾经工作了十三个年头的中国地质大学,从此成为我的"老东家"。

作　者
二○一九年十月三十一日